民族传统体育文化与健康促进研究

韦丽春　著

九州出版社
JIUZHOUPRESS

图书在版编目（CIP）数据

民族传统体育文化与健康促进研究 / 韦丽春著. -- 北京 : 九州出版社, 2023.9
ISBN 978-7-5225-2280-7

Ⅰ. ①民… Ⅱ. ①韦… Ⅲ. ①民族形式体育—体育文化—研究—中国 Ⅳ. ①G852.9

中国国家版本馆 CIP 数据核字(2023)第 193244 号

民族传统体育文化与健康促进研究

作　　者	韦丽春　著
责任编辑	李文君
出版发行	九州出版社
地　　址	北京市西城区阜外大街甲 35 号(100037)
发行电话	(010)68992190/3/5/6
网　　址	www.jiuzhoupress.com
印　　刷	优彩嘉艺（北京）数字科技有限公司
开　　本	787 毫米×1092 毫米　　16 开
印　　张	15.25
字　　数	330 千字
版　　次	2023年 9 月第 1 版
印　　次	2023年 9 月第 1 次印刷
书　　号	ISBN 978-7-5225-2280-7
定　　价	50.00 元

前　言

健康是促进人的全面发展的必然要求，是经济社会发展的基础条件。实现国民健康长寿，是国家富强、民族振兴的重要标志，也是全国各族人民的共同愿望。党和国家历来高度重视人民健康，新中国成立以来特别是改革开放以来，我国健康领域改革发展取得显著成就，城乡环境面貌明显改善，全民健身运动蓬勃发展，医疗卫生服务体系日益健全，人民健康水平和身体素质持续提高。世界卫生组织（WHO）于 1990 年明确提出了实现“健康老龄化”的目标。党的十八大也做出了“积极应对人口老龄化，大力发展老龄服务事业和产业”的重大战略部署。为推进健康中国建设，提高人民健康水平，习近平总书记提出“要把人民健康放在优先发展的战略地位”“树立大卫生、大健康的观念，把以治病为中心转变为以人民健康为中心”，把“大健康”嵌入了创新、协调、绿色、开放、共享新发展理念的有机版图。

在健康中国上升为国家战略的背景下，撰写《民族传统体育文化与健康促进研究》专著，一方面可以充分挖掘传统体育养生文化资源，另一方面也可以提升到国家战略来思考大众的健康问题。本书以传统体育养生文化为逻辑起点，尝试运用各种文化哲学的理论，汲取不同人文、社会学科、民族学、历史学的研究成果，从宏观的视角对传统体育养生文化资源进行发掘整理与开发应用研究，并探索传统体育养生文化的理论体系、特征与价值、原则与效果评价，对节庆活动中的传统体育养生文化、传统体育养生项目以及具体方法进行深入剖析，探研传统体育养生文化与健康促进的路径。

本书共分为六章。第一章绪论部分，主要是阐述研究的背景、研究的意义与价值、研究的内容与创新点。第二章传统体育养生文化研究，主要概述了传统体育文化和传统体育养生文化，阐释了他们的定义、内涵、特征及功能价值，梳理了它们的起源和发展，分析了它们对促进全民健身的开展和促进“健康中国”的建设所起的作用。第三章传统体育养生文化资源挖掘整理与开发利用。主要挖掘整理传统节庆活动中的传统体育养生文化资源、宗教活动中的传统体育养生文化资源、社会组织活动中的传统体育养生文化资源、民族休闲体育活动中的传统体育养生文化资源。阐释传统体育养生文化资源的开发与利用的意义、前景、原则以及取得的成效；探研传统体育养生文化品牌的发展。第四章传统体育养生文化与健康促进互动研究，本章主要阐释了健康促进的概念、特点、模式、实施策略以及科学设计与实施健康促进规划等的基本理论，阐述了传统体育养生文化与健康促进的关系，分析了健康促进的必要性、形势等。第五章传统体育养生文化与健康促进路径研究。主要分析了健康促进的实施路径，探研了以传统体育养生文化推动健康促进的路径。第六章案例分析，分析了具有代表性的三个案例。案例一：传统体育养生项目推动健康促进研究，以壮族蚂拐舞个案，概述了壮族蚂拐舞的生存地域，阐释了壮族蚂拐舞的文化本源，研究了壮族蚂拐舞的体育属性及体育养生文化价值，创编了壮族蚂拐舞健身养生操并进行实践，探讨了壮族蚂拐舞的传承与保护策略。为相关方面的研究提供理论参考和实践参考。案例二：传统节庆活动中的传统体育养生文化研究，本案例主要以广西罗城仫佬族依饭节为例，梳理了仫佬族依饭节的形成和发展，分析喜庆赐福礼仪中的仫佬族传统民俗养生活动，探研了仫佬族依饭节节庆活动中的传统体育养生文化特征与信仰功能，探讨了祭祖祈福礼仪中的仫佬族依饭舞与道教文化，以及仫佬族依饭节的保护、传承与发展的措施。案例三：传统体育养生文化与健康促进的现状研究，本案例以广西桂西北为例，概述了桂西北概念及地理位置、桂西北自然环境与资源、桂西北的文化、桂西北的世居少数民族；分析了桂西北传统体育养生文化活动现状，桂西北传统体育养生文化与全民健康的融合，探研了猫狮、舞草龙、板鞋舞等桂西北常见的传统体育养生文化活动项目。

本书在撰写过程中，参考了许多传统体育文化、传统体育养生文化、民俗学、体育学、医学等相关的书籍与资料，此书得到了河池学院硕士学位点建设的资助，在此，表示诚挚的谢意。由于作者的学识水平有限，疏漏之处在所难免，恳请诸位专家学者与广大读者不吝赐衰教。

目　录

第一章 绪 论

第一节 研究的背景、意义与价值

一、研究的背景

健康是促进人的全面发展的必然要求，是经济社会发展的基础条件。实现国民健康长寿，是国家富强、民族振兴的重要标志，也是全国各族人民的共同愿望。党和国家历来高度重视人民健康。我国明显改善的城乡环境面貌，蓬勃发展的全民健身运动，日益健全的医疗卫生服务体系，持续提高的人民健康水平和身体素质，这些都是新中国成立以来特别是改革开放以来，我国健康领域改革与发展所取得的显著成绩。[①]

世界卫生组织（WHO）于1990年明确提出了实现“健康老龄化”的目标。“人口老龄化的积极应对，老龄服务事业和产业的大力发展”是党的十八大做出的重大战略部署。[②]所谓“健康老龄化”是指老年人群的健康长寿，老年人群体达到身体、心理和社会功能的完美状态。关注人类健康是国际社会的共同主题。2013年8月，习近平总书记提出，“人民身体健康是全面建成小康社会的重要内涵”。2014年12月，在江苏镇江考察时，他再次强调“没有全民健康，就没有全面小康”。[③]实现全民健康的重要途径和手段是全民健身，全体人民增强体魄、幸福生活的基

①王风.河南省高校高水平运动员自我保健认识及行为研究[D].河南大学硕士学位论文,2018,6.

②杨莉.城区老年人的养老现状与需求调查——以武汉市为例[J].社会福利(理论版)》,2015,(03):96-98.

③王晨光,苏玉菊.健康中国战略的法制建构——卫生法观念与体制更新[J].中国卫生法制,2018,26(04):1-11.

础保障也是全民健身。[①]通过体育锻炼，可以提高人民的健康水平，满足人们对美好生活的向往。

据资料显示，2015年我国人均预期寿命已达76.34岁，婴儿死亡率和5岁以下儿童死亡率以及孕产妇死亡率分别下降到8.1‰、10.7‰和20.1/10万，总体上优于中高收入国家平均水平。与此同时，给健康促进带来一系列新的挑战还有工业化、新城镇化、人口老龄化、疾病的变化、生态环境及生活方式的变化等等。健康服务供给总体不足与需求不断增长之间的矛盾依然十分的突出，健康领域发展与经济社会发展的协调性有待进一步的加强增强，因此，关系身心健康的重大和长远问题需要从国家战略层面统筹解决。[②]为了进一步推进健康中国建设，提高全国人民的健康水平。习近平总书记在2016年8月召开的全国卫生与健康大会上，全面阐述了推进健康中国建设的重大意义，提出推动全民健身和全民健康的深度融合。[③]“要把人民健康放在优先发展的战略地位”、“树立大卫生、大健康的观念，把以治病为中心转变为以人民健康为中心”，把“大健康”嵌入了创新、协调、绿色、开放、共享新发展理念的有机版图。[④]2016年10月25日，由中共中央、国务院印发了《“健康中国2030”规划纲要》，这一部署标志着顶层设计基本形成的健康中国建设。2017年10月18日，习近平总书记在十九大报告中指出，实施健康中国战略。要完善国民健康政策，为人民群众提供全方位全周期健康服务。[⑤]

在健康中国上升为国家战略的背景下，作者撰写了本书，一方面旨在充分挖掘民族地区的传统体育养生文化，另一方面提升到国家战略层面来思考民族地区的健康问题。本书以传统体育养生文化为逻辑起点，汲取不同人文、社会学科、民族学、历史学的研究成果，从宏观的视角对桂西北传统体育养生文化资源进行发掘整理与开发应用研究，并探索桂西北传统体育养生文化的理论体系、特征与价值、原则与效果评价，对节庆活动中折传统体育养生文化、传统体育养生项目以及具体方法进行深入剖析，探研传统体育养生文化与健康促进的路径。

---

①刘国永.实施全民健身战略，推进健康中国建设[J].体育科学，2016，36(12)：3-10.

②吴文强.面向场景化的语音用户界面设计研究[D].华东理工大学硕士学位论文，2018，11.

③邱建国，孙晋海.健康中国背景下区域健身休闲文化产业发展状况及战略研究[J].山东社会科学，2020，(09)：94-99.

④齐媛.“健康中国2030”背景下体育舞蹈对积极老龄化的影响[D].兰州理工大学硕士学位论文，2019，05.

⑤陈锐，冯占英，张玉等.“一带一路”下的医学大健康信息服务[J].中华医学书情报杂志，2018，27(05)：1-6.

二、研究的意义与价值

（一）研究的意义

生老病死是人类共同面对的问题，然而科学理论和生活经验告诉我们，人类的生、老、死是必然的，而防治疾病、提高人的健康水平、延长人的寿命是可以通过后天的锻炼和养护而获得的。为此，我们的先贤对健康长寿有关方面的问题进行了深入的研究，并创立了立论精深的养生理论和丰富实效的养生技法。①其中传统体育养生就在其中。民族地区自然生态优越、民风古朴、传统体育养生文化丰富，当地少数民族庆活动五彩斑斓。如瑶族“祝著节”“盘王节”“铜鼓节”毛难族“分龙节”仫佬族“依饭节” 壮族“蚂拐节”“三月三歌节”等，所有节日上的民众仪式都透露出宗教信仰和图腾崇拜的奇特玄妙气息，同时包含着丰富多彩的传统体育养生活动项目，如抛绣球、射弩、打陀螺、扁担舞、板鞋舞等。这些活动能增强生命健康水平，诱发内在潜能的身体练习，并有显著的地域和民族特点。本研究具有两个方面的意义：一是从学术和文化角度继承、保护和弘扬各民族的文化遗产，二是从经济和社会角度发掘、整理和开发应用民族地区传统体育养生文化，打造民族地区传统体育养生健康旅游和知识传播基地，推出长寿产业品牌。三是推动中国传统体育养生文化的繁荣发展。

（二）研究的价值

1. 学术价值

“要把人民健康放在优先发展的战略地位”、“将健康融入所有政策”、“推动全民健身和全民健康深度融合”，这是国家主席习近平总书记对于健康提出的重要指示和要求。②本课题使用传统体育养生文化做标尺从体育学角度来量度剖析健康问题。通过传统体育养生文化与健康促进这一视角来研究，不仅从一个全新的层面对健康做出新的解读和诠释，而且为观察研究民族地区甚至全人类健康问题增加了新的视角和途径。

2. 应用价值

民族地区的长寿文化近年来引起国内外学者的高度重视，掀起了一股长寿文化考察研究的热潮。但目前学界对民族地区传统养生文化的考察研究，多集中于自然生态、环境保护和饮食习俗等硬件方面，对于这一区域传统体育养生文化资源的发掘整理与开发利用的研究还很薄弱。本研究对传统体育养生文化进行辩证的分析、挖掘、整理，梳理和总结民族地区传统体育养生文化与健康促进路径，

---

①康德强．传统体育养生的文化哲学研究[D]．上海体育学院博士学位论文，2010，06.

②李乐，赵娜，薛英利．健康中国视阈下叙事医学与全科医学的融合[J]．中国医药导报，2020，17(22)：189-192.

制定传统体育养生文化与健康促进模式与机制，为大众进行身体保养与锻炼提供有效的方法与途径，这有助于促进民族地区大众的健康、社会的和谐发展，实现实现健康老龄化，同时为传统体育养生文化的传承与发展提供理论借鉴，旨在推动包括民族地区养生文化旅游在内的中国的健康产业，为人类长寿养生和老龄化健康做出贡献。

第二节　研究的内容和创新点

一、研究的主要内容

在研究的过程中，由于涉及民族地区范围过于广泛，因此，本研究以及田野调查主要是针对广西壮族自治区的民族聚居地，本研究后期还需拓展地域研究。作者选用文献资料分析法、田野调查法、逻辑分析法、案例分析法等研究方法，经过深入研究，最终形成本专著主要研究的框架和内容。本专著共分两大部分，第一部分是传统体育养生文化的理论研究，包含第一章到第五章的内容，第二部分是传统体育养生文化与健康促进路径的实践研究，是专著中的第六章，主要是对三个案例进行分析。

第一章导论部分，主要是分析研究的背景、研究的意义与价值、国内外研究综述、研究的内容与思路、研究的对象与方法、主要观点和创新点以及研究的不足。主要目的是在前人研究的基础上找到与本课题契合的切入点进行研究，寻找解决问题的办法。

第二章传统体育养生文化研究，主要概述了传统体育文化和传统体育养生文化，阐释了他们的定义、内涵、特征及功能价值，梳理了它们的起源和发展，分析了它们对促进全民健身的开展和促进“健康中国”的建设所起的作用。

第三章传统体育养生文化资源挖掘整理与开发利用研究。主要挖掘整理广西传统节庆活动中的传统体育养生文化资源、民族宗教活动中的传统体育养生文化资源、社会组织活动中的传统体育养生文化资源、民族休闲体育活动中的传统体育养生文化资源。阐释传统体育养生文化资源的开发与利用的意义、前景、原则以及取得的成效；探研传统体育养生文化品牌的发展。

第四章传统体育养生文化与健康促进互动研究，主要阐释了健康促进的概念、特点、模式、实施策略以及科学设计与实施健康促进规划等的基本理论，阐述了传统体育养生文化与健康促进的融合互动，分析了健康促进的必要性、形势等。

第五章传统体育养生文化与健康促进路径研究。主要分析了健康促进的实施路径，探研了以传统体育养生文化推动健康促进的路径。

第六章案例分析部分，共分析了三个案例。

案例一：传统体育养生项目推动健康促进研究，以壮族蚂拐舞为个案。本案例概述了壮族蚂拐舞的生存地域，阐释了壮族蚂拐舞的文化本源，研究了壮族蚂拐舞的体育属性及体育养生文化价值，创编了壮族蚂拐舞健身养生操并进行实践，探讨了壮族蚂拐舞的传承与保护策略。为相关方面的研究提供理论参考和实践参考。

案例二：传统节庆活动中的传统体育养生文化研究，以广西罗城仫佬族依饭节为例。本案例主要梳理了仫佬族依饭节的形成和发展，分析喜庆赐福礼仪中的仫佬族传统民俗养生活动，探研了仫佬族依饭节节庆活动中的传统体育养生文化的特征与信仰功能，探讨了祭祖祈福礼仪中的仫佬族依饭舞与道教文化，以及仫佬族依饭节的保护、传承与发展的措施。

案例三：传统体育养生文化与健康促进的现状研究，以广西壮族自治区桂西北为例。本案例概述了桂西北的概念及地理位置、桂西北自然环境与资源、桂西北的民族文化、桂西北的世居少数民族；分析了桂西北传统体育养生文化活动的现状、桂西北传统体育养生文化与全民健康的融合，探研了猫狮、舞草龙、板鞋舞等桂西北常见的传统体育养生活动项目。

二、研究的创新点

（一）研究视角的创新

本书的创新首先在于使用传统体育养生文化做标尺，从体育学角度来量度剖析健康问题。目前大多数学者围绕健康所做过的研究大多偏重于对人文环境、自然环境、日常生活以及医学生理因素方面的研究，而一直被置于辅助性或者参考类层次地位的仍然是传统体育养生文化的内容。因此，本研究试图通过挖掘整理区域性传统体育养生文化资源，从传统体育养生文化与健康促进这一研究视角进行，不仅从一个全新的层面对健康做出新的解读和诠释，而且为观察研究民族地区甚至全民族的健康问题增加了新的视角和途径。

（二）学术观点的创新

一是传统体育养生是一个动态发展的过程，与良好的自然环境、社会经济发展水平、生活方式息息相关。随着社会经济发展，相应的自然环境、社会经济发展水平、生活方式随之变化，反过来又影响人的价值观念和生活方式，继而对人体的健康产生影响。二是提出体育养生生活化、生活养生体育化、体育养生和生活养生常态化，推动体育融入人民生活，使全民健身成为健康中国建设的有力支撑，提高全民族的身体素质和健康水平。

（三）研究方法的创新

借鉴文化生态理论和方法研究养生，主要运用文化生态理论中环境与文化双向互动来研究，避免静止、机械的环境单向决定文化的观点，即一方面从自然环境来研究；另一方面，研究从巴马养生现象衍生的其他社会文化现象（如旅游、经济开发、生活方式变化等）对传统体育养生的影响，丰富养生研究理论和方法。

第二章 传统体育养生文化研究

第一节 传统体育文化概述

文化可以说是人类社会的一个重要符号，是构成人们生活的不可缺少的重要元素，整个人类社会与文化之间有着非常密切的联系，同时又相互独立，共同发展。文化系统主要由社会制度、社会结构、社会关系等因素组成，它对社会的发展起着重要的推动作用。作为社会文化的重要内容，传统体育文化在人们日常生活中的地位也越来越高，体育逐渐成为人们锻炼身体、增强体质的一种手段，同时也成为人们的一种健康的生活方式。

一、传统体育文化的概念及内涵

（一）文化的概念

关于“文化”的概念探讨，古今中外不同学者有不同描述。

在西方国家，称“文化”为：德文“Kuhur”，英法文“Culture”，拉丁语“Cuhura”，意为“耕作、教育、发展”。 英国学者爱德华·泰勒最早对“文化”进行界定，指出“文化”是“社会成员的人所习得的包括知识、信仰、艺术、道德、法律、习俗以及任何其他能力和习惯的复合体。”[1]

美国学者克莱德·克拉克认为，文化属性表现如下。

（1）民族的生活方式的总和。

（2）人类思维、情感和信仰的方式。

（3）人类行为的抽象概括。

（4）关于人类群体行为方式的理论。

①金学官．中国少数民族大学文化适应的人类学研究[D]．中央民族大学博士学位论文，2002，12.

（5）各种有益学识的综合。

（6）人与环境、人与人的相处技术。

（7）机体标准化的认知取向。

（8）一种习得行为。

（9）一种行为规范约束机制。

（10）历史积淀物

（11）社会遗产。

现代意义上的“文化”，以《辞海》的解释为准，指“人类社会历史实践过程中所创造的物质财富和精神财富的总和”。[①]体育文化这一概念历经了较长时期的发展，经过专家及学者的广泛探讨与研究，才达成了一定的共识。简单来说，体育文化就是一种利用身体锻炼来提高人的生物学与社会学发展的一种文化现象，这一文化现象时时刻刻充斥在人类社会之中，发挥着巨大的作用。

（二）体育文化的界定

体育文化有着丰富的内涵，与一般的文化现象一样，体育文化也包括物质文化、制度文化、精神文化和行为文化等方面的内容。其中，物质文化是重要的基础和载体，如篮球场、各种运动服装与设备等都属于这一范畴；体育制度文化主要是指为促进体育文化发展而制定的各种文件和章程，在这一制度保障下，体育文化才能获得持续健康的发展。体育精神文化则属于人们体育价值观念以及体育心理倾向各方面的综合表现，是体育文化的重要内核。体育行为文化是指人们为实现某种体育目标而进行的各种活动。这几个方面都是体育文化的重要组成部分，缺一不可。实际上，在具体的生活之中，一种体育物质产品也涵盖着体育文化的这几个层面，如某学生在运动会上取得了优异的比赛成绩，因此收到一定的表彰，获得了一件运动服。体育的精神文化就表现在颁奖方面，是对学生体育精神的一种肯定；体育行为制度文化则体现为对学生行为的认可；体育物质文化则更为明显，表现为学生获得奖励，奖牌或运动服。需要注意的是，不论是哪一种要素，都非常重要，体育文化系统不能脱离了任何一项要素而存在，这三个要素之间的联系非常密切，共同推动着体育文化的发展。

（三）体育文化的内涵

体育文化包括体育的物质文化、体育的制度文化、体育的精神文化，[②]三者之间不是独立存在的，是相互联系在一起的，只有彼此间相互联系才能获得健康发展。具体而言，体育文化的意义主要体现在以下几个方面。

（1）体育运动属于一种文化现象，当作一项社会文化进行研究。

---

①蔡杰．高校校园网络文化视域下大学生思想政治教育研究[D]．四川师范大学硕士学位论文，2013，03.

②曹在理．青少年体育文化交流现象研究[D]．北京体育大学硕士学位论文，2011，04.

（2）体育运动与文化之间的关系非常密切，二者相互影响，共同发展。

（3）确定体育在人类文化中的地位。

（4）研究体育文化塑造与发展的过程。

体育运动有着非常悠久的历史，发展至今，已成为一种重要的文化现象，在人们的日常生活中扮演着十分重要的角色。总的来看，体育文化的内涵与属性主要体现在以下几个方面。

（1）体育是以身体为载体的一种活动，通过这一形式，人的自然价值和社会价值都得以实现并获得逐步发展。

（2）体育运动是由人类所创造的非遗传性活动，这一活动不仅仅是简单的肢体活动，更是对人类思维方式的表达和传递。

（3）在历史发展的长河中，体育文化历来都发挥着不可磨灭的作用，其发展呈现出一定的时代性、民族性、传承性等特点，推动着人类社会文化的发展。

（4）体育文化的内涵非常丰富，其中蕴藏着深厚的价值观念、意识形态等内容，与其他文化相比，具有无可比拟的优势。

（四）传统体育和传统体育文化

1. 传统体育的概念

不同的专家学者对于传统体育的概念给出不同的解释。而在《体育人类学》中“传统体育”的定义是：“某一个或几个特定民族在一定范围内开展的，还没有被现代化，至今还有影响的体育竞技娱乐活动”。通过综合分析，可将传统体育定义为：世界各民族人民在不同历史时期所创造的、历代因循传承下来的、具有浓厚民族文化色彩和特征的以满足人类发展需要的体育活动方式。[①]

2. 传统体育文化的概念

传统体育文化是各民族在其不断的发展与进步过程中所形成的全部的体育文化。人们身体的各种竞争是它非常特殊的手段、身体的各种活动是它的基本形式，体育活动过程中有关人的精神愉悦与享受等方面是它的主要目标。[②]对传统体育文化的研究主要包括三个方面，即传统体育与传统文化的关系，传统体育的文化内涵，传统体育的文化属性。

传统体育与传统文化的关系主要表现在三个方面，即传统体育与多元生态文化圈、传统体育与民俗、传统体育与经济文化类型。其中，生态环境是传统体育文化生存和发展不可或缺的重要因素。如鄂伦春的滑雪、打靶、赛皮爬犁等传统体育项目就与其周围的生态环境密不可分；民俗是对传统体育文化也有着至关重要的影响。如侬族的“丢花包”、瑶族的“抛花包”、壮族的“抛绣球”等，就与

①罗国珍．城镇化背景下皖北民族传统体育传承研究[D]．淮北师范大学硕士学位论文，2017，05.

②周桂琴．中华体育文化的特征与发展[J]．孝感学院学报，2012，(24)05:10.

各民族的婚姻习俗密切相关；经济文化类型在很大程度上影响着传统体育文化的发展。如蒙古族、维吾尔族、哈萨克族等的赛马、叼羊、姑娘追等传统体育项目就是在其游牧畜牧业的基础上产生发展起来的。传统体育的文化内涵主要包括传统体育的物质、精神和制度文化内涵三个方面。从广义上来讲，体育涵盖了民族传统体育，是体育的重要内容之一，是传统文化的重要组成部分。它是指我国各族人民为了身心健康、生命得到均衡发展而充分利用各种肢体进行锻炼。①

传统体育的文化属性大致可以分为生产性、地域性、民族性、生活性、娱乐性、健身性、依属性、认同性等方面。如耕作、游牧、狩猎、祭祀等，是民族传统体育生产的具体表现，体育与生产内容融为一体，体育活动成为生产的内容，成为民族文化的载体，承载着各民族的文化自信。具有鲜明个性色彩的民族体育文化，有利于增强本民族的亲和力、凝聚力和民族认同，保持本民族的优良体育文化传统，坚定本民族的文化自信。民族传统体育项目主要是以身体练习作为主要活动手段，在运动中身体要承受一定的生理负荷，从而能够促进人体体能的发展，锻炼身体，增强体质，具较强的强身健体的功能。民族传统体育项目同时还具有很强的娱乐性。而民族传统体育大多是直接从生产劳动、狩猎活动、宗教活动、日常游戏中演变而来，直接反映了各民族的生产与生活。各民族生活在特定的环境中，生活环境对其产生重大影响，所创造的文化脱离不了环境的强大作用。充满着强烈竞技性的民族传统体育项目，展示着彪悍、勇敢的民族性格。以军事技能为目的的竞技项目，如武艺、射箭、角力、奔跑、射弩等，以展示道德理念为标准的竞技项目，如投壶、礼射等；以娱乐为目的的竞技项目，如棋类、秋千等；以追求更快、更强的速度、力量竞技项目，如高脚竞速、花炮等。具有鲜明的竞争性的民族传统体育项目，不仅能满足人们相互较量和比试的心理需求，而且能培养各民族的竞争意识。

二、传统体育文化的演进与发展概况

发展至今，体育文化的内容越来越丰富，这与其长期的演进与发展是分不开的。在历史的长河中，体育文化与其他社会文化现象不断交融，成为推动社会发展的重要力量。重点探讨体育文化是如何演进并获得可持续发展的。

（一）原始体育文化的产生动因及其演进

1. 原始体育文化的产生动因

在原始社会时期，人的身体活动主要有三种：一是生产活动，如人们为了满足生存的需求从事的捕鱼、狩猎等活动；二是人们在与大自然斗争中所形成的各种运动技能。三是满足人们的精神需要的各种游戏或娱乐活动等。实际上这些活

①袁媛．中国民族传统体育的文化内涵与历史发展[J]．当代体育科技，2019，09(08)：181-182.

动并没有什么明显的区别，有时候难以区分开，但人都是其中最关键的因素，与社会的发展息息相关。因此，我们在研究与分析体育文化的起源时，要重点考察人的因素。

心理学理论认为：人们参加任何活动或产生某种行为都有一定的动机。动机可以说是人们做出某种行为或活动的重要内动力，在一定的欲望和动机下，人们就会相应地做出某种行为，这已是被大量的实践所证明的事实。

大量的实践与事实表明，需要是人们产生某种行为活动的重要源泉。为了求生存，人们便开始了各种生产劳动；为了沟通与交流，语言文字便得以诞生。

因此说，“需要”是人们参与一切活动或产生某种行为的重要动因。但需要注意的是，体育产生于人们的生产劳动，这一说法并没有什么过错，但同时这一说法也不是全面的，因为人们在社会上生存，不仅需要劳动还需要生活，需要情感的表达等，这与动物之间有着明显的区别，这说明体育也产生于人们生活需要。总之，人们参加各种社会活动都需要一个健康的身体，体育可以说既产生于人们的生产劳动，也产生于人们的社会活动。

2. 原始体育文化产生的社会根源

（1）原始体育文化产生于人们的社会需要

体育文化获得发展，是由于人们多种需要的存在。如促进身体健康的需要、完善心理的需要、获得娱乐的需要等等。在人类社会发展的各个时期，充满了各种斗争以及宗教活动，正是由于这些活动的推动，体育文化内容才得以不断丰富，获得了持续的发展。

（2）原始体育文化起源于人类的劳动

人们的生产劳动与人类社会的发展密切相关，无法分开，正是由于人类的生产劳动，各种社会事务才得以不断发展和进步，体育文化这一社会现象也是如此。[①]需要注意的是，人类的文学、语言等活动也是来源于生产劳动，在具体的研究中，要将体育活动与其区分开来。最初，手的形成是人类的一大进化，为实现征服大自然，更好的生存的目的，在长期的生产劳动中，人类的手型及其他部位逐渐发生了一定的变化，手、腿和脚都可以运用各种劳动工具展开各种生产活动。这是一种超生物肢体的行为，与动物之间有着本质的区别。在这样的情况下，人类体育运动得以诞生，进而体育文化也应运而生。

总的来说，人类的超生物经验主要包括各种知识与技能的掌握，内心情感体验等内容，这些内容与动物有着明显的区别，是人类区分动物的重要标志。随着人类社会的不断发展，处于社会发展中的人们，其劳动与生活经验越来越丰富，

①杨兆山．马克思人的解放思想的时代价值——科技革命视野中人的解放问题探索[D].清华大学博士学位论文，2004，05.

这些经验在不同地区之间获得了一定的传播。在语言产生之前，体育文化的传播与发展主要依靠经验的交流，这就是体育文化发展的根本原因。

（3）体育文化同体育劳动有着一定的区别

体育运动并非一种劳动，它是一种以人自身的活动改变人自身的自然属性和社会属性的活动。在体育活动中，主体和客体是统一的整体。通过参加各种各样的体育运动，能产生良好的锻炼效果和价值。因此，体育文化自产生之日起，就成为社会上层建筑的一部分，成为社会文化的重要内容。

3. 原始体育文化演进

（1）军事武艺的发展

拳术：据史料记载，拳术是从角力衍生出来的一种徒手攻防格斗形式，这一格斗形式近于摔跤与拳技，对抗比较激烈，同时又具有一定的观赏性。发展到西汉末，拳术成为一种表演项目，深受当时人们的欢迎和喜爱。

剑术：发展到战国时期，佩剑在当时非常流行，这一习惯一直延续到汉代，这一时期的舞剑和斗剑风气更加盛行。佩剑既美观又便于健身防身，因此深受当时人们的推崇，不少文人学士随身佩剑，与剑结下了不解之缘。在《汉书》中曾经有这样的记载："司马氏在赵者，以传剑论显"，东方朔"十五学击剑"，司马相如"少时好读书击剑"，比比皆是。由此可见，剑术在当时是如何的受欢迎。

据相关史料记载，魏文帝曹丕是一位击剑能手，他曾经在著作中介绍自己学剑的经过和拜师的历史。剑术在当时十分流行的又一个事实是，当时经常举办各种各样的击剑比赛，击剑逐渐成为一种竞技体育项目经常举办。可见当时剑术已逐渐演变成为一种竞技体育项目，越来越受人们的欢迎。

射术：在古代，射箭主要分为"射礼"和"战射"两种形式。发展到秦汉时期，射礼逐渐衰弱，战射越来越受到重视。它要求射的远，命中率高，这一活动在民间也逐渐发展起来。在《汉书·艺文志》中记载了大量的有关射术的文字。在这一时期，精于射术的人非常之多，在民间也有很多射箭的高手。

发展到汉代，弩射逐步发展，成为军事战争中的重要手段。弩一般有单射和连发两种。这一改进性措施在抗击匈奴的战争中发挥了巨大的威力。发展到三国时期，诸葛亮"损益连弩，谓之元戎"，"一弩十矢俱发。"对弩的改进做出了突出的贡献。经过一段时期的发展，弩成为一种重要的战争武器，同时也成为人们重要的健身手段。

（2）百戏中的体育活动

我国古代的竞技运动和艺术表演的综合表现形式可以说是百戏了。①百戏包括各种各样内容，深受人们的欢迎和青睐。一般来说，百戏主要包括以下内容。

①丁文英，白玉．从凤凰山出土木画看中国摔跤的发展[J]．兰台世界，2014，(07)：102-103.

角试：发展的初期，角试只是一项军事活动，它主要被用来选车徒，教战法，习号令。春秋时期以后，随着礼崩乐坏，“讲武之礼”中的竞赛形式，开始被诸侯贵族们引入日常娱乐生活之中，[①]后来逐渐演变成为民间的一种娱乐方式。

武戏：戏属于武艺的重要形式，其中包含徒手对抗、徒手对器械的对抗、器械对器械的对抗等内容和形式。

蹴鞠舞：鞠舞是踢鞠与舞蹈的结合。一般来说，主要包括徒手踏鞠舞、手持鼓踢鞠舞、边击鼓边踏鞠舞等几种形式，在古代，这一舞蹈形式的体育活动深受人们的欢迎和喜爱。

（二）现代体育文化的发展

1. 现代体育文化发展的基本条件

根据目前体育文化发展的情况看，我们可以把体育文化的发展条件归纳为两点：一是为现代体育文化发展创造充分条件的是人类发展的逻辑观念，二是为现代体育文化发展提出必然要求的是人类社会的不断流变与演进。

（1）人类社会发展的观念

在人类社会发展的过程中，各种社会文化现象也随之不断发展，在这样的情况下，各类文化现象的意义也更加广泛，这是人类社会文化发展的基本特征。在体育文化发展的过程中，人始终在其中扮演着最为重要的角色。因为，无论体育文化如何发展，都始终以人为对象，只有在人类社会的推动下，体育文化才能得到传承与发展。正因如此，体育文化才得以产生并获得不断的发展。

随着社会的转变与发展，体育运动的形式也越来越多样化。从最初的徒手表现到后来各种体育器械的参与，这种变化对于人类社会文化的发展是非常有意义的。体育文化在发展的过程中，各种现象都体现出以人类为核心的发展态势，体育运动的发展也是为了满足人类自身的各种需求，在人们各种需求的推动下，体育文化才得以蓬勃发展。人与动物之间有着明显的区别，动物为了生存逐渐练就了娴熟的捕食技能，这一技能不能脱离了特定的场景，否则就失去了意义。也就是说，动物的本能并不能脱离现实场景去构建这一运动理论。而人类却不同，人类能够做出超越自身的行为，能根据自身的需要而建立其相对应的运动模式，并且还能在脱离现实场景的情况下去传承与发扬这种文化。

在当今体育运动发展的过程中，存在着一种“反文明”的现象。这一现象突出表现在，在一些文明程度较高或较早进入文明社会的国家或地区，他们的体育竞技水平反而较低，在世界上处于较为落后的局面。而文明程度相对较低的国家，其体育运动水平反而较高。如亚洲是世界文明的重要发源地，有着悠久的历史，但与黑人相比，其体育竞技能力反而处于劣势的地位。由此可见人类文明与体育

①薛传发．秦始皇收缴武器对民众武术的影响[J]．宜春学院学报，2008，30(06)：129-130.

文化之间的关系非常微妙而复杂。

纵观整个人类社会发展的历程，体育文化与人类的进化之间的关系非常密切。人类使用各种自然工具为体育文化创造了物质基础，而原始人类的各种祭祀活动等则为体育文化创造了精神基础。除此之外，随着社会生产力的逐步提高，人们的思想观念和意识也不断进步，这也在一定程度上促进了体育文化的不断发展。经过各个时期的发展，体育文化也从其他文化形态中剥离出来，从而成为一种独立的文化形态。

（2）人类社会的演进与发展

随着人类社会劳动生产力的提升，人们对大自然的改造力度也越来越大。同时原始社会中那些相对封闭性的空间逐步被打破，经过一段时期的发展，逐渐形成了体育活动地域性与民族性的特点。这与人类社会的发展与改革是分不开的。后来，在工业文明的变革下，人类社会也发生了相应的变革，体育文化正是在这样的历史背景下获得了迅速的发展。

伴随着现代科学技术的发展，体育科学研究范围不断扩大，人体、各种运动形式等都成为研究的对象和热点，通过广泛而深刻的研究，体育理论研究成果非常显著，这就为体育文化的形成与发展创造了必要的理论基础。而在体育运动不断发展的背景下，体育不再是少数人的“专利”，体育成为社会大众的一种重要休闲方式，这就为体育文化的传播与发展奠定了良好的群众基础。在这样的形势下，体育文化得以广泛传播与发展。

伴随着现代社会的不断发展，体育文化内容也得到了相应的补充与完善，体育文化中所包含的原始性内容逐渐减少，更多的是被现代体育运动内容所取代。体育文化的一些原始性内容也有一些有益的成分，在体育文化发展的过程中，不能搞一刀切，不能一味地排斥原始体育文化内容，要吸收与借鉴其中有益的成分，这样才能更好地推动体育文化的可持续发展。

在体育文化发展的各个历史时期，各种工业革命、文化革命、科学革命都在其中发挥了极为关键的作用。在现代科学技术高度发展的今天，体育文化也充满了发展的活力。各种高科技手段的介入与利用，赋予了体育文化新的内涵，世界各国的体育文化逐渐散发出现代化的气息。体育文化的发展是与现代社会的发展同步进行的。

2. 现代体育文化发展的表现

（1）体育的演进历程与体育文化的发展

随着现代社会的不断发展，各种社会关系越来越复杂，但是人与人以及人与自然环境之间的关系却是相对稳定的，在生产力逐步提升以及余暇时间不断增多的情况下，人们开始注重生活的质量，于是从事各种艺术和军事的职业人士开始出现。在传统社会背景下，人们的生活空间受到一定程度的压缩，在封闭的条件下，体育活动的地域性、民俗性、宗法性等特点就逐步形成了。后来，随着工业革命的进行及现代社会的变革，人们的体育活动也发生了较大的改变，体育逐渐成为人们的一种生活方式，渗透进了社会各个角落。在科学技术进步的推动下，体育科学研究也得以迅速发展，目前关于体育运动方面的学术研究日益增多，这为体育文化的发展奠定了坚实的理论基础。发展到现在，体育文化的特点越来越鲜明，成为独具特色的文化现象。第一，随着现代社会的发展，体育文化中原始部分内容逐渐消退，现代化的元素逐渐增多；第二，新的民主和平等观念深入人心；第三，体育文化的科学性更加浓厚，获得可持续发展；第四，体育文化的发展难免遇到一定的困难和挫折，但不论如何都不会停下脚步，都是始终向前发展的。

如今，体育文化的内容日益丰富，形式也越来越多样化。在体育文化发展的过程中，科学技术为文化的传播创造了良好的条件，政治和经济成为体育文化传播重要的推动力量，体育文化因此得以迅速的传播与发展。当前高科技手段在社会各个领域都得到了广泛的利用，在体育运动中也是如此，高科技手段发挥着重要的作用，可以说这些高科技手段在一定程度上改变了体育文化本来的面貌，给予了人类体育文化新的挑战。

人类发展的逻辑为体育创造了充分条件。人类在生产与生活的各种活动中，逐步孕育出体育文化的因子。体育运动的形式并不是一成不变的，随着时代的发展和变化，体育文化也会随之改变。最初的体育形式主要以徒手表现技艺为主，后来随着社会生产力的不断发展，使用体育器械的运动形式大量出现，这对于人类本身及体育文化的发展而言都具有深远的影响和意义。

纵观整个人类社会的发展历史，出现的各种形式的体育文化，其主要目标都是使人的驾驭外在工具的能力得到有效提升，从而促进人类社会的不断发展，而在人类文明发展的过程中，体育文化在其中扮演了非常重要的角色，这突出表现在以下几个方面。

在历史长河中，人类意识的进化促进着体育文化的不断发展。体育运动的发展，是各种体育运动工具到专门运动器械发展的过程。体育运动由初期的形式单一的活动内容，向成熟的体育文化体系方向发展。体育运动由初期的与其他文化形态的混合发展，向后来独立性的专业化方向发展，并因此逐渐形成独特的体育文化体系。

综上所述，体育文化就是在这样的背景和形势下，得到不断的丰富、完善和发展，并逐渐成为现代社会的重要组成部分。①

（2）现代体育认识与掌控的发展

①蔡宁．黑龙江省公共服务业发展研究[D]．哈尔滨商业大学硕士学位论文，2009，11.

科学、哲学、艺术等都是人类知识结构中的重要内容，拥有这些方面的知识就等于拥有了打开世界大门的钥匙。在人类所创造的各种文化现象中，体育文化在其中也扮演了非常重要的角色。发展到近代以后，人们对体育的认识还较为肤浅，被认为是大肌肉运动，人们对于体育的理解和研究一直停留在“科学”的层次上，其基础是西方现代自然科学。但随着社会的发展和进步，人们逐渐意识到

这种认识的局限性，开始综合运用教育学、哲学、民族学、社会学、历史学、人类学等多学科理论知识来认识体育运动，这样对体育的认识就更加客观和深刻。[①]第二次世界大战之后，体育的文化特性逐渐被人们所广泛认同，体育被认为是一种社会文化活动。发展到现在，体育与艺术之间的交融为人类从更高的“艺术”层面来分析体育特质创造了良好的条件，体育的人文形象也不断加深，体育人文属性更加深刻。

体育的人文属性充分展现了自身与人类精神实质的契合，随着人们认识水平的不断提升，人们开始从多角度、多层次对体育展开细致的研究与分析。随着社会的不断发展，人们对体育的认知水平也不断提升。我们要本着整体发展的眼光看问题，不仅要看到体育的外在表现形式，同时还要看到体育运动中所蕴含的深刻的文化含义，树立体育人文观念，推动体育文化的健康发展。在现代社会发展的背景下，体育开始由教育社会观向文化艺术观转化，这是体育发展的必然趋势。

（3）现代体育组织与管理的发展

现代社会是一个快速发展的社会，为跟上时代发展的步伐，促进体育文化的发展，人们需要具备丰富的文化知识储备，同时还要有符合现代社会发展需求的创新思维。在我国社会主义现代化建设的今天，作为精神文明的重要内容，我们要重新审视体育文化，结合时代发展的形势，实现体育文化自身发展的良好转变。在社会主义现代化建设的今天，我们不仅要培养和提高人们的体育知识与能力，而且还要帮助人们养成良好的体育思想意识与行为习惯，从而提升体育综合素养。发展到现在，各种体育组织大量出现，形成了一个相对完善的组织与管理模式，这对于体育文化的健康发展是非常有利的。

总之，体育不仅是一种社会文化现象，还是一种带有生物、物理、教育性质的社会活动，随着时代的不断发展，体育已深深融入人们的日常生活，成为不可缺少的社会文化内容。不同国家或地区的机构或组织对于体育的组织与干预，要切实把握好体育文化发展的规律，客观理性地去处理体育文化的相关事务，这样才能推动体育文化的可持续发展。

（三）体育文化发展走向

1. 东西方体育文化相互交融与发展

①吴凤贤. 伦理学视阈下的我国家庭儿童教育困境研究[D]. 江西师范大学硕士学位论文，2013，06.

伴随着全球一体化的发展，体育文化也获得了快速的发展。在全世界各体育组织的共同努力下，竞技体育与群众体育的融合越来越密切，东西方体育文化之间的沟通与交流更加紧密。

如今，全球一体化的趋势日益明显，世界体育文化正是各国体育文化不断交融与发展的结果，经过一段时期的发展，大量的西方体育项目在东方世界获得了一定的传播与发展，如田径、游泳、各种球类项目等在东方发展得非常迅速，成为大多数国家重要的体育项目。另外，西方竞技体育在传入东方世界的过程中，与之相关的平等竞争等思想观念也深深地影响了东方社会。尤其是以奥林匹克主义为主的西方体育观念对东方体育运动的影响最大。如中国武术参考了西方竞技体育的相关规则与竞赛形式，逐渐形成了散手竞技，这是西方竞技体育与我国传统体育融合与发展的一个典型的例子。由此可见，随着时代的不断发展，东西方体育文化的交流更加密切，从而获得了共同发展。

在西方竞技体育影响我国传统体育的同时，我国传统体育中的一些观念和理念也相应地传到了西方，也对他们的体育文化产生了一定的影响。如中国传统体育倡导的自然养生观、动静相关论等观念也在一定程度上被他们所接受，实现了很好地互动、交流与发展。

实际上，东方与西方体育文化并不是孤立的两个部分，他们都是人类共同创造的产物，都属于一种社会文化现象，只不过是在形式、内容方面存在一定的差别，具有独特的个性，但正是这种差异的存在，才促使其获得了相互沟通与发展的动力。目前，大多数学者逐渐意识到东西方体育文化只是特点不同，并没有什么优劣之分，而且二者趋同的趋势日益明显。随着全球一体化的发展，东西方体育文明必将产生更大的碰撞与发展，只有双方加强彼此间的沟通与交流，才能获得更进一步的发展。

2. 多元价值功能的交融与分殊

目前，体育运动获得了高度化的发展，但是尽管如此，体育运动本身的功能也没有得到完全的发挥和利用。而随着时代的发展，人们对体育文化的认识会更加深刻，体育文化的多元化价值与功能也必将充分挖掘与开发出来，从而推动着社会的不断发展。

健身、娱乐、交往、养生功能的融合。现代科学技术在带给人们实惠与便利的同时，也给人们带来了一些负面影响。其中，社会上出现的大量的“文明病”就是在这一负面影响下产生的。在这样的情况下，人们开始重视自身身心的发展，体育运动促进身心健康发展的价值得以被人们重新审视。如人们参加高尔夫运动，既是处于人际交往的需要，又是强健身体的需要，同时又有娱乐身心的目的。所以说，体育运动很好地满足了人们的以上多种需求。

竞技与健身分流。发展到现在，社会分工越来越精细，而在体育运动领域，伴随着体育赛事的出现和不断发展，社会上也出现了相关的职业。竞技体育与健身开始逐渐分流，获得了高度化的发展。要想在竞技体育的道路上取得成绩，必须要经过长期的艰苦训练，正是在这一驱动力下，越来越多的人投入到竞技体育训练之中，所以说竞技体育必将得到更加迅速的发展。

随着竞技体育的不断发展，其在社会上的影响力也不断扩大，在这样的情况下，人们体育运动的偏见发生了一定的改变，如今人们深刻认识到体育锻炼对于身体健康的重要性。他们以追求生命的质量和个人的自由为目的，参与或简单或复杂的运动，来促进自己的身心健康，在整个体育运动中蕴含着不同阶层、不同年龄、不同性别的体育追求。

3. 运作方式的多样化

随着现代社会的不断发展，人类认识世界的方式和手段越来越多元化，主要包括科学的与哲学的、审美的与艺术的、宗教的与信仰的等多个方面。但不论是哪一种手段和方式，它们不是截然分开的，是一个统一的整体。相信在未来的发展中，体育文化必将更加多元化，其运作方式也更加多样化。

体育艺术化趋向：与文艺的日渐交融。体育与艺术之间的关系非常密切，体育艺术化的趋势主要体现在体育文艺方面。体育文艺的出现大大改变了人们的体育价值观，传统的“舞蹈”与“体育”观念逐渐被抛弃，新的“人体文化”诞生，伴随着社会的不断发展，舞蹈与体育逐渐融合成为一种新的社会文化现象。因此说，体育与文艺的交融越来越明显。

机械型运动竞技：与科技的逐步融合。发展至今，竞技体育获得了非常快速的发展，其中一个非常重要的原因就在于现代科学技术的推动。科学技术具有无比强大的力量，它将体育竞技带入了一个前所未有的发展阶段。

这不仅表现在各种体育物质产品的创新上，如高科技跑鞋、游泳衣的研发等，还突出表现在各种先进的科学训练手段的运用上。这些高科技的发明都极大地推动了竞技体育运动的发展。通过这些竞技项目的发展，我们可以预见这些机械型的竞技运动项目必将在现代科学技术的带动下获得更进一步发展。

绿色体育休闲与环境的日益和谐。随着社会的不断发展，各方面的竞争也越来越激烈，人们所承受的各种压力也越来越大。为了缓解压力、缓解疲劳，获得身心的愉悦，倾向于在余暇时间选择参加各种休闲体育活动，如各种球类运动、轮滑、滑板等。通过这些休闲体育活动，人们能从中获得快感和满足。近些年来，户外运动在世界上比较流行，如攀岩、野营、漂流等深受热爱健康的人们的喜爱，所以在现代社会发展的背景下，倡导绿色休闲体育活动逐渐成为人们的共识。北京奥运会提出的“绿色奥运”就是这样一种重要的观念。自然环境受到一定程度的破坏是由于现代高科技的发展造成的。今后我们要权衡二者之间的关系，不能牺牲自然环境为代价来促进体育运动的发展，而是要实现人与自然，体育与自然环境的和谐发展，因此说绿色体育休闲活动成为体育文化的一个重要的发展方向。

4. 体育文化逐步向商业化发展

在整个人类社会发展的过程中，体育文化的发展主要是看是否符合生产力的发展标准，最终表现为政治与经济的稳定发展，尤其是在现代社会中，经济条件更加重要，可以说只有经济得到发展了，社会其他方面才有可能获得发展。如今人们已经很难离开体育运动，体育人口越来越多，这深深说明了体育运动具有强大的影响力。参加体育运动不但可以强身健体，增强体质、丰富社会文化生活以及生活方式，而且能够使人得到精神的享受，提高人们的各种审美能力，[①]而以往我们常常更多的是从哲学意义上去分析。例如，体育文化在带给人们某种审美情趣的同时，也加强了彼此之间的沟通与交流，使人们获得了巨大的精神力量，这是体育文化无可比拟的优势；随着体育运动的不断发展，大量的体育赛事层出不穷，体育运动开始进入产业化与市场化发展的轨道，在这样的背景下，体育赛事举办方与商业媒体等的合作难免会在利益分配方面出现一定的冲突，在市场经济发展的今天，体育文化的商业化发展趋势越来越明朗。

三、传统体育文化的多样性表现

发展至今，体育文化的内容越来越丰富，其特点也越来越鲜明和多样，体育文化的多样性特征主要体现在以下方面

（一）主客体同一性

主客体同一性是体育文化的一个重要特征。人们参加体育运动的主要目的在于增强体质，愉悦身心。体育运动的这种改造人的身心的行为充满了自我超越的色彩。纵观整个体育竞技运动的发展史，高难度的训练给运动员带来了较大的身心的摧残，但这也同时推动了竞技体育的向前发展。

与其他社会文化现象不同，体育文化主要以身体运动为表现形式，人们在参与体育文化活动的过程中，身心能得到改造、获得发展，这就是体育文化活动的重要内容。但是，在某些情况下，如果运动不当会给人的身心带来一定的不利影响。如运动员过于追求成绩而采用高强度不合理的训练手段，采用不符合运动员年龄的训练方法等，这些都会严重影响到运动员的运动寿命，甚至是身体健康。因此，我们应尽可能减少摧残运动员身心的行为，采用科学的训练手段与方法来提高运动员的运动能力，将体育文化的发展导向科学合理的轨道上来。另外，作为一名体育事业工作者，也要本着积极向上的心态和包满的热情投入到工作之中，实现自己的人生价值。

①张晓依. 论体育广告文化及中国特色体育广告文化发展方向[D]. 河南大学硕士学位论文，2011.05.

（二）超越性和竞争性

体育运动存在的历史非常久远，在长期的发展中，始终存在着竞争与超越，竞争与超越可以说是体育运动的一个非常重要的特征。体育文化属于一种身体动作文化，在各种各样的体育比赛中，运动员通过技艺的展示与对抗来获取比赛的胜利。这使得体育运动充满了竞争性。纵观当今体育竞赛的形式，可以将体育比赛竞争分为直接对抗、非直接对抗和不同场比赛三种类型。但是，不论哪一种类型，都体现出体育运动重要的对抗与竞争性特点。目前，体育运动形式越来越丰富，通过各种高科技手段的利用，竞赛竞争也越来越激烈，随着时代的不断发展，这一现象将继续延续下去，尽管如此，其仍然具有较强的竞争性特点。由此可见，体育文化表现出强烈的超越性与竞争性特征。

（三）亲和性

体育文化之所以能得到人们的认可并获得持续发展，其中一个很重要的原因就在于它具有重要的亲和性特征。体育文化的亲和性具有非常重要的作用，它能激发人的灵感，实现社会化的激励、教育等作用，除此之外，通过体育文化，人的社会价值也得以实现。由此可见体育文化之于人们的重要意义。人类社会在发展的过程中难免会发生一定的冲突和战争，这是不可避免的。而体育作为一种重要的社会文化现象，在人类战争中曾扮演过“和平使者”的角色，历史上在奥运会举办期间，曾经有过各国家停战的协定。这在一定程度上表明体育具有消解人类社会负面和消极因素的重要意义。除此之外，人们在参加各种体育活动或运动员在比赛中也能建立彼此的友谊，这些都是体育文化亲和性特征的具体体现。

（四）身体表征性和传承性

体育文化一个非常重要的特征就是身体的表征性与传承性。这一特征在我国传统体育文化中就得到了深刻的体现。由于运动方式的不同，人们在运动的过程中会呈现出不同的身体形态。比如游牧民族以骑马为代步工具，在长期的骑马生活中逐渐形成了一种肩部比较松弛的形态。这就是体育运动身体表征性的一种表现。

除了身体传承之外，语言传承也是一种非常重要的方式，而表现在体育运动中，运动员的各种身体姿态、技巧等就像语言一样起着传承的作用，这是体育文化的一种很重要的交际功能。体育文化的身体表征与传承功能密切相关，观众可以通过观看体育竞赛，从中可以领悟到许许多多深刻的东西。因此说体育文化具有明显的身体表征性和传承性的特点。

（五）从属性

社会的各种各样的因素不断制约和影响着体育文化的发展，因此表现出突出的从属性特征。影响体育文化发展的因素主要有政治、经济、军事、宗教等文化形态，正是这些文化形态因素与体育文化之间的相互关系才导致了体育文化具有社会操作的从属性特征。

在某些情况下，体育文化的这一从属性特征发挥了非常关键的作用。如众所周知的中美 “乒乓外交”就是体育文化从属性特征的重要表现。因此我们要高度重视体育文化的从属性这一特征，加强体育文化更深一层次的研究，从而推动体育运动与现代社会的健康发展。

四、传统体育文化的特征与功能

（一）传统体育文化的特征

1. 普遍性特征

作为人类社会的一种重要的文化现象，体育文化自然也具有普遍性的性质。在这一特性之下，突出表现为不同阶级呈现出不同的体育文化形态与思维。都有自己相对独立的体育文化形式和思想。在原始社会时期，社会没有阶级分层，人人都有参与体育运动的权利，可以参与体育的生产与分配。而在阶级社会，统治阶级拥有了体育文化的支配权，某种程度上而言主宰者体育文化的发展。但是，尽管如此，不同阶级、不同地位的人也可以拥有自己的体育生活形式，目前体育也成为人们的一种重要的生活方式。由此可见，体育文化呈现出明显的普遍性的特质。

2. 阶级性特征

马克思认为：“一个阶级既是社会上的物质力量占统治地位，同时也是社会上的精神力量占统治地位。”①纵观人类发展的历史，体育文化的支配权主要经过了奴隶主、封建贵族和近代资产阶级等三个统治阶级，每一个阶段都呈现出鲜明的阶级性特质。在奴隶社会和封建社会时期，当时的统治阶级普遍享有体育特权，人民群众的体育活动受到统治阶级的支配。如朱元璋曾经对民间下棋和踢球有过禁令，埃及法老也有百姓不准射杀狮子的禁令，而统治阶级则可以参加这些活动，这就说明体育文化具有一定的阶级性。

3. 科学性特征

人体是一个具有客观性和规律性的物质存在物，自身的发展需要遵循一定的客观规律，否则就容易误入歧途，出现各种各样的问题。体育文化的发展同样如此。一个运动项目从诞生到进入高度化发展阶段，如果不遵循人体运动规律，不以相关的理论为基础进行发展，是难以实现长久持续发展的目标的。各类竞技体育运动的发展就是一个鲜活的例子。田径、各种球类运动之所以发展到现今这一水平，与体育运动理论的发展，与各种高科技手段的引进与利用是分不开的，这

①赵晓奔．制度、技术创新与产业协同演化研究[D]．江西财经大学博士学位论文，2019，06.

充分表明科学性是体育文化的一个重要特性。除此之外，近年来没我国引进了大量的先进的科学训练方法和手段，促使我国竞技体育更上一层楼。这是体育文化科学性这一特征所带来的益处。

4. 民族性特征

体育文化的民族性就是某一民族的体育在世界体育文化中所具有的本民族的特性。它是建立在一定的社会历史基础之上的，这是因为同样的地域空间也会有相同的体育文化存在，不同的地理环境只是间接地影响不同民族的体育文化，这种影响作用越到发达社会越不明显。比如，对于我国民族传统体育文化来说，其中有许多运动是多个民族所共有的，这类体育活动集中表现出我国民族传统体育文化多元性的特征。在这之中，流传最为广泛的有武术、摔跤、舞龙、舞狮、抢糍粑等。尽管这些体育活动是多个民族所共有，但每个民族都存在着与其他民族不同的特色。譬如以舞龙、舞狮来说，我国北方民族的舞龙、舞狮运动多强调力量与豪迈，而南方仫佬族的舞龙、舞狮则突显灵动与机敏。

已有两千多年历史的铜鼓，是极具特色的一种珍贵古代遗物。铜鼓最先的铸造者和使用者是壮族先民。传世的大量铜鼓， 其铸造之精、雕刻之美、图案之丰富， 属世界所罕见。目前，出土铜鼓最多的地方是广西壮族自治区，已达1400面以上。铜鼓以其特有的作用，丰富了壮族人民的生活。[①]又如苗族的爬坡杆、上刀梯、打泥脚、划龙舟等。毛南族的同顶、同背、石担、石锁等。瑶族的射箭、鸡毛球 、掷石头等，这些体育项目就源于他们的劳动生产和生活方式，展示了少数民族人民的生活情趣，具有鲜明的民族特色。[②]

任何传统体育文化都不是一时一日而形成的，都需要经过很长一个时期的不断发展和不断演变才能形成。在相对固定的地域里逐步发展起来的民族体育项目，都具有其特定的民族性特点。但是，一个民族的体育文化发展到一定阶段，必然要突破牢笼向外部扩散，这就增加了同其他民族体育文化接触的可能性，二者之间的交流也越来越频繁。但不论如何变化，民族性始终都是体育文化的一个重要特性。

5. 地域性特征

地域性也是体育文化的一个重要特性。这突出表现为不同地域的体育文化呈现出与众不同的特色，有自身一套独特的文化发展体系。世界各个国家或民族的体育文化都存在着较大的不同，呈现出各自鲜明的特征。无论是原始社会，还是封建社会，以及现今的资本主义和社会主义社会，各个国家和地区的体育文化都呈现出鲜明的地域性特质。由此可见，体育文化受地域因素的影响是非常大的。

①龙符．壮族铜鼓的历史文化内涵[J]．文山师范高等专科学校学报，2005,(03):17-22.

②韦丽春．红水河流域少数民族传统体育文化研究[J]．湖北体育科技，2007,26(06):678-681.

与中国的地大物博不同，欧洲资本主义国家的体育文化受地域的影响较小，但也会受其影响。如美国的棒球和橄榄球，挪威冰雪运动等都是在不同的自然环境和地域下形成的特色化体育运动。

6. 世界性特征

世界性也是体育文化的一个重要特质。也就是说，各个国家或地区的体育文化无论如何发展，整体上而言都是属于世界的，与世界发生着一定的关联，并不是孤立存在的。发展至今，全球一体化发展的趋势越来越明显，在体育领域也是如此。通过体育文化的发展，世界各个国家能走到一起，相互沟通与交流，实现体育全球化发展的目标。如今，体育的竞技化、市场化、产业化发展成为各个国家的共同追求，充分彰显出体育文化世界性的特质。

7. 时代性特征

体育文化的内涵及层面非常丰富，发展至今，体育文化在物质层面、制度层面和精神行为层面都获得了快速的发展，这三个层面相互联系，共同促进着彼此间的发展，在不同的历史时期，这三个方面都呈现出不同的发展形态。因此，体育文化没有一个固定的衡量标准来衡量。我们在评价体育文化时，必须站在历史的角度审视问题，既要看到其进步的一面，也要看到其时代的局限性。如唐朝与汉朝的人体健美观不同，前者“以肥为美”，后者“以瘦为美”，这导致了两个时代体育文化的差异。因此说，时代性是体育文化的一个重要的特质。

8. 永恒性特征

永恒性也是体育文化的一个重要特质。早在人类社会发展的早期，体育运动就有了萌芽并开始获得进一步的发展，历经各个时期的发展，体育文化才呈现出如今的形态。体育文化持续不断发展的一个原因就在于它具有永恒性的发展特性。上面讲到体育文化具有时代性特质，它与永恒性是体育文化的两个重要特性，可以说，在不同的时代体育文化都获得了一定时期内的永恒发展。

（二）传统体育文化的功能

随着现代社会的日益更新与发展，体育文化的内涵更加丰富，其在整个社会中的地位也越来越高。体育文化的作用也越来越明显，因此，体育文化在新的历史时期的一个最重要功能就是促进人的全面发展。可以说，体育文化以其独特的功能和内涵，在整个人类社会中扮演着越来越重要的角色。如今，体育文化深深影响着人们的日常生活，体育已渗透进社会的每个角落，促进着人的全面、和谐发展，这也是体育文化的主要目的。具体而言，体育文化的功能主要表现在以下几个方面。

1. 教育功能

在体育文化发展的过程中，它对整个人类社会文化都产生了极为重要的影响。

体育是以人体运动为载体的一个社会文化现象，人们在参加各种体育活动的过程中能获得身心全面的发展，这是其他文化现象所不具备的。由此可见，体育具有与众不同的教育功能，它属于现代教育的重要内容。通过体育教学活动，不仅能够增强人的体质，掌握运动技能，还能很好地培养人们参加体育运动的兴趣和习惯，培养人们良好的竞争意识。发展到现在，体育文化的形式和内容都越来越丰富，传统体育活动的教育功能与价值也越来越明显。如在人的成长过程中，从最初的坐、爬、站立，到后来的走、跑、跳等；从身体素质的提高到各种运动技能的掌握，体育教育都在其中起着非常重要的作用。可以说，人在成长的过程中，无不与体育教育息息相关，因此说教育功能是体育文化的一个重要功能。

2. 调节与修身养性功能

发展至今，体育文化在人们的日常生活中扮演着越来越重要的角色，可以说人们已经离不开体育文化。之所以如此，其中一个重要的原因就在于体育文化具有重要的调节功能，能对人们的各种社会行为和习惯产生重要的调节作用。生活在社会上，人们都持有不同的观念和意见，而通过体育文化，具有不同价值观念的人可以凝聚在一起共同参加某一项体育运动，在运动中增进彼此的交流，从而实现合作与发展。除此之外，通过体育文化的调节功能，人们的各种不良社会行为也能得到一定程度的抑制，这对于社会的和谐稳定发展具有重要的意义和作用。壮族板鞋舞的最主要特色就是自娱自乐，板鞋舞通过“力度”“速度”和“幅度”体现出来的艺术升华和感情，板鞋舞的舞蹈动作健康、粗犷，是从生活中、劳动中创作、提炼而成的舞蹈，具有喜庆、开朗、风趣、力度、富于韵味的舞蹈，具有调节与修身养性功能。①

3. 凝聚功能

凝聚功能也是体育文化的一个重要功能，它也是体育文化功能的重要一部分。体育文化可以将不同区域、不同信仰、不同价值观念的人凝聚在一起，通过交流与合作，获得更好的发展。比如板鞋舞是有很多人参与的舞蹈，因此对舞蹈者各个方面要求都非常严格，要求步伐整齐划一，力度和节奏统一，体现了壮族人民同心协力、同舟共济、团结奋进、拼搏向上的精神，具有很强的民族凝聚力。②

发展到现在，各种类型的运动会越来越多，这为全世界人民的相互沟通与交流提供了良好的途径。如足球世界杯、奥运会等大型世界性的体育赛事，将不同国家、不同地区、不同信仰的人集合在一起，朝着共同的目标努力和前进，形成了一种世界人民大团结的景象，对凝聚全世界人们在一起发挥了重大的作用。另外，体育文化还具有多层次性的特点，相同的体育文化内容会吸引“志同道合”的人前来参与，共同推动着社会文化的进步与发展。

---

①②韦丽春．壮族板鞋舞的健身娱乐价值及文化特征[J]．体育学刊，2007，14(07)：69-71．

4. 创新功能

发展到现在，体育文化的内容体系越来越丰富，其发展不是闭塞的，需要加强不文化的沟通与交流才能获得健康、可持续发展，要想实现这一目标，借鉴和参考其他先进的文化是尤为必要的。由此可见，创新也是体育文化的一个非常重要的功能。要想推动体育文化的进一步发展，除了加强体育运动本身的发展之外，还要积极主动地吸收与借鉴其他国家或地区的先进文化，加强融合与创新，这样才能促进我国体育文化的健康持续发展。

5. 文化传播功能

体育文化赖以发展的一个重要手段就在于扩展和传承，由此可见，文化传播也是体育文化的一个重要功能。体育文化的扩展是指文化在空间伸展的蔓延性。其特性主要表现为：体育文化可以在社会各群体和个体之间相互传播，也可以在国家与国家之间、民族和民族之间传播，其传播的范围非常广泛。

传承性是体育文化的一个重要功能，我们所探讨的传承性主要是指时间上的传承。体育文化之所以发展到现在而生生不息，其中一个非常重要的原因就在于其传承的功能。通过体育文化的传播功能，各种形态的体育文化才得以保留，在各个历史时期都获得了一定的发展。总之，体育文化的扩展和传承是体育文化传播功能的两种具体形式，在体育文化发展的过程中，这两种形式广泛存在。如把武术、围棋、龙舟竞渡等民族体育项目推向世界，发展为国际性赛事，对弘扬我国优秀的传统文化具有积极的作用。武术之所以深受大众的喜爱，主要原因是它蕴涵着诸如重德、务实、自强、宽容、爱国等民族精神，这些精神是中华民族生生不息、发展壮大的强大精神力量。在海外被称为“中国功夫”的武术以其独特的魅力，赢得了世界各国人民的喜爱。[①]

五、传统体育文化促进全民健身的开展

(一) 全民健身的内涵

社会性是界定一种文化理念是否属于社会文化理念的方法，当文化理念背后蕴含的社会价值越高时，文化理念能够存续的时间便越长。在我国目前的发展状况下，传统体育中的文化观念的覆盖面很广，包含我国社会中的许多群体，适合不同文化、不同年龄的人参与，被赋予了社会价值。传统体育不只是对人民体质的锻炼，更是对参与者的心理健康的调节。理论是实践的指引，传统体育理论的建设是在为了其实际推行打好基础，也是对人民群众期待美好生活需求的满足。

全民健身是指全国各族人民，不分男性、不分女性、不分老人、不分小孩，

---

①潘聚仟，韦丽春. 全民健身视域下民族传统体育的角色定位[J]. 河北体育学院学报，2010，24(06)：94-96.

都应当积极主动地参加体育锻炼，不断提高自身的体能，提高自身各个组织器官的协调性和柔韧性，增强人民体质，增强对自己身体的操控能力。[①]全民健身的宗旨是增强人民体质、提高人民的幸福指数，以正处于身体成长阶段的青少年为核心群体，号召全国人民参与健身活动，每天至少参与一次任意强度的体育活动，掌握多种体育锻炼的方式，每年去相关体质测评机构进行体质监测，并根据数据显示的情况，即使调整健身计划。所以说全民健身计划是一项功在当代、利在千秋的壮举。[②]全民健身是一项对当下和未来的国家发展都有利无害的政策，也是我国步入现代化、提升人民身体素质的重要方式。随着我国经济水平的不断进步，我国人民投身于全民健身事业的积极性也将越来越高，我国各级政府需要提高对全民健身政策的重视，将更多的资源和更优质的服务投入全民健身的建设工作中。全民健身政策的发起者是国家，国家承担着全民健身的领导职责，为每个参与其中的人民群众提供人性化的服务，并且确保全民健身的推行过程中有明确的方向和目的，在过程中保持良好的效果，助力于最终良好结果的实现。全民健身计划的推行，对于我国整体人民体质的提升，对于我国文明、健康、科学、自然的生活方式的建设具有重要的推动作用。在《全民健身计划纲要》出台后，我国各级政府积极响应国家的政策号召，充分结合当地的实际情况，切实推进各级地区对全民健身计划的落实工作，从而引领了民众中的全民健身风潮。

（二）传统体育在全民健身活动中的角色定位

1．传统体育推动了全民健身活动的开展

首先，全民健身活动的开展有效地提高了国民的身体素质。传统体育的内容丰富多彩，形式多种多样，涵盖面非常之广，不仅具有锻炼身体、增强体质、强健体魄、愉悦身心、释放压力的功效，并且强调动静结合、调养身体、身心兼修的运动。[③]比如武术追求的是人、自然的结合，动作出神入化，经常练习剑术的人能锻炼神经系统，并提高身体各器官功能，促使经络通畅，提升肺活量，促进消化以及新陈代谢等。又如抛绣球以其健身性、娱乐性、竞技性广受人们的喜爱，不仅作为大众的锻炼项目，也可作为学校丰富的体育课程资源，在进一步促进该项目运动自身发展的同时，可以使全民健身的内容更加地丰富，也更有效地推动全民健身活动的开展。

其次，弘扬传统体育文化。随着全球化进程的不断推进，西方的竞技体育强势文化对我国传统体育产生了很大冲击，有的传统体育项目濒临消亡。全民健身

---

①朱正伟．河北保定民间抖空竹活动的传承与发展研究，云南师范大学硕士学位论文，2018，05.

②王天军．少数民族传统体育在全民健身计划实施中的地位和作用[J]．上海体育学院学报，1998，(22)：115-116.

③罗英梅．民族传统体育融入全民健身活动策略研究[J]．体育文化导刊，2017，(05)：74-76.

活动的大力推广，民族传统体育项目的价值开始得到人们的关注。常见的一些民族传统体育项目，如毽球、跳竹竿、竹连球、太极拳、八段锦等传统体育项目在全民健身活动中得到广泛开展，使更多的人通过锻炼了解到其中蕴含的浓郁文化底蕴，了解到传统体育方面的理论知识，弘扬并传承了民族传统文化。[①]

2. 传统体育成为全民健身发展的基础项目

在当前大众体育资金投入受束缚的情况下，民族传统体育的优势能得到全面发挥。民族传统体育项目往往不受器材、场地等的制约，动作相对简单易学，多数日常生产生活中常见的农具、器物等都可成为民族传统体育器材，在房前屋后、田间地头等空余场所就能开展，男女老少都能参与。[②]比如，大众性仫佬族传统体育文化在传承与发展过程中之所以能够形成稳定的群众基础，主要原因在于仫佬族传统体育文化的健身与娱乐作用被更多的人所接受。譬如打竹球、打灰包、打陀螺等这些具有健身功效且深受广大仫佬族同胞所喜爱的运动。仫佬族传统体育文化流传于仫佬族普通百姓之中，同时与仫佬族生产生活的联系极为紧密，在长时间的沟通、交流与发展过程中，在广西邻省的贵州、云南等民族聚居地获得了广泛传播和开展。[③]从这里就可以看出，仫佬族传统体育文化的大众性与平民性发展的关键要素就是良好的群众基础与广泛的普及程度。

3. 传统体育成为学校体育教育的重要组成部分

学校作为集体教学的场所，非常适合民族传统体育的开展和传播。民族地区是少数民族聚居地区。各族人民创造了丰富多彩、喜闻乐见的民族传统体育项目。

少数民族学生从小生活、生长在这种社会环境中，耳濡目染，民族传统体育文化已经深深地根植于他们的思想意识和行为模式之中，并且很多的民族传统体育项目。如板鞋舞、铜鼓舞、扁担舞、竹竿舞、抛绣球等项目都具有很强的趣味性、健身性、独特性等特点，而且动作简单而且易学，[④]非常适合在学校开展与普及，使得学校的体育教学内容更加的丰富多彩、更加的多样化、灵活化、特色化、生活化和乡土化。[⑤]此外许多学校已经成为国家、省、自治区、市级少数民族传统体育研究基地，这一行之有效的手段极大地推进了学校体育的发展。

4. 传统体育成为构建社会和谐的有效途径

民族传统体育强调对人身心的关注与构建和谐社会的理念具有一致性，是构建和谐社会的重要文化资源。比如，民族体育舞蹈文化具有种类繁多、形式多样、

①龙佩林．论全民健身与民族传统体育的综合创新[J]．首都体育学院学报，2020，(02)：83-84.

②罗英梅．民族传统体育融入全民健身活动策略研究[J]．体育文化导刊，2017，(05)：74-76.

③王玉忠．少数民族传统体育文化的特征及发展趋势[J]．唐山师范学院学报，2010，32(2)：97-99.

④崔乐泉．论民族传统健身体育与全民健身运动[J]．山东体育学院学报，1998(4)：42-48.

⑤潘聚仟，韦丽春．全民健身视域下民族传统体育的角色定位[J]．河北体育学院学报，2010，24(06)：94-96.

特色鲜明等特征，且与当地的节庆活动、风俗民情等紧密结合，以至于成为我国具有一定吸引力和影响力的群体性活动。这些项目不仅在平时和节庆中进行表演，而且也是全国民族传统体育运动会指定的竞赛项目之一。我国从第一届到第九届全国少数民族传统体育运动会上，各少数民族共挖掘和整理并创编出1465个项目进行展演比赛。①在运动会上，民族传统体育表演项目是民运会参赛运动员最多的项目，这更有利于增进民族与民族之间、省与省之间、地区与地区之间、人与人之间的广泛交流与团结。这些民族传统体育项目，不仅具有健身性和娱乐性，同时还因为它们具有一定的民族性，让城市中生活的现代人感到无比的新鲜。另外，民族传统体育舞蹈在调节心理情感、充实社会文化生活、促进民族间交流等方面具有重要的意义。民族传统体育活动的开展，不仅使人民群众的精神生活得到了充盈、身体素质得到提高、人民生活的幸福指数得到了提升，同时也使我国民族传统体育文化的活动内容和文化内涵得到了丰富，为和谐社会的构建出了一份力。②

（三）传统体育与全民健身活动融合的举措

1. 加大宣传民族传统体育与全民健身活动的力度

为了提高传统体育项目在全民健身活动中开展的效果，必须加大宣传力度，可以通过电视、报纸、广播以及新兴的互联网等新兴媒体进行宣传报道，政府部门、社会各界积极配合，把传统体育与全民健身活动融合作为一项社会工程落实到位，让广大的老百姓都参与到传统体育健身活动中来，大力推动全民健身活动的开展。与此同时，也要结合我国的实际情况，重点关注传统体育项目向农村地区延伸，要经常利用传统节庆活动在农村举办传统体育活动，这也是对传统体育项目进行有效的宣传和推广，使更多的人关注、了解并参与到传统体育锻炼的大潮中，为全面落实全民健身计划，奠定坚实的基础。③

2. 制定相关传统体育融入全民健身活动的政策

对于全民健身事业而言，其不仅关乎广大人民群众的身体健康，也是社会文明进步的重要标志，同时也是社会主义精神文明建设的核心内容，为了深入而广泛地开展全民健身运动，必须制定出传统体育融入全民健身活动的政策。国务院于2011年2月颁布了《关于印发［全民健身计划（2011-2015年）］的通知》，该通知对未来全民健身运动的发展提出了总体规划，并制定出了相关保障措施。④在

---

①韦丽春．民族地区高校引领民族民间休闲体育开展的路径研究[J]．南京体育学院学报(自然科学版)，2012,12(01):129-131.

②韦丽春．仫佬族传统体育文化研究[M]．北京：人民日报出版社，2018,06.

③罗英梅．民族传统体育融入全民健身活动策略研究[J]．体育文化导刊，2017,(05)：74-76.

④赵玉娟．民族传统体育与全民健身计划[J]．河南机电高等专科学校学报，2008,16(4):61-63.

该措施中，最能与传统体育文化相结合的内容可总结为四点。第一，积极发展区域传统体育，建立健全民族传统体育组织；第二，重视对区域传统体育教育工作者与体育人才的培养；第三，在民族聚居区开展与传统体育文化为内容的体育竞赛与体育活动，在校园内设置与传统体育文化相关的优秀教学内容，并创建传统体育文化培训基地，建设一流的区域传统体育之乡，办好民族传统体育运动会；第四，广泛开展区域传统体育文化教育活动，举办少数民族传统体育竞赛活动，第五，组织举办全民健身运动会，以体育改革为突破点，创新办赛模式。这些政策措施有效地促进传统体育与全民健身活动的融合开展。

3. 建立多元化的资金投入运作机制

为了能丰富并全面拓展全民健身公共服务体系的资源来源路径，确保传统体育能更好地融入全民健身活动，必须建立资金投入保障机制，采用多渠道、多元化的资金运作机制，包括政府、企事业单位、集体、个人以及其他组织等。这不仅能使我国现有的财政负担得到减轻，而且也能使全民健身公共服务体系的资金来源得到进一步的拓展。在全民健身活动的多元化的资金投入过程中，需要统筹考虑资金投入的路径，进一步提升多元资金投入的使用效能，体育健身的良好社会环境与条件促使广大群众想参与体育健身活动的欲望，提高广大人民群众的健康素养。

4. 加大乡村场地设施的建立完善

与现代体育场地设施不同的是，民族传统体育场地设施有着自身的特殊性与差异性。而地域之间的差异与民族之间的差异则造成了传统体育场地设施建设的差异。民族传统体育场地设施的建设应不断开拓思路、大胆鼓励创新与寻找新方法、鼓励个性化，使民族传统体育场地设施与现代化发展的需要相适应。所以，发展民族传统体育场地设施，寻找到突破点才是关键所在，最为有效的方法就是在目前基础上因地制宜建设一些人民大众喜闻乐见的传统体育场地设施。在民族村寨可建立一些小规模、低投资、易管理的体育场地设施，不仅能够满足村民的体育需要，同时也能用来举行民族体育文化活动，使体育场地设施的功能得以充分发挥，丰富人民群众的闲暇生活。①

①韦丽春. 仫佬族传统体育文化研究[M]. 北京：人民日报出版社，2018.

第二节 传统体育养生文化概述

一、传统体育养生文化的概念及内涵

（一）养生文化的概念

优秀少数民族体育文化孕育的养生智慧，离不开优秀中华传统养生文化思想。养生，又称为养性、摄生、道生、保生等，该词最早见于《庄子·内篇》。所谓生，就是生命、生存、生长之意；所谓养，即是保养、调养、补养之意，老子释为“摄养也”，是养护身体、保养性命，达到长寿的意思。《黄帝内经》提出“养生学说”，把“养生之道”演绎为经常性、保健性、仿生性、整体性等特征。养生文化的提出是古人在认识了人与自然的有机联系，及在掌握了人体身心活动和疾病发生的变化规律之后，作为进一步增进身心健康、预防疾病发生的积极手段而不断发展、完善起来的理论与方法体系。①由此，将养生和养生文化定义为：

养生：是指“在特定的外部环境中，通过一系列行为活动和内在修养实现个人身体上和精神上的最佳状态。”它包含多个方面的内容，如健康、养老、养生。有着保护自己、保护家庭、维护社会扩展等多个层次的意义。②

养生文化：是指从文化的角度来促进人的躯体、心理、能力和道德的健康、使人们实现健康、养生、养老等目的。

（二）传统体育养生文化的概念

随着中西方文化的冲突、交流以及融合促就了诸多新概念的产生。③目前，学术界存有“体育养生”“养生体育”等多种称谓。从语言学的角度来看，“体育养生”中“养生”为中心词，而“体育”为修饰词，即是人们为了追求健康和延年益寿而形成的众多健身方法。④传统体育养生文化将“养德”寓于养生之中暗含中华传统文化的“五德”，“仁”与“义”是养生文化的核心概念，在整体上把握天人合一，注重于反观身心和养身，表现出把人的养生与万事万物的生灭、应和及转化统一起来，辩证看待身体健康的智慧。由此可将传统体育养生、传统体育养

①韦丽春，罗建德．健康中国背景下桂西北长寿带民俗活动中的体育养生健身行为研究[J]．体育研究与教育，2019，34(02)：71-76.

②张太慧．基于典型案例康养产业发展路径构建研究[D]．成都中医药大学硕士学位论文，2019.04.

③潘聚仟，韦丽春．全民健身视域下民族传统体育的角色定位[J]．河北体育学院学报，2010，24(06)：94-96.

④高亮．“体旅融合”视域下传统体育养生文化资源开发研究[J]．北京体育大学学报，2019.42(11)：148-155.

生文化定义为：

传统体育养生：是传统体育与养生的有机结合，是指在远古和古代产生发展并保留较为固定的形制而影响至今的，通过肢体锻炼、呼吸锻炼，意念控制等方式，使其身、心、意三者融为一体，从而人体各部分机能得到增强、人体的内在潜力得到开发，可以防治疾病、益智延年作用的一切民族传统体育的锻炼方法和锻炼手段。①

传统体育养生文化：传统体育养生文化是我国传统养生文化的重要组成部分，是历代养生人士通过长期生产生活实践和理论研究而总结出来的一套健身养生的理论与方法，通过调形、调息、调意的运动表现形式，形成的一系列价值观念、行为规范、思维方式和情感方式，它们之间相互联系，相互作用，共同形成了独具特色的中国传统体育养生文化体系。②

（三）传统体育养生文化的内涵

中国传统体育养生文化与中国的中医文化也有着很深的渊源，具有自己独特传统的风格和文化特色。传统体育养生文化糅合了儒、道、佛及诸子百家的思想精华，是以朴素自然的古代哲学和体系完整的传统医学为基本理论。道教在养生方面主要主张“虚之道”，主张练气养生，所谓“人法地，地法天，天法道，道法自然”，③讲究养生顺其自然，不可违逆。儒家在养生方面更加主张修身、减少欲望，包括物欲和性欲，修身养性，注重身体养护及食物精细，合理搭配。而佛教在养生方面更加注重养心、养性、养气等。认为这是养生的最高境界。佛教主要以参禅为主，静中思虑、养心养性，这种方法有强身健体、祛病延年的作用。当然道教、儒家和佛教在体育养生方面也有共同点，比如都提倡“养性”，强调善养性者，则治未病之病，是其义也，都提倡精神摄养和饮食调养。④更有浩如烟海的中国传统体育养生文化的古籍文献，如《黄帝内经》《道藏》等书籍收录了大量的养生之术及大量的人体科学及养生医术，道经、佛经等等，丰富了我国传统体育养生文化宝库。

传统体育养生观认为：以调身、调心、调息等方式的稳定都是各种养生的内容或方法，从而达到形神共养、颐养天年的目的。⑤而各民族体育养生文化，主要是由自然崇拜、图腾崇拜以及族人对祖先灵魂的崇拜繁衍来的，因此各种祭典和

---

①高亮.“体旅融合”视域下传统体育养生文化资源开发研究[J].北京体育大学学报，2019.42(11)：148-155.

②刘华煊，刘青健.“微”环境下的传统体育文化传播研究——以传统体育养生文化为例[J].哈尔滨体育学院学报，2015，33(05)：59-63.

③杜国友，高河永.传统体育养生实践类型论析[J].广州体育学院学报，2016(2)：64-46.

④杜国友，高河永.传统体育养生实践类型论析[J].广州体育学院学报，2016(2)：64-46.

⑤杜国友，高河永.传统体育养生实践类型论析[J].广州体育学院学报，2016(2)：64-46.

巫术仪式成为他们与这些圣物和灵物沟通，升腾自我欲望和灵魂的基本形式。这种以歌颂祖先和娱神为主要目的的活动，往往以身体活动来展现。如瑶族盘王节中的长鼓舞就是纪念祖先的一种仪式。这种活动表达的是人们对祖先的敬仰和怀念之情；壮族蚂拐节中的蚂拐舞则是为了纪念英雄蚂拐郎而创制。后来蕴涵了祈求风调雨顺、人畜平安、五谷丰登的意味；这些颂祖和娱神的活动，因为有身体活动的直接参与，因而能锻炼身体，修养精神。同时，这种原生态的祭祀舞蹈，以身体的动作为基本表现形式，以娱乐和健身为主要目的，显然具备了体育养生

文化的重要特征。不仅如此，由于大量宗教祭祀舞蹈中的体育活动既传授生存技能，又促进社会交流，抒发生活激情。因此，能够比较完整地勾勒出各民族宗教祭祀舞蹈中的体育养生文化的全貌，实践了“生命在于运动”理论。①

古人的医学养生智慧远远超出我们的想象，需要我们去不断的探讨研究。如中医养生讲的是“不偏不倚和阴阳平衡”，中华武术养生讲“内外兼修，守中用中”的养生思想。同时，中国传统体育养生文化融汇了历代养生人士的防病、养生、健身多种多样方法，在健身的过程中实现了“由动入静”“以静制动”“动静结合”的体育养生目的。②

人能不能长寿受以下四个方面的影响：60%取决于自己的生活（自己的生活方式与习惯等个人因素），而15%取决于遗传基因，10%取决于社会因素，7%取决于环境（自然环境与社会环境），8%取决于医疗水平，这是世界卫生组织认可的。由此可见，传统体育养生就是通过人的身体、以传统体育运动为手段、诱发和启发人体内在潜能、达到健身健体、娱乐身心、防病治病、延年益寿的目的。

二、传统体育养生文化的起源与发展

中国传统的体育养生有着非常古老的历史，从先秦时期到今天，传统体育养生文化不断发展。从出土的甲骨文中可以发现，当时人们在日常生活中有很多涉及养生文化的概念性东西，这也就能说明传统体育养生文化的起源是一个悠久而又带有神话色彩。上古时期，人们就知道通过舞蹈，按摩等方式来舒筋活骨。治疗疾病，并在日常生活中不断实践，积累经验，为后续的体育养生研究提供了便利条件。

（一）传统体育养生文化的起源

1. 人类的保健活动是主要源头

①韦丽春．桂西北长寿带少数民族宗教祭祀舞蹈中的体育养生文化审视[J]．体育研究与教育，2015，30(06)：78-81.

②周小青，张冬琴，杜俊凯．差异与融合：中西方体育养生文化阐析[J]．北京体育大学学报，2017，40(04)：133-138.

在远古时期，人类的保健活动是传统体育养生文化的主要源头。具有无穷魅力和高超的艺术情趣的民族传统体育早在几千年以前就已经形成了。如庄子在《庄子》一书“刻意篇”中说：“熊经鸟申、为寿而已。”熊经鸟伸是形容当时人们进行体育活动时模拟动物动作，用来进行身体活动，从而锻炼身体，以求达到健康长寿。在先秦时期也出现了“人之生也、天之为精、地之为形，合此以为人形”的说法，肯定了形体的决定意义。从西周“六艺”中的射、御，唐代“武举制”中的长垛、骑射、步射、举重等项目，明清时期的“太极拳”，直到20世纪初的“精武体操会”“中华武术会”等都透射着传统体育养生文化的光彩，蕴涵着丰富的文化内涵。①

我国最早的一部医书《黄帝内经》则指出了可以通过按摩、导引等方式来治疗一些疾病，而到了春秋战国时期则出现了两大养生派系，一派主张强调“动”的重要性，平常注重保养并时常运动，这样才不容易生病，而另一派细则强调“静”的重要性，主张通过意念和呼吸运动养生治病，也就是我们俗称的吐纳之术。这两大体育养生体系构成了中国传统体育养生文化的发展。

2. 远古巫术，神仙术是次要源头

远古的巫术是传统体育养生文化的次要源头。自然崇拜和鬼神崇拜在远古时期非常流行，为了能实现人与神的进一步沟通，就出现了巫师的职业，而巫师为了使观看者相信其能取悦鬼神，都要“皆善歌舞”，表现出神秘的并能与神灵的沟通。另外，远古社会的人们普遍相信是饿鬼附体才会导致疾病的产生，所以需要巫师采用一种特殊肢体动作的巫术来加以驱除。中国古代有许多关于长生不老，不死的神仙药等神话传说，美丽的仙境充调动人们充分发挥自己的想象力，追求长生不老成为人们的愿望。因此，神仙术对于养生术的发展有重要的推动作用，神仙术不可能像保健活动和巫术那样成为中国传统养生的最早源头，主要是因为它起源比较晚。②

（二）传统体育养生文化的发展

1. 养生观的发展

刘安与《淮南子》的养生观。《淮南子》一书是以道家学说为主，结合儒、法、阴阳五行学说自成体系的一部著作。书中阐述了多种养生观点，其中主要反映了道家与方士的思想。《淮南子》一书中强调身体和精神对人的发展的重要性，特别指出精神最为重要，主要起主导作用。《淮南子》的养生原则。《淮南子》的养生原则是“静漠恬淡”，书中介绍道：“静漠恬淡所以养性也”，其含意有二：第

①潘聚仟，韦丽春．全民健身视域下民族传统体育的角色定位[J]．河北体育学院学报，2010，24(06)：94-96.

②滕树，李向阳．中国传统体育养生文化与健康研究[J]．运动，2016，(06)：133-134.

一是“省嗜欲”，它说：“五色乱目；使目不明；五声讹耳，使耳不聪；五味乱口，使口爽身，趣含滑心，使形飞扬。此四者，天下所养性也，然，皆人累。”也这意味着声、色、味、趣都成了害人之物。第二是“心不忧乐，无所好憎”。“优悲多恚，病乃成疾；好憎繁多，祸乃相随；故心不忧乐，德之至也；无所好僧，平之主也。”是说优悲和好憎成了病祸的根源。[①]以上就是《淮南子》一书所倡导的养生原则，对后世有着一定的启迪和借鉴意义。《淮南子》的养生目的与众不同，它主张人们要超脱一切现实，这一主张在一定程度上反映了旧社会时期统治者追求“长生不死”的妄想。

桓谭的养生观。桓谭对当时流行的谶纬神学进行了有力的抨击。谶是指方士制作的隐语和预言，作为吉凶的征兆。纬是对经而言，是方士们编集起来的经典著作。他说：“精神居于形体，犹火之燃烛……，烛无，火亦不能独行于虚空。”[②]

意思是说火靠烛而燃，神凭形而存，形存神在，形亡神灭。除此之外，桓谭认为养生可以延年，对人的长寿有着一定的作用，但不会长生不死。他的这一观点非常重要，在当今社会都有一定的影响。

王充的养生观。王充主要批判了当时比较流行的神学迷信。他认为：“人之所生者精气也；死而精气灭。能为精气者，血脉也；人死而血脉竭，竭而精气灭，灭而形体朽，朽而成灰土。”还说：“天下无独燃之火，世间安得有无体独知之精。”[③]他对当时的灵魂不灭论进行了彻底的批判，对后世产生了重要的影响，他因此被称为中国古代无神论的奠基人。

2. 导引养生术日趋规范

通过运用人的意识，控制人的呼吸和调整人的形体来增强人的体质，延年益寿就是导引养生的主要方式。从古至今也有大量的关于引导术的古点书籍，最早的也最出名的就是华佗的《五禽戏》了，还有自长沙马王堆出土的帛画《导引图》，受到了医疗界的大力关注，并在此基础上创造出了很多的引导术势，发展至今已经形成了一套完整的引导养生体系，受到了全社会的关注，并经过长时间的实践研究，有力地证明了导引养生对于人民的生命健康，提高人民体质都有不可磨灭的作用。

3. 导引专著的出现

在西汉与东汉时期就出现了导引术的身影，这在相关的史料中有所记载，。1973年，出土了一批医书，这些医书是在湖南长沙马王堆3号汉墓中出土的，其中为我们提供宝贵资料的是《却谷食气》和《导引图》。[④]《却谷食气》讲的是导

①张法清．以静养生古今谈[J]．浙江体育科技，1991，(01)：48-50

②罗阳洲．武术进阶目标的阐释：由形体规制到形神并举[D]．上海体育学院硕士学位论文，2016，05.

③舒婷．王充社会政治思想研究[D]．西北大学硕士学位论文，2015，06.

④王家忠．先秦时期楚人的武术文化探究[J]．体育学刊，2009，16(12)：87-90.

引行气，内容非常详细和具体。有一张导引图非常完整，当时的社会风貌也在这张导引图中得到非常完美地展现。在这张《导引图》中，长1米，宽0.5米，彩绘有44个各种各样人物的导引图像，其中有男性也有有女性，有老人也有小孩，有裸背者，也有着衣者，身上所穿的衣服都是当时一般庶民的样式。关于导引术，除了有立式和坐式，徒手的和持器械的之外，还有模仿动物形态的导引术。主要涉及头部运动、扩胸运动、肢体运动等几个方面，由此可见导引术的内容是非常丰富的。导引术的功能非常多，既可用于健身的，也可用于治病。如“引聋”就是通过一定活动可以治耳聋病。“引”是“引体令柔”“挽”是指屈身俯地。

4. 华佗与五禽戏

华佗，字元化，东汉末年沛国人，他对医术非常精通，也很擅长外科手术，除此之外，他对养生也有着自己独到的见解，他认为“晓养性之术，年且百岁，而犹有壮容。”华佗有着非常高超的医术，他提出了诸多关于医术的理论，阐明了运动对人体健康的重要作用。他主张“动以养生”思想，对后世产生了重要的影响。他结合前人经验，以模仿动物形态的动作，创编了《五禽戏》套路，这套《五禽戏》不仅具有预防和治疗疾病，而且也有养生健身的功效，开创了以套路为形式的导引养生先例，是东汉传统体育养生文化发展的时代标志。①《五禽戏》主要包括虎、熊、鹿、鸟、猿五种动物活动形态。虎戏是模仿老虎的刚烈、威武与勇猛，以增强人体的力量；熊戏是模仿熊的倒卧与翻滚，以畅通人的血脉，促进血液循环；鹿戏是模仿鹿的快速奔跑与反顾，以提高人腰部和腿部的灵活性；鸟戏是模仿鸟的展翅高飞，以愉悦人的心情；猿戏是模仿猿的攀登与跳跃，以锻炼人体身躯的灵敏性。

大量的实践和事实充分表明，经常参加五禽戏健身活动能起到有效的健身益寿的作用。例如，活到九十余岁的华佗弟子吴普就是坚持练习五禽戏，他仍然耳目聪明，齿牙完整。华佗说：“体有不快，起作一禽之戏，怡而汗出，因以著粉，身体轻便，腹中欲食。”由于五禽戏中的大部分动作都是俯伏在地上进行的，因此运动量还是不小的，它对于人体素质的提高是非常有帮助的。五禽戏的产生，标志着导引已由单个术式向成套动作的方向发展，它对以后的八段锦、易筋经、太极拳等在某些方面产生了一定影响。

三、传统体育养生文化资源的构成要素

文化作为人类在处理人与自然、人与人、人与社会的关系中逐渐形成的价值观念和行为模式的综合体，根植于特定文化的主体性、整体性、时空性和多样性，按照自身的内在规律性存续。其在理性层面规范人类的实践行为，在感性层面彰

①王艳红，石爱桥．中国传统体育养生文化的历史变迁[J]．体育文化导，2018，(01)：122-126.

显人类的意义世界。体育养生文化作为文化的下位概念，是一种特殊的文化现象。传统体育养生文化主要是由心态文化、制度文化和行为文化构成。[①]

（一）心态文化

心态文化层面是物质文化的核心载体，是物质文化基础上衍生出的独具特征的人类共有的意识形态和文化观念集合，是由人类社会实践和意识活动中长期培养孕育出的价值观念、精神面貌、审美情趣、道德规范、行为准则、思维方式等。[②]

（二）制度文化

制度文化层面是由人类在社会实践中建立的各种社会规范所构成。主要指人们在从事民族传统体育养生活动的各种社会风俗习惯、传统礼仪、社会组织形式、民间体育养生活动规范等。如桂西北民族社会组织“冬”“油锅”“社”“鼓社”等。[③]

（三）行为文化

行为文化层面是由人际交往中约定俗成的习惯定势所构成。它通常以民风民俗形态出现。民族传统体育养生文化主要指民族体育养生活动中的习惯性行为，特别是身体实践活动，包括民族民间舞蹈、民族传统体育项目的身体活动。[④]

四、传统体育养生文化的特征及社会功能

（一）传统体育养生文化的特征

1. 实践性特征

传统文化孕育的养生文化以敬畏、应和自然万物为基本价值取向，源于生活实践是其特征之一。少数民族遵循、顺应天地自然演进的规律，主动应和与把握身体与自然规律的关系，辅以特定的肢体运动，让“身体”和“心灵”统一和谐。

身心在这一看似简单平和的养生过程中揭示了维护身体健康的认识、理解与行动的朴素观念。养生之术关键在于“养”，并非养尊处优，而是以“动”促“养”相辅相成。少数民族源于生活朴素自然的观念，强调人与自然的合和关系，遵循自然演化规律，达到身心合一的最高境界。譬如，已有两千多年历史的广西壮族花山崖壁画所刻入的人物舞蹈动作，就充分体现出壮族民众强身健体的典型。壮族民众按照气功的方法充分利用舞蹈导引来防治疾病。[⑤]经常跳花山崖壁画中的

①②③④韦丽春，罗建德．健康中国背景下桂西北长寿带民俗活动中的体育养生健身行为研究[J]. 体育研究与教育，2019，34(02)：71-76.

⑤冯秋瑜．养老养生产业与民族医药融合发展研究[J]. 广西民族大学学报(哲学社会科学版)，2017，39(3)：43-47.

舞蹈动作，可以起到疏通关节，增强血液循环、呼吸顺畅的功效。它是壮族几千年文化艺术的瑰宝，是传统壮医发展历史上的一大特色。又如瑶族的“长鼓舞”常常通过对砍伐树木，托运树木，穿过小溪，跨越山谷，上高山落山丘等生活技能的自身认知来展示身体的意象性表达，构建基于生活、生产情境中的养生之道，形象生动地体现在婚事、丧葬、节日、宗教和娱乐健身中，从而折射出瑶族人民健身养生的思韵、理解与行动。[①]

2.民族性特征

某些少数民族传统体育养生项目，在多民族中共同适用，但在具体某民族中又略显不同，表现出了本民族的个性特征。民族地区丰富多彩、风格截然不同的传统体育养生文化是由于其特殊的地理环境和生产方式造就的，具有鲜明的民族特点与民族气息，传统体育养生文化的民族性是一个民族与其他民族传统体育养生文化具有差异性的主要标志，同时，随着国际化程度的不断加深，体育养生文化也开始逐渐拥有国际性特点。谈论仫佬族传统体育养生文化的民族性，我们自然而然就会联想到竹球、凤凰护蛋、舞草龙等仫佬族传统体育养生活动。而在谈到毛南族传统体育养生文化的民族性时，我们也就会联想到同顶、同背、石担、石锁等。这些源于他们劳动生产和生活方式的传统体育养生项目与本民族传统体育养生文化相连紧密，这些具有强烈民族文化气息的传统体育养生文化随着社会的不断发展，深深地印上了民族痕迹，拥有浓厚的民族特征。[②]

3. 地域性特征

一定地理环境是一个民族长期生息、繁衍的空间条件，受经济自给性、地域封闭性的影响，各少数民族传统体育养生文化必然带有强烈的地域色彩。例如以前的广西河池、百色是我国老、少、山、穷的西部地区之一，人们居住在深山峡谷中，山高路陡，环境恶列，交通极其不便。但这一地区具有与别的地方不同的自然地理环境和亚热带区域性的气候条件，使生活在这一区域的人们拥有生存环境相对的独立，也因而起源于生产劳动以及与自然环境联系密切的民族传统体育养生项目便有了相应的独特性。[③]如受古代“蜀身毒道”“茶马古道”重要交通地溢出的多种文化影响，云南白族先民，史称“滇僰”“僰人”“白蛮”“白人”“民家”等，是先秦时分布于中国西南的氐羌族群的一支，受苍山、洱海自然地理环境影响，白族逐步发展出具有民族特色的代表性体育项目霸王鞭、仗鼓、耍火龙和洱海龙舟赛等动态性身体活动与独特的饮茶养生、温泉养生等动静互补的康养

①冯艳琼，程斌，吴梦天．少数民族体育养生文化助力健康中国建设研究[J]．体育文化导刊，2021，(02)：70-75.

②韦丽春．红水河流域少数民族传统体育文化研究[J]．湖北体育科技，2007，26(06)：678-680

③韦丽春．红水河流域少数民族传统体育文化研究[J]．湖北体育科技，2007，26(06)：678-680

方法[①]，体现了少数民族在特定环境、时空条件下的自然朴素养生方法，参与者的心理、生理、智力会受到动与静的和谐互补，而达到呵护身体健康的功效。因此，少数民族动静平衡的养生思想，给现代生活方式下的公民提供了新的维护身体健康的养生观念。[②]

4. 竞技性特征

捞火球，是近年从宜州区北牙瑶族乡民间挖掘整理出来的一项民间民族传统体育养生竞技活动项目。每逢佳节，瑶、水两族青年都喜欢举行此项比赛活动。所谓火球，就是用耐火材料制成的一个直径约12厘米、带明火的圆球。壮族“三人板鞋”竞技项目，原为广西那地（即现在的广西南丹县吾隘镇那地村）土司官训练俍兵参加瓦氏夫人赴江浙抗倭的一种军训方法，即每双板鞋上站着三至六人，每人的脚都要求用草绳系于板鞋上，一是防备俍兵逃跑，二是为了训练士兵步调一致。通过挖掘整理，先后发展成为“三人板鞋”“六人板鞋”“九人板鞋”竞技等，“三人板鞋”2007年列入全国少数民族传统体育运动会竞赛项目，这些项目对于民众的健身养生有一定的促进作用。

5. 娱乐游戏性特征

传统体育养生活动与现代竞技体育相比，更偏重于娱乐游艺。人类在生存、生产和生活活动之外所获取快乐的非功利性活动就是娱乐，包括生理和心理上所获得的快感和愉悦。[③]如喇叭球，源于都安瑶族自治县瑶族群众在收秋季桐果过程中，击打桐果演变而成少数民族体育竞技项目的“喇叭球”。在比赛中，双方撑起竹喇叭，争抢“喇叭球”，这项运动集技巧与娱乐游戏为一体，颇受群众喜爱。[④]这个项目曾获得过全国第六届民运会表演类项目二等奖。

6. 广泛的群众性特征

传统体育养生活动是在长期历史发展进程中形成和发展起来的，有广泛的群众基础，是少数民族人民生活中不可缺少的一部分。民族传统体育养生运动是民族节日重要活动内容， 它已成为大部分民族风俗习惯的一部分。民族传统体育养生活动，富有广泛的群众基础，参与的面非常广，这是由于许多体育养生项目，动作简单易行，且带有浓郁的地方的文娱色彩， 深得民众喜爱。有不少民族传统体育养生项目活动，不需要购买器材，不讲究场地，就地取材进行广泛性的群众

---

①吕跃军．白族传统养生文化[J]．中华中医药杂志，2019，34(7)：3183-3186.

②冯艳琼，程斌，吴梦天．少数民族体育养生文化助力健康中国建设研究[J]．体育文化导刊，2021，(02)：70-75.

③倪依克．论中华民族传统体育的发展[D]．华南师范大学博士学位论文，2004，06.

④韦丽春．桂西北少数民族传统体育活动现状及发展对策研究[J]．吉林体育学院学报，2012，28(02)：133-136.

活动。[①]如桂西北自然生态优越、民风古朴、民族传统体育养生文化丰富，当地少数民族庆活动五彩斑斓。如瑶族“祝著节”“盘王节”“铜鼓节”毛难族“分龙节”仫佬族“依饭节”壮族“蚂拐节”“三月三歌节”等，所有节日上的民众仪式都透露出宗教信仰和图腾崇拜的奇特玄妙气息，同时包含着丰富多彩的传统体育养生活动项目，如抛绣球、射弩、打陀螺、扁担舞、板鞋舞等。这些活动能增强生命健康水平，诱发内在潜能的身体练习，并有显著的地域和民族特点。因此，愈来愈多的人开始认识、接受和参与这些项目得到广泛传播，形成了稳定的群众基础。

（二）传统体育养生文化的社会功能

1. 改变现代人的健康意识，提高现代人的文化素质

健康意义上人们都认为身体强健，没病没灾就是所谓的健康。但是随着社会竞争压力的增加，社会风气的变坏，人们的心理压力斗骤增，心理疾病骤增，健康已不只是传统意义上的身体健康，而是身心健康。而传统的体育养生道家、儒家和佛家的养生内涵，正好可以给陷入迷茫状态中的人们一盏指路明灯，是现代人内外兼修，停下脚步看看周围的风景，平静自己的内心，做到真正意义上的“内外兼修”，调节人们的精神和情感，使人的身心健康得到协调发展。

我国现在致力于教育事业方面的改革，力求教导出有文化修养的有知识的高素质人才，但是对于社会上已经没有上学的中老年人，则需要进行传统体育养生文化的素质道德修养。现如今社会对于人的素质要求越来越高，然而现今社会人群的情感缺失，对社会一切冷漠对待，责任感和道德情操、使命感都缺失，这必须引起人民的警示和重视。而中国传统体育养生文化则在这方面起到了很大的作用，它比较注重“天人合一”、修身养性、内外兼修，能给予当代人很多的帮助，对提高现代人的素养文化教养起到了潜移默化的作用。

2. 促进社会稳定，促进精神文明的建设，培养民族精神

随着社会的发展而发展的体育产生于劳动及其他社会活动。传统体育除了健体强身、维持自己民族的强壮与生存之外，隐含于这一特殊文化形态中的宗教、娱乐、经济、等价值也随着社会的发展而不断地被人们认识和挖掘。传统体育养生活动具有广大群众喜闻乐见的明显特征，大力开展传统体育养生活动，必须有效、充分地发挥其文化的娱乐价值，促进参与者的身心健康、提高交往能力，从而有效地加强社区的精神文明建设。[②]

3. 强化民族认同感，增强民族的凝聚力，促进民族团结

---

①农彩文．论广西少数民族传统体育运动问题[J]．广西民族研究，1990，(01)：87-90.

②潘聚仟，韦丽春．全民健身视域下民族传统体育的角色定位[J]．河北体育学院学报，2010，24(06)：94-96.

所谓民族认同，其实指的就是个体对其民族，在语言、情感、思维方式等方面与民族主体趋向于统一的过程。[①]传统体育养生文化蕴含着巨大的民族同心力和民族凝聚力，是维系民族感情的纽带。从深层角度来看，民族认同包含个体对民族的认可与热爱，同时随时准备履行对民族所应承担的义务与责任。例如儿童游戏活动，特别是多人参与的儿童游戏活动，每个儿童都必须在父辈的教育下，学会这些活动中完成特定身体活动所需要掌握的技能，从而使这些技能成为重要的文化印记。这种文化印记，既能够是他人从技能上分辨出其民族归属，也能使该技能的拥有者强化自己的民族认同思想。在这些儿童游戏活动中，每个儿童都会在与同龄人配合的过程中，充分体会到与同伴配合的重要性与快乐，从而感受到整个民族的力量，体会到民族群体对个体的意义所在，感知到来自民族群体的温暖，在获得强烈民族认同感的同时，加强了自己与所属民族情感联系的纽带，得到了融入民族群体的满足，深入感受到自己在民族群体中的位置，从思维、行为以及情感等方面真正参与到所属民族的构成过程。这种儿童游戏活动，可以生动、有效、全面地传承民族传统体育养生文化。在进行这种儿童游戏活动的过程中，所有参加儿童，都能够得到并内化为更加丰富的民族文化内涵，在思维、行为、情感、理性以及行动特点上，更具浓厚的民族特点。在这之中，加大强化了他们的民族认同感，提升了民族认同的高度与质量。需要强调的是，这种大众参与的儿童游戏活动所获得的文化传承受众面广泛，可以在活动过程中提高更多儿童的民族认同思想，所以是一种民族传统体育养生文化传承、民族认同强化以及民族教育的最佳活动方式。又如白裤瑶的丧葬习俗，能有机会使周围各兄弟民族欢聚一堂，沟通感情，相互交流，增进相互间的了解，加深彼此之间的感情，促进民族的团结，增强民族凝聚力。[②]

4. 弘扬和传承传统体育养生文化

弘扬优秀传统养生文化是时代的主旋律。传统体育养生文化是民族地区少数民族人民智慧的结晶，是民族地区少数民族文化艺术宝库中的一颗明珠，它深扎于民族地区少数民族生活的土壤中，是民族地区少数民族人民精神生活和民族凝聚力的体现。传统体育养生活动文化民众的社会生活联系密切产具有极其丰富的内涵，是民族地区民众生活的缩影，是艺术与生活的完美结合。通过其外在表现形式可以很好地保存丰富多样的民族文化，通过其世代传承，民族也找到其世代传承的有效载体。

在传统体育养生文化的发展过程中，可以说并没有专门的学校教育。若只让儿童在平淡的生活中通过生活实际而向他们传授民族传统文化，尽管也可以教化

①冯胜钢．黔东北土家族“金钱杆”的价值[J]．体育学刊，2006，(03)：63-66.

②韦丽春，文展．白裤瑶铜鼓舞价值研究[J]．河北体育学院学报，2008，22(06)：90-92.

出民族文化的继承者，但显然效率会比较低，民族发展与民族进步也比较缓慢。而民族传统体育活动，特别是在民族节日上举行的众多儿童都可参加的传统体育养生活动项目，会因为两个主要因素而强化这种传承效率。首先，是参与活动的儿童人数众多。在传统体育养生活动中，每个儿童都能通过自己的思维与行为方式来展示自己，所以每个儿童不仅是文化的接受者，也是文化的传播者。参与传统体育养生活动的儿童人数多，就会提升文化的传播效果，场面壮观又可激发儿童的情感活动，使他们处在亢奋的状态。这种亢奋状态既增强了个人文化的输出，同时也提高了儿童对环境中文化的接受效果。所以，在传统体育养生活动中，有利于传统文化的传播交流，从而促进传统文化的传承。其次，是原生态氛围浓厚。由于传统体育养生文化从整体角度来看，还并没有从传统的节庆、宗教等活动中完全脱离出来，所以，在历史发展过程中，传统体育养生活动在最初并不是单一性的活动项目，而是一种具有多样文化特点的活动形式。这个特点决定了传统体育养生活动是传统养生文化中各种养生文化元素的集合体，由此在传统体育养生项目的开展中，必然蕴含了大量的文化信息。譬如在仫佬族儿童游戏中，蕴含了仫佬族先人的价值追求、生活态度、道德情感以及对后代子孙美好希望。于是在儿童游戏中，使得参与游戏的所有仫佬族儿童，都能够在愉快的身体活动中内化仫佬族传统文化，使仫佬族传统文化得以代代传承。这种民族文化传承，对仫佬族儿童来说是极为重要的，也是非常必要的，这主要是因为仫佬族文化是处于不断发展与变化之中，而这种变化与发展往往也会体现在仫佬族儿童游戏中的，譬如打陀螺、滚竹环等，不仅能在室外进行，也可在室内进行，并不会对游戏效果产生影响。而在时间方面，这些游戏更没有明确的固定时间，不管是何种季节，只要愿意玩随时都可进行。在仫佬族儿童游戏中，儿童既扮演了参与者的角色，也扮演了组织者的角色，在游戏中儿童们尽情地发挥着自己的想象力，由此使这些游戏变得更具灵活多样性。①

5. 丰富校园体育课程内容

传统体育养生活动，具有丰富体育课程的功能。体育课程的主要目的就是为了增强学生的体质，但是，随着生活水平的不断提高，学生普遍是家庭中的“小皇帝”“小公主”，他们从小就过着舒适的生活，没有体会过父辈的艰辛，基本不会任何体力劳动，缺乏必要的身体锻炼，身体素质不佳。体育课程如果能与传统体育养生活动充分结合在一起，那么既能够使原本枯燥乏味的体育课程变得多样化、趣味化，还可有效锻炼身体，激发学生参与体育运动的热情，从被动接受发展为主动学习。譬如在体育课程中，可加入一些像象步虎掌、凤凰护蛋、打上叭、打陀螺、滚竹环等民族传统体育养生活动内容，能够使机械单一化的体育课程变

①韦丽春．仫佬族传统体育文化研究[M]．北京：人民日报出版社，2018，06.

得生动有趣，提升学生的运动热情。在体育课程上添加传统体育养生活动的元素，既能实现身体锻炼的目的，也能培养学生的兴趣与自觉运动的思想，也能让体育课程变得更为生动。唯有真正实现“教”与“玩”的有机结合，体育教学的目标才可在娱乐的过程中得以实现。

五、传统体育养生文化促进“健康中国”的建设

（一）健康中国战略的提出

1. 健康中国提出的背景

新中国成立以后，我国人民群众身体的健康发展得到了党和国家的高度重视，在全民健身的持续发展中，社会各方面的联动作用在我国得以充分发挥，我国各族人民的体质健康水平得到逐年稳步的提升。

1995年，我国全面开展全面健身工作，在全民健身方面花费了很多的人力、心力、物力和财力，国民体育健身观念不断增强，全民健身路径与设施不断完善，广大人民群众的身心健康水平得到了有效改善。随着改革开放的持续推进和全民健身工作的不断深化发展，我国全民健身工作开展二十多年以来，全民健身的内涵在不断地丰富，我国民众对体育健身也有了更高的要求，全民健身不仅关系到社会大众身心健康，也关系到整个社会的政治、经济、文化发展。

进入21世纪以来，我国社会经济获得了显著的发展，人民对生活质量有了更高的追求，“人民幸福”成为新时期党和国家关注的民生重点，要实现人民幸福，就必须首先确保人民体质和心理健康发展。目前，全国人民的健康发展在我国社会发展的不同时期而面临着各种各样不同的实际问题，发展的目标与任务也不尽相同。在现阶段，由于国民社会物质与生活水平在不断提高，人们的社会生活方式在改变、人们的饮食结构也在改变、工作方式和出行方式也都发生了很大的变化，由于饮食不健康、生活方式不健康、运动不足、生活环境恶化等各种因素的影响，包括我国在内的整个世界范围内，各种慢性病、文明病频发，人民体质问题成为一个重要的社会问题。

新时期，我国构建健康中国的需求十分强烈，需要进一步普及健康知识、增强人民体质、提高人民健康生活水平与生活质量，面向全民的健康教育与健康工作需要进一步深化和提高到一个新的阶段。

2. 健康中国的正式提出

健康中国的提出是我国健康事业发展的必然，是随着我国健康事业发展而日益清晰和迫切的需求。“健康中国2020”战略研究由卫生部在2008年启动，其对我国主要存在的健康问题和挑战采取了积极应对的态度，并全面分析我国健康事

业发展的有关问题。[①]具体体现在以下方面：

（1）公共健康政策。

（2）公共卫生。

（3）药物政策。

（4）医疗健康与医药体系完善。

（5）健康事业的科技支撑。

（6）中医学研究。

2012年8月，《“健康中国2020”战略研究报告》正式发布，提出到2020年实现以下目标。

（1）人均寿命达到77岁，5岁以下儿童死亡率下降到13‰。

（2）增进社会卫生公平。

（3）健全医疗保障制度。

（4）控制慢性病蔓延和健康危险因素。

（5）强化传染病和地方病防控。

（6）确保食品药品安全。

（7）依靠科技发展医药。

（8）继承创新中医药。

（9）发展健康卫生产业。

（10）履行政府健康职责。

2015年10月，中共中央发布《中国共产党第十八届中央委员会第五次全体会议公报》公报，明确“健康中国”的医疗健康战略。

（1）建立社会健康保障制度。

（2）深化医药卫生体制改革。

（3）实施食品安全战略。

（4）促进人口均衡发展。

（5）积极应对老龄化。

2016年10月，中共中央、国务院印发了《“健康中国2030”规划纲要》。

当前，健康中国建设的总体目标是，全民健身和全民健康指标达到中高收入国家水平。最终目的是要达到全民健康，而全民健康目标达成的重要途径和手段就是要加大全民健身实施的力度。[②]生命在于运动，坚持体育活动，在增进健康的同时，也包括对相关疾病加以预防。“健康中国”的提出是新时期我国健康事业发

①秦滨．文化视野下西藏山南地区羌姆研究[D]．山西师范大学硕士论文，2012，03.

②贾于宁．上海市“大学体育个性化”课程改革开展现状的调查与对策研究[D]．华东师范大学硕士学位论文，2019，03.

展的必然要求和发展趋势，它将全民健身纳入其中，二者相互促进与融合，在当前社会发展新时期能真正为人民群众的健康生活与幸福生活谋划，使全国各族人民群众的身心健康切实得到全面发展，全国各族人民群众的健康水平切实得到提高，全国各族人民的生活质量和生活幸福感、获得感切实获得提升。

（二）传统体育养生文化促进“健康中国”建设的措施

《“健康中国2030”规划纲要》明确提出要促进全民健康水平的提高，就要“加强全民健身运动的广泛开展，加强体医融合和非医疗健康干预，进一步加强重点人群的传统体育锻炼”。[①]体医融合指的是体育与医学的紧密结合，这是两个不同的学科，但二者在思想、理论等方面可以相互补充、渗透。

在我国传统文化及传统医学中，传统体育与“治未病”思想都是非常重要的内容，几千年前我国就开始尝试体医结合的方式，旨在为增进人民健康而探索科学有效的路径。在与体育结合的模式下，传统体育主要提供一些有益于身心健康的运动方法和手段，“治未病”思想主要基于中医学而提供保健思路，为了增强传统体育的科学性、针对性以及实效性，在体医结合中往往还会用中医的思想和知识对传统体育的方法进行总结与创新。

健康中国战略赋予了健康更深刻的含义，体医结合的核心是解决人民群众的健康问题，因此传统体育与“治未病”思想的融合承载着非常重要的健康使命，二者必须相互引导、相互启发，充分发挥自身的作用，以解决普遍的健康问题，推进健康中国建设进程。在健康中国建设中，体医融合是一条非常重要的途径，因此必须积极推进“体”（传统体育）、“医”（“治未病”思想）的深度融合。

下面具体分析在健康中国建设中如何使传统体育充分发挥自身作用，实现与医学思想的深度融合，也就是如何通过传统体育助力健康中国建设。通过研究提出传统体育养生文化助力健康中国建设的路径：

1. 体育部门与医疗部门相互合作。政府应积极转变职能，将自身的职能优势充分发挥出来，适当采取一些有效的行政手段使体育部门和医疗部门密切交流、深入合作，实现优势互补，发挥联动合力效应，从而为人民群众提供更好的健康服务。

2. 实施“人才强卫”战略。专业人才是发展任何一项事业都必不可少的因素，因此，要推进传统体育与医疗卫生的深度融合，更好地为健康中国建设而助力，需要注重对既懂体育又懂医学的复合型人才的培养。目前，我国按照不同的方案来独立培养体育人才与医学人才，还未出台新的与“体医结合”模式相配套的培养方案，虽然一些体育院校或医学院对培养体医结合的复合型人才已经有了

①李玉周，王婧怡，江崇民．健康中国视域下全民健身促进全民健康的多元价值研究[J]．西安体育学院学报，2019，36(02)：151-155.

一定的关注，但还未正式进行理论研究及开展其他实质性工作，未出台正式的培养方案，更没有设置相关课程，导致复合型人才迟迟得不到培养，社会需求也得不到满足。对此，有关部门必须高度重视培养这方面人才的重要性，积极进行市场调研，及时出台方案，在高校设置相关专业与课程，利用高等教育资源来培养专业的复合型人才，使这些人才在健康中国建设中充分发挥自身的价值。

3. 合理运用传统体育养生文化的理论研究成果和实践方法。要在健康中国建设中使传统体育养生文化发挥更大的作用，就要不断深入挖掘传统体育养生文化的价值，并将传统体育养生文化理论研究成果和实践方法合理运用到健康中国建设的一系列工作中，提高人们参与传统体育养生健身锻炼的意识。

4. 加强传统体育养生文化的服务体系建设

习近平总书记在党的十九大报告中指出，要完善公共文化服务体系，深入实施文化惠民工程，丰富群众性文化活动[①]。健康中国的实现必定要发挥各民族传统体育文化的价值，对传统体育养生文化与现代体育健身两者之间的相互关系高度重视，对传统养生文化的适宜范围与有效机制进行深入。(1) 努力建设一个公益性、开放性、共享性、包容性的传统体育养生文化服务体系。(2) 持续改进传统体育养生公共服务体系的运行机制。(3) 形成具有民族特色品牌的养生文化标识和健康话语权。传统体育养生文化服务体系的顶层设计要符实际需要，服务功能的健身健心活动要从群众的健康权益出发，使共建共享的传统养生体育推广模式加快形成。(4) 协调好健身养生活动与其他传统体育健身活动的关系，满足民众对健康生活品质的需求。

5. 加快传统体育养生文化的产业化发展

传统体育养生文化产业化发展，是其文化内涵与形式持续保持生命力的内在要求，也是体现文化服务人类文明的进步，传统体育养生文化之所以被不同群体认同与接受，是由于它具有时代性、价值性和功能性。养生文化的产业化发展应结合乡村振兴发展战略，依托特色村寨、宜居康养文化建设，融合村寨传统体育特色项目，建设集休闲、康养、体育表演一体化平台。同时，拓展养生体育产业的“地域性”“民族性”“独特性”，形成“传统体育养生文化+产业”精品康养模式的现代新型业态，不断挖掘民族地区传统养生文化、休闲养生和民俗食疗等协同创新产业化发展。政府在推进全民健身和区域体育产业发展的同时，要不断加强健身养生活动的服务以及引导。加快实现传统体育养生文化的产业化发展，助力健康中国建设在物质层面与精神层面上尽可能满足民众健康需求的获得感和幸福感，以产业化发展驱动养生文化自身的创新发展能力，形成惠及民族村寨经济发展的新动能，通过产业化赋能使传统体育养生文化更有能力助力健康中国建设。

---

① 编写组编著．党的十九大报告辅导读本[M]．北京：人民出版社，2017.

6. 创新传统体育养生文化的发展

民族体育养生文化具有民族文化的独特性与地域特色，有利于促进人的身心健康，提升群众的生活质量。挖掘弘扬民族体育养生文化内涵和优点及价值，推广健康生活方式，必将在健康中国建设中发挥重要作用。当前我国正快速步入老龄化社会，2015年，我国有2.2亿60岁及以上老年人，占总人口16.1%，据预测老年人口将达到4亿的时间大约到2035年会出现。[①]发展体育运动，增进公民健康福祉，已经成为国家保障公民权益，履行政府职能的重要表现之一。首先，创新发展传统体育养生文化，不仅要挖掘、收集、提炼、推广其对人体健康有益的重要方法和手段，而且要把繁荣发展传统体育养生文化与乡村振兴战略、生态文明建设、健康中国建设结合起来统筹推进。其次，创新发展传统体育养生文化，立足于民众日益增长的多元化健康养生需求，辩证把握其养生文化与现代健身理论和现代医学知识的融合发展，以新理论、新方法指导人们选择多样化、个性化的养生方法。最后，创新发展传统体育养生文化，更有助于健康中国建设，其目标是提高中华民族的整体健康水平，为人民群众提供多渠道的健康服务保障。

7. 协同推进传统体育养生文化示范平台建设

一是发挥高校之间的学科协同优势，依托高校高层次人才聚集优势，以科技创新团队、重点实验室、等为载体，深入开展研究，形成系统的养生理论与方法，支撑传统体育养生文化示范平台的内涵建设。二是推进校企协同创新，建立高校与大健康产业、企业之间的紧密联系，把高校研究成果积极转化为行业产业的核心养生技术与健身产品，构建新型的校企产学研示范平台。三是重视校政协同创新，高校专家智库和政府相关管理部门共同研究制定大众养生健身活动的制度建设与保障措施。四是强化传统体育养生文化学校示范平台作用，学校是人类文明传承的核心场所，优秀传统体育养生文化的推广和传承只有进入到学校教育的主渠道，才能做到有效传承和推广，因此，各级各类学校根据自身实际，加强校本养生课程建设，建设精品特色课程，丰富学生健身需求与多元化健身方式的选择，设计针对性的养生表演项目，增加学生对传统养生文化的认知及认同。[②]加强传统体育民族养生文化示范平台建设，是把各民族源于生产、生活、习俗、经验得来的养生文化，通过示范平台进行提升与推广，形成有效指导公民进行健身与康养的方法和手段，夯实健康中国的物质基础，使传统体育养生文化更加深入而系统地助力健康中国建设。

健康是人力资本的核心要素之一，也是存在者得以显现的必要条件，重视身

①刘桂瑛，欧阳明月，莫园园等．建设“中国-东盟护理职业教育联盟”的思考[J]．卫生职业教育，2017(03)：25.

②冯艳琼，程斌，吴梦天．少数民族体育养生文化助力健康中国建设研究[J]．体育文化导刊，2021，(02)：70-75.

体的养生调理与体育锻炼相结合，倡导惠及全民的健康生活方式，是克服现代社会日益复杂的人的健康问题的最好回应。健康身体承载着生命、心灵、获得感及人的尊严和价值，唯有把优秀的传统体育养生文化深入而有效地融入全民健身活动之中，才能真正实现助力“健康中国”建设。

第三节 传统体育养生的哲学基础

一、追求天人合一的哲学思想

植根于我国数千年历史的华夏文化之中的传统体育养生文化，是在我国传统文化影响下逐渐形成与发展的，在传统体育养生文化中能够体现出我国传统文化中的很多传统哲学思想与观点的内容。①作为中华传统体育哲学基础的是“天人合一”的自然哲学，中国人特有的思维方式是“推天道以明人事”。这些思想与思维方式对我国古人产生了重要的影响，绵延至今，影响了一代又一代的华夏儿女，并对多种形式的华夏文化产生影响。在人类社会发展的早期，作为小农经济时代的中国促使了人们对于“天”的思考，农作物的收成与天气变化息息相关，“天人合一”的整体观念便在传统文化中形成了。“天人合一”的整体观念进而又直接或间接地衍生出诸多中国特有的文化元素。如“气”“道”“阴阳”“五行” 等。诸多养生术也是用这些元素作为理论指导，进而形成特点鲜明的养生功法。

如八段锦中的“两手攀足固肾腰”“五劳七伤往后瞧”“调理脾胃须单举”等体式，充分体现了古人对美的外在追求，其积极的养生观念也饱含了儒、道、释等“天人合一”“道法自然”“返璞归真”等传统养生思想文化。②“天人合一”哲学思维和思想还融入具体的传统体育文化中，成为具体项目的理论内容，以武术为例，以“天人合一”思想为基础，以阴阳、五行、太极、道论等为指导，构成了我国武术丰富的拳技理法，遵循人自身、人与自然和谐发展的“天人合一”哲学融入以武术为代表的中华传统体育文化中，体现了我国古人的民族智慧。

一、遵循严格的等级制度

在封建社会时期，我国有着严格的等级制度，这一制度渗透进社会的方方面面，在体育运动及其文化中也有重要的体现。《易传》对我国封建等级制度有详细描述，指出君臣、父子、夫妇等尊卑有别，用礼义加以区别、规范，要求上下有

①白晋湘．中国民族传统体育文化建设的使命与担当[J]．体育学研究，2019，2(01)：1-6.

②高亮．“体旅融合”视域下传统体育养生文化资源开发研究[J]．北京体育大学学报，2019，42(11)：148-156.

别，长幼有序，彼此不能逾越。西周射礼，有大射、宾射、燕射、乡射之分，不同等级的人所使用的弓箭、箭靶，伴奏乐曲及司职人员等也有明显的区别。“秋狝”大典，按照礼制，皇帝所在的“黄幄”射出第一箭，歼兽活动才能正式开始。[①]《宋代·礼志》中规定，打马球要遵循各种礼制约束，如果有皇帝参加比赛，第一球一定要让皇帝打进，“对御难争第一筹”。[②]与西方国家所强调的公平公正理念不同，我国传统体育的公平公正是建立在遵循社会等级制度的基础之上的，是同等级之间的公平与公正，并不存在绝对的公平公正。

二、注重伦理教化

受历史传统的影响，我国传统体育本身蕴含着一定的政治、经济等功能，突体育内容都重视“礼”。以射击为例，儒家文化的“礼”的表现反映到射击文化出表现出重视伦理教化。儒家文化重视礼教，在儒家文化影响下，我国诸多传统体育内容都重视“礼”。以射击为例，儒家文化的“礼”的表现反映到射击文化中，具体表现为“射礼”，要求射者“内志直、外体直、然后持弓矢牢固，持弓矢牢固，然后可以言中”。唐代木射，将“仁、义、礼、智、信、温、良、恭、俭、让”作为取胜标记，[③]韩愈非议马球运动时也曾指出：“苟非德义，则必有害”。再以蹴鞠为例，促进是我国传统体育运动，被誉为是世界足球运动的起源，元明时期的《蹴鞠图谱》以专章论述儒家“仁、义、礼、智、信”在蹴鞠中的体现，指出踢球应以“仁义”为主等，踢球强调技术，更强调德行。在我国整个封建社会时期，儒家文化一直是社会的主流文化，对我国的传统体育产生了极为深远的影响，儒家伦理教化内容对运动者的体育运动锻、道德观都有重要的约束影响。因此，我国传统体育呈现出注重伦理教化的特质。

三、彰显中庸礼让的民族品格

我国是一个有着悠久历史的文明古国，受此历史文明古国的影响，我国传统体育的内容也是非常的丰富而又多姿多彩，各种体育项目都彰显出不同民族的民族文化心理与性格，多元民族构成的中华民族，有共同的民族文化心理，因此我国传统体育文化也表现出中华民族的共同民族性格与心理。这主要表现在以下几个方面。

一是传统体育原理方面：我国传统体育文化追求顺应自然、顺应人体发展，而不强求，尽管在一些传统体育活动中，表现出坚韧、顽强、拼搏的民族性格与

①周慧琴.中华民族传统体育的现代困境及其对策研究[D].湖南师范大学硕士学位论文，2008，09.

②刘秉果.传统体育文化中思想教育散议[J].体育与科学，1990，(03)：18-19.

③周博.当代竞技体育伦理问题分析及其构建[D].河北师范大学硕士学位论文，2007，06.

精神，但更多的是领悟体育活动中的智慧，而不向西方竞技体育那样单纯追求量化指标、挑战自我极限。

二是技术动作方面：在传统体育技术动作上，体育活动参与中，身体活动与生存智慧相结合，强调动作美、意境美、天人合一、形神兼备，能够反映出我国各民族传统体育的中华民族以智斗勇、追求技巧的审美心理。

三是竞赛规则方面：中华传统体育的对抗较量，讲究的是点到为止、是品德、技艺的综合对抗，交手过程中体现的是礼让为先，点到为止，不战而胜，心服而已，很多技术不能量化。

五、注重养生保健理念

受历史传统等因素的影响，我国传统体育与传统哲学和宗教文化有着极为密切的联系。我国道教文化不仅影响传统体育思想，还直接促进了一些体育运动项目的产生。太极拳的产生和发展过程中，都表现出了对养生的重视，并以道家的技击卫身思想为基础，重视功法练习的养生作用。

具有非常独特体育养生观的我国民族传统体育。从人们的生理健康和心理健康的角度来说，健康无论对于个人，还是对于国家和民族都有着非常重要的意义。其他一切文化、经济、科技都是建立在国民健康的基础之上的，没有国民身体健康，就不会有国家、社会、民族的长期可持续发展。通过参与传统体育活动，不仅可以增强体质，还可以体验运动的乐趣、感受精神的愉悦、感受多元化的传统传统体育养生运动与养生活动等，更以其显著的健身性、娱乐性和民族性而受到人们喜欢。

“知其心者，知其性也，知其性则知人”，当这种理念匹配上传统体育后就出现了人们参与传统体育主要在于养生而并不是竞技。有许多将竞技、舞蹈、音乐等融为一体的传统体育项目都是传统体育文化的表现形式，这些传统体育兼具健身、养生、娱乐等价值，通过参与不同形式的传统体育运动，实现养生与身体健康，预防和缓解各种疾病与病痛是非常重要的一个参与动机。①

①龚群，黄银华．少数民族传统体育文化在民族区域经济中的作用[J]．湖北民族学院学报（哲学社会科学版），2006，08.

第四节　传统体育养生的原则及效果评价

一、传统体育养生的原则

（一）松静自然原则

“松”，是指“身”而言，指身体完全放松；“静”，是指“心”而言，指心平气和：“自然”，是指“练”而言，针对练功的各个环节提出来的姿势、呼吸、意守、心情和精神状态都要舒展而自然。①“松静自然”不仅是确保练功取得功效的重要法则，而且也是防止练功出现偏差的重要保障。身心放松是习练传统体育康养功法取得成效的必要条件之一，也是现代心理医学中用于防治因情绪紧张而产生一系列心身疾病的有效方法。

（二）运动饮食与全面调养相结合原则

“生命全剧 于运动”，运动可以促进血液的流通。饮食要平衡，不过，不偏，营养要丰富，才能补充运动时的能量需要。运动与饮食相结合，才能保证机体的代谢平衡，调节人体各系统的功能，促进身体健康。同时，身体要维持正常的活动，要具备四个条件：精神、力量、耐力、柔韧四个方面进行全方位的调养，也需要局部与整体结合调养，身体才能健康。

（三）自觉性原则

自觉性原则是指运动者应该具备自觉进行体育活动的态度，运动是制定计划并将其实现的过程，实现计划的主要动力便是运动者自身的自觉性。自觉坚持体育锻炼是对于生活恶习的克服，是人对不良生活习惯和性格弱点的纠正。贯彻自觉性原则，应注意以下几点。

1. 要做到自觉锻炼，首先必须明确锻炼目的。了解了运动健身的目的，能使运动者明确运动健身的价值，在运动过程中摆正态度、持之以恒。身体锻炼的直接反馈是枯燥的，只有将目的性的思维反馈效果放大，才能够使运动者长期保持运动兴趣，从而获得自觉进行体育锻炼的观念和能力。

2. 明确体育运动健身的作用和过程中的注意事项。体育运动健身是一门科学，其中包含着丰富的专业知识，运动者需要对这些专业知识有粗略的了解和认知。

运动者通过参与运动实践，选择相对适合的运动项目，培养对于运动健身的

---

①褚红军．健身气功易筋对散打运动员运动性心理疲劳恢复效果的探究[D].上海体育学院硕士学位论文,2014,05.

兴趣爱好。并最终在兴趣的指引下，形成规律性的健身习惯，从而在兴趣和习惯的多重动力下，坚持体育锻炼。

3. 运动健身不只需要过程中的鼓励，还需要运动后的评价。常用的方法是以固定的周期安排体质测试的活动，针对身体性能、运动能力等会因锻炼而受益的身体素质进行专业测试，也可以通过自身在日常生活中感受到运动促使身体素质的变化和提高，从而检验身体素质锻炼的效果，将客观方法与主观方法相结合，从而对体育运动健身的效果进行评价，进一步提升运动健身的欲望。

（四）经常性原则

经常性原则引领下的体育运动健身的频率应保持在一个合适的频率，在身体机能能够接受的情况下，坚持连续不断的锻炼计划，真正将体育运动融入生活。

运动是提升生活质量的良好方式，而体育运动中最重要的一个品质便是坚持，生物学中有个概念叫作“用进废退”，意思是经常得到锻炼的器官会进化，废弃不用的器官会逐渐退化，应用在当前的语境下，经常锻炼的器官会逐渐被强化，拥有更强的生命机能，不经常锻炼的器官会逐渐衰弱，从而造成总体体质的下降。

体育运动是在频繁的肢体调动的同时，对身体施加频繁的刺激，这种刺激不断重复，一次又一次地冲击着肌肉的适应范围边界，从而提升体质。合适的运动量还会促进新肌肉组织的产生，从而完善身材。坚持有规律性的锻炼能够使身体对于这种活动规律形成适应，类似于作息规律中的生物钟现象，身体会持续不断地对身体机能进行强化。如果运动的计划不够规律，出现断断续续或太久不锻炼的现象，已经增强了的身体机能便会重新开始变得衰弱，使得曾经的锻炼效果付诸东流。所以，如果想练就强健的身体、从而持续不断地获得良好的心情，就要坚持体育锻炼，不间断、不荒废，真正提升自我，实现自我价值。

经常性原则的要求：

1. 合理地安排锻炼间隔

在体育健身中不必要每天都进行足量的锻炼，要根据自己的作息时间和身体状况，科学地安排锻炼的时间和运动负荷，从而使自己的锻炼取得最佳的训练效果。

2. 正确看待和克服运动锻炼的正常生理反应

体育运动会造成轻微的肌肉组织拉伤和乳酸的多余分泌，这两种原因都会造成运动过后的肌肉酸痛现象，但是需要注意的是，这种肌肉酸痛现象是正常的，会随着运动的规律化和运动量的合理化而逐渐减轻，运动者不要因为酸痛而失丧失了参与体育活动的动力。

3. 要持之以恒

个人能力的提高需要持之以恒的努力，无论是身体素质还是思想能力都是如此。人体的运动能力并不只是肌肉的伸缩作用，还包括人体器官、心肺系统、血液循环等内在的人体机能。持之以恒的锻炼正是对于外在和内在的运动能力的锻炼，这种锻炼需要持续一段较长的时间之后才能取得明显的成效。

（五）个别性原则

个别性原则是指在运动健身计划的制定过程中，要充分考虑个体之间的差异，考虑具体的个别情况。因为每个人的身体素质、身体机能、运动能力和特点都不完全相同，所以适应不同体育项目的程度和承受不同运动强度的程度也不完全相同。诸如年龄、性别、身体素质等因素也会对运动中的环境要求做出影响，从而造成了运动需求多样化的现象。个别性原则要求人们根据自身情况，选择最适合自己的运动方法。

（六）适量性原则

适量性原则是指参加体育锻炼者身体所承受一定的运动负荷。所谓运动负荷，又称生理负荷，是指人体的生理负荷是人在运动时身体所承受的负荷。它包括负荷量和负荷强度两个方面。[①]在锻炼时只有运动负荷保持适宜，才能收到较好的效果，运动负荷过小过大都不行。负荷量是运动的总量，具体体现在每组健身动作的次数、整套健身动作的组数等；负荷强度是运动的难度，负荷强度越大，单次运动时肌肉的紧绷程度就越大。这二者是运动效果的核心衡量指标。适量性原则的主要应用范围便是运动负荷，它要求运动者对于自身的运动行为做出合理的规划，保证运动负荷控制在既能使身体疲惫积累到极限，又能在一段时间的休息之后恢复原状，甚至超越原状的范围之内。

适量性原则的基本原理是人体的超量恢复机制，所谓超量恢复，就是指人类的身体在进行了大量的运动之后，会产生能量的消耗，在运动后的休息过程当中，这部分被消耗掉的能量会通过饮食摄入、消化吸收的方式进行恢复，当运动中消耗的能量维持在某个微妙的范围内的时候，休息后的能量恢复不仅会恢复到原有的能量状态，甚至可以超过之前的总量，实现能量总量的增长。这种增长性恢复的机制被称为人体的超量恢复机制。运动者要在反复的练习中寻找到自己身体能力的极限，不断挑战自己，反复实现身体的超量恢复，从而获得身体素质的提升。

适量性原则的要求：

1. 运动负荷的大小，应因人而异。每个人适合的运动负荷量是不同的，年幼或年老的人，能够承受的运动负荷量较小，年轻或壮年的人，能够承受运动负荷量较大；同一道理，承受运动负荷量较小的一般是从事脑力劳动的人，而承受运动负荷量较大的一般是从事体力工作的人。所以，根据自身的特点安排运动负荷

---

①鲁弘阳．太原市普通高校大学生终身体育意识影响因素调查及对策[D]．太原理工大学硕士学位论文，2017，06.

的总量，是十分重要的。

2. 运动负荷应按照身体素质的变化而变化。运动负荷的安排需要身体的实时情况，由于身体素质会随着锻炼进程的推进而增强，所以运动负荷的安排也要随着体质的增强而提高，不然，原本适宜的运动量，在经历了一段时间之后，很可能就是过低的了，无法达到挑战身体极限的目的，自然也就没办法进行超量恢复，提升身体素质了。

3. 运动负荷应考虑天气因素。在全民健身的趋势影响下，室外健身的比例开始增加，但如果想要进行室外健身，就要充分考虑天气对于运动效果的影响，在天气不好的时候，要适当减少运动时长，以防被不佳的天气侵害健康。

（七）安全性原则

安全性原则的基本含义是，要求运动者在运动过程中将安全放在首位，在使用健身器械进行运动健身时，要时刻提防受伤，保证运动过程的安全。

安全性原则的内容包括：

1. 在开始体育运动健身活动之前，要先进行全面的体质检查，检查是否存在着自己不适合参与的活动，如果确实因为疾病而不适合某些体育活动项目，一定要尽量避免参与这些项目，毕竟体育健身的目的是为了保持健康，绝不能以牺牲健康为代价。

2. 在经济情况允许的情况下，运动者可以提前聘请医学顾问或健身教练，根据自己的身体情况，对于整个运动健身的计划做出系统化的设计，在运动的过程中进行保护，防止不安全事件的发生。

3. 运动健身要循序渐进，在进行大运动量的挑战性运动前，先进行轻量级的热身运动，从而实现调动身体各部分的活力，尽量避免在运动中遭受损害。

4. 在身体状态不佳，例如，感冒发烧、浑身无力的情况下，尽量不要进行锻炼，先养好身体，在健康的状态下，再继续中断的健身习惯。

5. 运动后的肌肉放松环节是非常重要的，肌肉放松有助于及时分解多余的乳酸，缓解肌肉组织的过量疲劳，防止肌肉损伤过大，耽误日后的锻炼。

6. 在运动的过程当中，可能会因为流汗而造成口渴的现象，但切忌大量饮水，这样会加重心脏的负担，造成身体的不适，如果非要喝水，最好用小口饮用少量水，仅做润喉。

（八）持之以恒性原则

同样的人群，他们在习练传统体育养生功法时，他们所取得的练习功效也千差万别。分析其中的原因，有可能是外部各种因素的干扰、修炼不正确、杂念太多等等，但在这么多原因当中最容易出现而又难以克服的就是不能坚持。[①]因为在老师的指导下，可以使习练不当者及时调整习练方法，可以针对习练者的实际情况教其排除杂念，可以因地因时消除或躲避外部干扰的影响。对于不能持之以恒的练功者，老师的作用就显得微不足道了。所以，对待练习者，教师首先要求必须要坚持，方能取得成效。

二、传统体育养生的效果评价

1. 对疾病的治疗作用，是否达到有病治病、无病强身的目的。

2. 心理的自我调节能力是否得到加强。在遇到重大的问题时，能够比以前更好地控制自己的情绪。

3. 人际关系是否有了更好的发展。与他人交往中能够接受不同的意见和建议，包容别人的过失。

4. 提高社会、生活的适应能力。在现今高速发展的社会中，能够自如地应对职业的变化、工作的调整、生活方式的改变等不以个人意志为转移的变化情况。

5. 工作成就与业绩是否有所提高。所谓“仁德者寿”，道德修养的具体体现就是从事本职工作的成就与业绩，平凡的岗位做出不平凡的业绩。因此，学习者对工作成就与业绩是否有促进作用，同样是传统体育康养效果的评价内容之一。

6. 是否健康地生活到同时代的人均或以上年龄。

第五节　传统体育与不同群体养生

一、不同年龄群体的传统体育养生

不同人群具有不同的群体特点和健康学习与发展需求，在健康教育工作开展中以及促进不同人群的健康教育发展中应有不同工作方向与内容侧重，根据年龄为划分标准，对不同年龄人群的健康教育具体分析如下。

（一）少年儿童

1. 少年儿童特点

少年儿童，主要是指6—17岁年龄阶段的人，该类人群是我国健康教育关注的重点人群。

生理方面，少年儿童处于生长发育期，各项生理功能还没有发育完全，和成年人相比，儿童的胸围、呼吸差、肺活量、呼吸肌力量都较小。身体素质发展方面，少年儿童的身体素质在不同的年龄阶段表现出不同增长程度，这些都是健康

①于先进．传统体育养生思想探析[D]．曲阜师范大学硕士学位论文，2012，04.

教育中应该引导少年儿童充分认识的身体健康发育的客观生理发展基础与特点。

心理方面，少年儿童兴趣爱好广泛，但容转移，认识水平低，在青春期容易有叛逆心理。

2. 少年儿童的健康教育内容与原则

（1）加强体育健康常识学习

重视对少年儿童的体育健康知识、保健知识、营养与损伤知识的传授，有助于确保少年儿童体育健身的安全，使少年儿童的体育健康知识得到丰富。

（2）重视体育技术动作方法学练

科学掌握体育运动技术是少年儿童从事体育健身的重要前提，也是在体育健身中防止技术错误而导致伤病发生的重要前提，针对少年儿童的健康教育，应重视具体体育运动项目技能、技术动作、健身方法等的传授，使少年儿童正确掌握并熟练运用动作技术，为其以后持续参与体育健身运动奠定良好技术基础。

（3）重视以兴趣为主导

根据少年儿童的性格特点，开展体育健康教育，具体的健康教育内容、体育活动内容应尽量选择少年儿童感兴趣的体育运动项目、体育游戏。体育健身活动组织要充分关注少年儿童的身心发展特点与管理，并做好充分的引导和教育，培养少年儿童的健康意识、健身兴趣，建立体育自信。

（4）科学控制负荷

强调少年儿童的体育健身科学运动负荷的重要性，少年儿童的运动强度不宜过大，重点培养健身意识和习惯，促进少年儿童健康生长发育，而非提高运动技能。

（5）鼓励家庭体育教育和亲子体育活动开展

可以结合家庭实际情况和条件，积极开展一些体育健身亲子活动，以培养孩子体育健身意识、帮助少年儿童与家长建立亲密的亲子关系。

儿童普遍活泼好动，很难长时间将注意力集中在一件事物上，因此其对内容丰富多彩的活动更为喜欢，如游戏、韵律活动、基本体操、武术、小球类和一些身体素质练习等。

（二）中青年人群

1. 中青年人群特点

18—35岁年龄阶段的人为青年人，35—55岁的人群为中年人。

生理方面，中青年人各器官组织的生长发育完成，各系统及其机能的正常生长发育都已经完成，身体素质大都处于一生中的巅峰，可参加的体育活动多、选择范围广。

心理方面，青年人大多有较为丰富的想象力，丰富的情感，热情洋溢，同时，也表现为易冲动、控制力较差等特点。中年人与青年人相比，情感情绪要更为稳重，面临更多的是对生活和工作的担忧，可能有“中年焦虑”。

社会发展方面，中年人承担的家庭责任和社会责任较重，家庭和工作上的事业较多，承受的工作和生活的压力将会不断增大，面对“中年危机”，上有父母，下有子女，更多的时间与精力将会投入到生活、工作、家庭情感与关系维系中，极大地消耗了中年人的精力和时间，中年人很少有时间为自己的身体健康状况进行时间、金钱的投资，缺少体育健身运动时间，身体健康状况会有严重的下降趋势，各种亚健康和职业病会严重侵害中青年人的身心健康，容易疲劳和出现疲劳后难以恢复。

2. 中青年人群健康教育内容与原则

（1）加强体育知识与技能教育

中青年人健康教育，应强调认真参与和积极参与体育锻炼的重要性。

中青年人具有良好的体能、运动能力，中青年人的体育健身内容应以身体练习为主，在此基础上，注重体育休闲、娱乐功能，同时应对中青年人掌握运动技能方面有一定的要求，加强和注重对青年的体育知识和技能的传授，使中青年人能找到一项自己喜欢的体育运动项目，并能熟悉掌握、运用技能。

（2）激发中青年人的体育参与动机

中青年处于人生发展的黄金时期，生理、心智、社会阅历丰富，本应处于意气风发、拥有健康健美身体，却出现身体机能下降，亚健康状态，很多人感到中年便百病缠身，严重影响其工作和生活。在很大程度上，都是由于运动不足造成的。

就我国社会发展和社会劳动力结构来看，青年人忙于学业、恋爱、工作，在激烈的社会竞争中，肩负着成家立业的责任。中年人大多会遇到自己职业发展的瓶颈期，同时，还要学会处理各种复杂的社会关系，并处理好与家庭成员之间的关系，很少有闲余时间和精力去参与休闲体育健身活动。因此，面对中青年人群，应重点加强体育健身宣传，提高中青年人的体育健康意识，使其认识到体育健康的重要性，激发其体育参与动机，促进身心健康发展。

（3）养成科学健康生活方式

加强对中青年人群的健康教育，应为中青年人的体育健身提供科学的指导，帮助中青年人养成良好的体育健身锻炼习惯，养成健康的生活方式。

青年时期是参加体育运动的最佳时期，因为青年人体格健壮，肌肉、骨骼都已发育成熟，各器官系统功能也较为稳定，具备了参与体育运动的能力与素质，可参加的体育运动项目有很多。青年人喜欢参加球类、拳击等具有明显竞技性和突出对抗性，运动规则又比较明确的体育运动。在运动过程中，运动强度一般是中等偏上，可见青年人确实拥有充沛的体力和旺盛的精力，在这些活动中能够游刃有余。青年人喜欢参加对抗性运动与其具有较强的竞争意识也有关。青年人还比较喜欢参加时尚新颖又充满刺激与挑战的户外体育运动，如攀岩、登山、徒步穿越、赛车、高山滑雪、潜水、漂流、冲浪、空中滑翔、溜索、溪降、蹦极等，在这些运动中，青年人挑战自然、征服自然的需求能够得到一定程度的满足。

这些刺激性的体育运动对人的身体素质提出了很高的要求，并且需要有一定的经济能力才能参加，所以青年人要全面考虑自身的条件（身体条件、经济条件），不能仅凭一时冲动便盲目选择。青年人普遍都很关注自己的外在形象，人一生中肌肤、体型、容貌最完美的时期就是青年时期，青年人保持健美肌肤、优美体型及青春容貌的愿望很强烈，所以健身健美运动颇受青年人的欢迎，如健美操、体育舞蹈、瑜伽等。

（三）老年人群

1. 老年人群特点

生理方面，人体的衰老具有不可逆性，随着年龄的增长，老年人的各方面生理水平都会有不同程度的下降，运动能力也会有所下降，表现为反应迟缓、运动困难、易疲劳。有很多老年人还会患有不同程度的生理退行性疾病、慢性病等。

心理方面，老年人因生理功能退化可导致自己的“无用感”，同时，因家庭、工作环境的变换，老年人从工作岗位和子女生活中逐渐退出，老年人常会表现出各种心理问题，如失落、孤独、寂寞、恐惧感、紧张等。

2. 老年人健康教育内容与原则

开展老年人健康教育，鼓励和引导老年人积极参与体育健身活动，对老年人的个人身心健康，以及老年人的家庭、社会都有重要的积极意义。老年人参与健身可以促进个人体质的增强，有助于延缓衰老，拓展交际，丰富晚年生活。

（1）加强养生保健知识宣传

针对老年人群的健康教育，应结合老年人的身心变化特点，加强老年人的养生保健相关知识宣传，增强老年人的健康保健意识、养生观念与意识。

（2）因人制宜

不同老年人的体质状况差异性，健康教育应做到因人而异，不能盲目“随大流”，以免运动强度过小或过大，都不有利于身体健康，一些老人患有基础疾病，对健身内容要慎重选择，不能盲目跟随其他老年人参与健身，应加强这方面宣传教育。

（3）循序渐进，坚持锻炼

老年人的体育活动应循序渐进，并坚持长期健身锻炼，如此才能取得良好健身效果，老年人初参与健身活动应控制负荷，在健身一段时间之后可以稍提升运动负荷，但如果运动中出现任何不适应立即停下，如有必要应及时就医。

（4）加强医务监督，注意运动安全

老年人的健康教育，应使老年人明白运动健身期间加强医务监督的重要性，并学会运动医务监督的方式方法，具体来说，应教会老年人能认识和区分什么样的技术动作的难度以及运动的强度应在其可接受范围之内，不可盲目地增加运动负荷，避免造成的过度疲劳或身体伤害，坚持安全第一。

4. 鼓励群体健身

老年人容易有孤单感，老年人的运动健身应以群体性体育锻炼为主，这样更加适合老年人的身心发展特点。老年人在群体活动中相互进行交往，增强归属感。

老年人可以参与的传统体育运动项目包括步行、慢跑、健身性游泳、小强度球类运动门球、羽毛球、太极拳、八段锦、木兰扇，以及其他自行车、广播操、垂钓、登山、旅游等。

二、不同单位群体的传统体育养生

（一）教育单位（学校）

1. 加强体育、卫生、美育、心理健康教育

体育教学中，要融合体育多元健康教育，要点如下。

（1）重视学生运动与营养、运动卫生教学，促进学生养成讲卫生的好习惯，注重个人卫生。

（2）加强对学生的体育参与过程中的营养指导，让学生了解有关营养、卫生保健常识。

（3）加强对学生的美育教育。体育是健与美的有机结合，寓美育于体育之中，有利于提高学生对体育的学习兴趣，陶冶和提高学生的审美和创造美的能力，同时，有助于增强学生的情感体验、开发学生的智力。

（4）加强对学生的体育参与过程中的卫生保健教育，在开展健康教育时应紧密结合学生的生长发育与生活实际来进行。

2. 综合培养学生的健康意识、行为、能力

意识、行为、能力三者密不可分，全面的健康不仅指健康的多方面，还要求个人的健康意识、行为与能力的综合。

体育教学活动，要真正促进学生的健康，必须将体育教学活动与学生当前和日后的日常生活与工作密切结合起来，使体育意识演变成体育习惯，并落实成体育行为。

学校体育教学中，教师应重视对学生的体育健康知识、锻炼方法、运动技能等的传授，使学生能自主参与体育锻炼，将体育知识、技能、转化为学生自觉的行动基础。具体教学中应注意做好以下几方面的工作。

（1）结合学生实际选择教学内容。

（2）活动适量，不矫枉过正。

（3）加强学生体育课外活动指导。

（4）组织开展多种体育文化活动。

（5）展开与体育相关的各学科的教育，如运动学、心理学、营养学、保健学等。

（6）体育教学和社会体育相结合，提高学生当前和日后参与体育的习惯养成和运动能力提高。

（二）居住单位（社区）

1. 做好体育宣传

老年人拥有的闲暇时间最多，所以，目前我国社区体育健身活动开展参与的人群大多是老年人，再加上这一群体人的身体机能不断衰退，心理上也经常会有孤独感，通过参加群众体育活动一方面可以延缓衰老，另一方面也能开阔人际交往渠道，结识更多的朋友。

青少年和中年人更多的时间用于学习和工作，因此是社区居民繁重参与体育比较少的人群。同时，中青年的生理条件处于较好的状态，因此主动参与体育健身的意愿不强。

在社区体育健康教育中，应不断吸引更多的居民积极参与到体育健身中来，在社区健康教育宣传中，要加强体育健身的必要性与重要性宣传，注重对全体居民体育健身行为的科学引导，激发群众体育参与热情。

2. 加强社区居民健身指导

社区居民人员情况复杂，男女老少均有，生理与心理情况各异，收入和教育水平各不相同，还有其他各种各样的客观差异的存在，在社区的体育健康教育中，要充分发挥群众体育指导者帮助社区居民准确掌握正确的体育健身知识和技能，让社区居民真正通过科学参与与自己相适应的体育健身活动增进健康。

（三）生产单位（企业）

1. 明确职工体育健康教育的意义

开展职工体育健康教育活动，应让广大职工明确这项活动的意义，在具体的健康教育中，将职工体育健康教育活动的意义细化，充分认识到以下几点。

（1）职工体育健康教育活动是企业文化的重要组成部分，职工体育活动有利于丰富职工文化生活，增进职工间人际关系，形成良好团队氛围和企业文化。

（2）企业文化是企业软实力的表现。职工体育健康教育活动有助于企业文化建设。

（3）职工体育健康教育的组织与开展能够改善企业公共关系，有助于职工形成规则意识，遵守职业规则与职业道德，并遵守社会运行规则与社会道德。

（4）职工体育健康教育的开展职工体能、心理、智能等整体素质的提高，有助于提高职工劳动力。

2. 重视体育养生宣传

企业生产中，职工的工作是第一位的，企业管理者不愿意职工浪费工作时间去组织体育活动，职工为了提高绩效也不会在工作时间参与体育活动，从生产的经济效益来看，企业与职工都不会主动在工作时间参与体育，而正如前面所分析的，企业职工体育健康教育与体育活动参与具有重要意义，要加强体育健康宣传。

3. 科学体育养生指导

对企业经营管理者来说，要开展职工体育健康教育，就要重视企业职工的体育指导。有条件的企业，在活动开展之时或日常聘请有一定指导能力的体育指导员来指导职工科学参与体育活动，促进企业职工良好体育健身效果的获得。

第三章　传统体育养生文化资源挖掘整理与开发利用

在传统体育养生文化资源的挖掘与开发方面，民族地区长寿地已经先试先行，取得了较为显著的成效。如广西壮族自治区是一个以壮族为主体的多民族聚居地，世居着壮族、苗族、瑶族、侗族、仫佬族、毛南族、水族等少数民族。这些地区拥有内容丰富、形式多样、多姿多彩、风格独特以及富有民族特色的、深受广大群众喜爱的民族传统体育活动项目，这些项目是他们在长时间的生产劳动及生活实践中以及在长期的历史发展中不断创造和形成的。[①]这些传统体育运动，是民族文化宝库中的一颗璀璨夺目的明珠，是我们的宝贵文化遗产。保护、挖掘、传承和研究开发传统体育，是我们的历史责任，也是增进民族团结、建设和谐社会、丰富少数民族文化体育生活、增强竞争软实力、发展区域文化旅游的重要着力点。

第一节　传统体育养生文化资源的挖掘与整理

随着社会经济的日益发展，健康已经被为人们所关注和重视，人们已经愿意用大量的时间和更多的金钱来购买健康，这无疑就为健康产业的良好发展培育了较好的发展环境，这也是“健康促进”的各项有利政策与便利所带来的。同时，人口老龄化也使得健康产业市场更加具有生机与活力。因此，我们要不断加强挖掘整理传统体育养生文化的各种健身养生价值，开发出一些比较适合人们对健康需求的传统体育养生项目，使广大人民群众在参加的过程中充分体验传统体育养生所带给的益处，从面更加喜爱并能够树立起体育养生健康理念，为体育养生活动提供更加丰富的健康养生文化资源。[②]区域民族聚居地浸育着神秘古朴的民俗风

①吴履昊．广西罗城仫佬族民族体育的现状与对策研究[D]．北京体育大学硕士学位论文，2017，05．

②高亮．“体旅融合”视域下传统体育养生文化资源开发研究[J]．北京体育大学学报，2019，42(11)：148-152．

情，神奇多姿的民俗节庆文化、民族宗教文化及图腾文化。这些丰富多彩的活动以及传统民俗活动中的体育养生文化，种类各异的民俗体育养生资源，对健康长寿有着极大的促进作用。①

一、传统节庆活动中的传统体育养生文化资源

节日庆典是各族人民普遍传承的民俗文化活动，具有外显性特征。我国的民族传统节日众多。为庆祝传统节日而进行的体育活动，并逐渐形成一种地域或民族习俗。这类活动具有一个显著的特点，那就是节庆性。每种节日上进行的体育活动，都有不同的目的，但都起到了增添节日气氛、促进民族团结的作用，并具有特殊的健身和养生意义。②

区域传统节日与区域传统体育养生文化有非常密切的关系，传统体育养生文化是中华民族传统体育灿烂文化中的一块瑰宝。在传统节日里都要开展丰富多彩的传统体育养生项目，而传统体育养生项目的开展也大多都依靠各民族的传统节日进行。可以说独具特色的传统体育养生活动在传统节日中是最具亮点，最受人民群众喜欢，最能映衬节日气氛的，包含了该民族的民族特征、古老传说、祭祀盛典等民族文化。③区域传统节日对区域传统体育养生的形成起到了积极的促进作用。例如，（1）用于壮族重大节日表演欢庆的民俗体育项目，如板鞋竞技，飞爪球、地牯牛、抛绣球、高脚球，壮族蚂拐节上的蚂拐舞、铜鼓舞等传统养生项目，节日的欢快气氛感染着当地的居民，他们的业余文化生活得到了丰富，强烈的地方性、风俗性，雅俗共赏，能满足人们最基本的精神食粮，也是农村民俗体育养生文化的最基础表现。又如壮族的传统体育项目打扁担深受壮乡人民的喜爱，每逢春节，以庆祝丰收、欢乐相聚为目的，村寨的男男女女、老老少少手握扁担，在事先准备好的两张或多张拼接的、长长的木凳上或大木槽上，敲打或扁担相互击打，打法按规定套路，节奏按鼓点指挥。④（2）仫佬族依饭节活动中的依饭舞、竹球、三棋、抢粽粑、竹连球等项目深受仫佬民众的喜爱。尤其是始自明末清初，至今约有300多年历史的竹连球项目，它只存在于仫佬族民间，它源于仫佬族的竹编工艺，为了护佑仫佬族人民平安吉祥、人畜兴旺、粮食丰收而开展竹连球比赛。竹连球曾参加2003年在宁夏回族自治区银川举行的全国第七届民族运动会上获表演项目二等奖。同时，在民间流行非常广泛的舞草龙这项传统体育活动项目

①韦丽春.桂西北长寿带少数民族宗教祭祀舞蹈中的体育养生文化审视[J].体育研究与教育，2015(6)：78～81.

②韦丽春，罗建德．健康中国背景下桂西北长寿带事情俗活动中的体育养生健身行为研究[J].体育研究与教育，2019，34(02)：71-76.

③韦丽春，黄丽英．民族地区高校引领民族民间休闲体育开展的路径研究[J].2012，11(01)：129-131.

④韦丽春，黄丽英．民族地区高校引领民族民间休闲体育开展的路径研究[J].2012，11(01)：129-131.

也深受仫佬族人民的喜爱。仫佬族群众在一年一度的春节期间都自发组织舞草龙比赛。比赛激烈、奔放，是一项集力量与趣味融为一体的民间体育活动项目，具有很强的娱乐性、可视性。[①]（3）瑶族祝著节中的打铜鼓、打皮鼓、打陀螺、斗鸟、爬杆、赛马、射弩、上刀山、打飞棒、顶竹杠、背篓球、腰篓球、摔跤等养生文化得以长期保持下来，而且不断地创新和发展，都与民族民俗节庆有关。尤其是壮族和瑶族流行的铜鼓舞，在红水河沿岸的壮族和瑶族村寨节庆活动时，壮族和瑶族人民表演了传世铜鼓，他们一起随着击打铜鼓发出的节奏声，尽情地、愉快地跳起铜鼓舞，比谁的舞姿更优美、比谁的动作更豪放，练习者还将几十斤重的铜鼓抱起来、咬起来，边敲边舞。 热烈的场面和气氛吸引着瑶寨中的男男女女、老老少少参与其中，热闹非凡。[②]（4）谷斯伴是景颇族竞技类体育表演项目。景颇语“谷斯伴”汉语译为“草球游戏”。每年丰收时节，景颇族群众都会用稻草编成小草球，在晒谷场进行竞技游戏。项目分为甲已两队进行三个回合的比赛，两队在距离、道具、动作难度、草球数量相同的情况下，通过比速度、比数量，三打两胜决出胜负。具有较强的体育性、民族性和观赏性。抱举石头是藏民族特有的民族传统体育项目之一，历史悠久。通过历史演变和发展，目前已成为西藏民族传统体育竞赛项目，此项目多在喜庆日子及群体集会时举行。这一体育活动源于日常的生产劳动，日益成为藏族群众喜闻乐见的一种体育比赛。

这些节庆中的传统体育养生活动项目，具有很强的民族性、地域性、健身性、娱乐性以及融合性，深爱各族人民的喜爱。它寄寓着区域各族人民的情感，表达了区域各民族人民的思想，是区域各民族人民心理需求的产物。这些传统民俗节庆中的原生态体育养生项目，是以身体的动作为基本表现形式，以娱乐和健身为主要目的活动，它是体育养生文化的一个重要文化特征。[③]

区域各个民族的节庆比较多，据资料统计，广西壮族自治区河池市有传统节日60个。如表3-1。

①韦丽春，黄丽英. 民族地区高校引领民族民间休闲体育开展的路径研究[J]. 2012，11(01)：129-131.

②韦丽春，黄丽英. 民族地区高校引领民族民间休闲体育开展的路径研究[J]. 2012，11(01)：129-131.

③韦丽春，罗建德. 健康中国背景下桂西北长寿带事情俗活动中的体育养生健身行为研究[J]. 体育研究与教育，2019，34(02)：71-76.

表 3-1 传统节日中的民族体育项目

类别、节日名（农历）	体育活动内容	民族组成
春节（1.1）	打蜂鼓、打铜鼓、打陀螺、板鞋竞速、打扁担、上刀山、飞爪球、划龙舟、打阳台、高脚马、斗牛、抛绣球、壮拳、背篓球、僚球、蚂拐拳、蚂拐舞、地牯牛、推竹杠、赛马、射弩、斗鸟、打击子、打飞棒、竹连球、抢花炮、斗鸡、同顶、同填、同拼、同背、马革球、抢花帽、抢花灯等	壮、汉、瑶、苗、仫佬、毛南、侗、水等民族
蚂拐节（1-3月）	蚂拐拳、蚂拐舞、板鞋竞速、飞爪球、地牯牛、打阳台、高脚球等	壮族
元宵（1.15）	活动与春节相同。如打陀螺、打牌、下棋、板鞋竞速、打扁担等	壮、汉、瑶、苗、仫佬等民族
三月三（3.3）	碰彩蛋、抛绣球等	壮族
四月八（4.8）	爬杆、打飞棒等	苗族
敬牛节、牛王节（4.8）	板鞋竞速、飞爪球、高脚球、打阳台、得努、背篓球、地牯牛等	壮族、仫佬族
庙节、分龙节（6月）	同顶、同填、同拼、同背、抢花帽、运石锁等	毛南族
祝著节（5.29）	打铜鼓、打皮鼓、打陀螺、斗鸟、爬杆、赛马、射弩、打击子、摔跤、上刀山、打飞棒、顶竹杠、背篓球、腰篓球、跳高、摔跤等	瑶族
卯节（6月）	打铜鼓、赛马等	水族
盘王节（7.7、10.15）	跳盘王舞、上刀山等	瑶族
依饭节（立冬后）	斗鸡、竹球、三棋、六子棋、牛角棋、裤裆棋、抢粽粑、竹连球等	仫佬族

二、宗教活动中的传统体育养生文化资源

宗教是一种社会群体现象，有一套特定的实践活动。“任何宗教都包含着信与行两个方面。信之于内，行之于外”。在宗教活动中，以身体运动表征人对神的崇拜与依随的形态是很普遍的，主要是人们用肢体语言来表达人对神的一种信仰。①

①韦丽春，罗建德．健康中国背景下桂西北长寿带事情俗活动中的体育养生健身行为研究[J]．体育研究与教育，2019，34(02)：71-76.

中国民间信仰是一种历史极其久远，内容十分复杂的文化现象，它深深地植根于中华本土文化的沃壤之中，广泛地影响或支配着民众日常生活的方方面面，占据着异常突出的位置。这些民俗健身行为的活动，构成了体育养生文化的一部分。正如吕大吉先生所说："由宗教观念激发而起的宗教热情，外在化为象征人神交际的仪式活动。信仰者用象征性的身体动作来展现和宣泄其内在的宗教感情，以及表达心声的音调和手舞足蹈的动作。这就促进了原始时代音乐和舞蹈等艺术形式的发展"。如壮族的蚂拐舞、铜鼓舞、瑶族的猴鼓舞、仫佬族的传统依饭舞、草龙舞、毛南族的肥套等。这些富有激情的舞蹈和活动客观上实践着体育养生健身的行为，实现着原始体育养生健身的功能。从信仰崇拜到娱乐身心，既满足了人们的精神需要，也达到了有益于身心健康的目的。[①]

民族地区的人认为万事万物都具有"灵魂"。在万物有灵观念的支配下，他们产生了自然崇拜、巫术崇拜、性崇拜、生殖崇拜等。而对神灵，他们表现出屈从、感激，并在无比虔诚、无比狂热的激情中进行着各种原始舞蹈活动。闻一多先生曾经说过："舞蹈是人类生命情调最直接、最生动的表现。"在民族地区，祭祀舞蹈内容丰富，举行祭祀活动频率高、参与群众多。舞蹈中的各种身体活动，原本只为表达对神灵的虔诚和敬意，客观上却又对锻炼人的身体素质和提高运动能力起到了促进作用。从信仰崇拜到娱乐身心，既满足了人们的精神需要，也达到了益于身心健康的目的。所以可以说，民族地区民族宗教祭祀舞蹈已经成为人们满足精神需求、进行消遣娱乐的活动方式了。例如：（1）竿球高山族语叫作"卡不隆"球，住在台东的南太武山的排湾人，每隔五年就要隆重举行一次大规模的祭祖典礼，在庆祝"五年节"的盛大活动中，排湾人都要举行一场隆重而又奇特的舞竹抛球的体育表演活动，各个乡、各个村都要组织队伍参加表演。（2）瑶族长鼓，历史久远，它是集瑶族体育、舞蹈于一体的综合艺术。人类的艰苦创业、民族祖先迁徙、天地万物的源起等是它所表现的主要内容，这些内容大多都是关于瑶族人民的生产、生活及其宗教祭祀活动的内容。（3）汉族的皮鼓舞、转场舞、师刀舞以及庆坛神社巫傩戏班表演的各类地戏舞、傩面舞、神舞、弥拉舞、端公舞、道师舞、师娘舞等等。[②]

民族地区的这些民俗宗教祭祀舞蹈属于民间祭祀舞蹈，主要存在于偏远的乡间，参与的人员大部分是农民，因而人员比较广泛。宗教民俗祭祀舞蹈活动本来是为表达祈福消灾的愿望，却在客观上为参与者们不自觉的身体运动提供了一个自然的契机。舞蹈创编者的主观动机并不是想通过舞蹈进行体育锻炼来达到强身

①韦丽春，罗建德．健康中国背景下桂西北长寿带事情俗活动中的体育养生健身行为研究[J]．体育研究与教育，2019，34(02)：71-76.

②韦丽春，黄丽英．民族地区高校引领民族民间休闲体育开展的路径研究[J]．2012，11(01)：129-131.

健体的目的，但客观上达到了锻炼筋骨、强壮身体、祛病化瘀的功效。下面具体分析三个宗教祭祀舞蹈的健身养生文化。[①]

（一）还愿舞

“还愿舞”，毛南语称“肥套”，也称“条套”，是毛南族的还愿仪式。“肥”即举办的意思，“套”专指还愿仪式，与“道场”之意思相近，是毛南族最古老的风俗之一。其歌、舞、乐、戏等艺术形式，承载着毛南人民祈求民族生生不息，冀望来年风调雨顺、五谷丰登的美好愿望。毛南族“肥套”保留着近乎完整的毛南族原生态文化，因此被列入国务院公布的第一批国家级非物质文化遗产保护名录之中。

毛南族的肥套有36个木面具，代表36个神。根据毛南族诸神的身份及性格特点雕刻而成，形象逼真生动，代表善、恶、贵、贱四大类型。当主唱的师公念请哪种神时，即由师公戴上该神的木面具进行舞蹈，动作极富宗教色彩；本舞蹈的目的是“还愿”。主家希望通过祈神活动而得到“恩赐”，使子孙兴旺发达；舞蹈的基本动作有软拜步、起伏碎步、甩袖、绕手轻拜、跳小步和辗转绕圈等；动作规律是在流动行进中起伏跳荡，轻柔悠然，气氛较为庄重 肃穆。目前仍然保留下来的“还愿舞”有：三元神、独舞、穿针舞、太子六官独舞、瑶王拣花踏桥、土地配三娘，以及雷王坐殿独舞等。其中“穿针舞”与“瑶王拣花踏桥舞”是“还愿舞”中的两个较为重要的舞蹈。现在所跳的还愿舞逐步由娱神向娱人和健身强体转变。[②]

（二）师公舞

“师公舞”：据《中国民族民间舞蹈集成》记载，壮族“师公舞”原是“师教”法事活动中带有一些迷信色彩的祭祀歌舞。比较流行和具有代表性的舞蹈有：(1)《莫一大王舞》的动作力度感强、强悍粗犷，富有民族英雄气概，表演时，师公头戴木面具、手握宝剑进行表演， 在跳舞的过程中肢体充分体现与神灵沟通，以祈求神灵的宠眷，帮助人们消除生活中的困厄。(2)《麒麟舞》《凤凰舞》的肢体动作柔和、优美，民族特色突出，都是对人们想象中的神兽仙禽的形象和动态进行模拟，意味着能够给人间带来丰收和吉祥的是三元神。[③] (3)《踩堂舞》是由四名男性和四名女性穿着艳丽的壮族服饰，手上拿着竹鞭、扇子而跳舞，舞蹈动作轻快活泼，情绪高昂，是师公们为了招徕更多的观众、活跃表演气氛而表演的

①李勤友．休闲体育．人类精神家园的永恒追求[J]．南京体育学院学报（社科版），2010，24(5)：47－49．

②韦丽春．桂西北长寿带少数民族宗教祭祀舞蹈中的体育养生文化审视 [J]．体育研究与教育，2015，30(06)：78-81．

③韦丽春．红水河流域壮族原始宗教祭祀舞蹈的文化特征及健身娱乐价值[J]．宗教学研究，2009，(06)：136-141．

一个开坛节目。(4)《天公地母》，天公、地母是传说中能够为人们送子、送福、送平安的善神，为了体现人间的爱情生活，由二位师公头上戴着木制面具，穿师公衣袍、手上拿着法器、草笠、巾帕，以嬉戏追逐、搞笑等充满情趣的劳动以及生活动作，动律特征鲜明。①《师公舞》表演时，以打击乐为总指挥，以丰富的锣鼓点配合开场、收场。为了烘托气氛，通常以蜂鼓为主奏，以高边锣或堂鼓配合，或在此基础上增添大小锣、钹。②在动作韵律上，师公舞有着明显的颤、晃、扭胯蹲摆、悠吸点弹等动作特征，这些基本造型和动律贯穿于各种动作之中。总之，形式多样、主题鲜明、刚劲稳健，节奏明快、粗犷大方、造型庄重、风格原始朴稚的师公舞令人叹服。

(三) 巫舞

巫舞是小型交感巫术舞蹈，主要是以神灵附体为特征，是一边唱或一边手摇法器而舞的单人舞蹈，程式动律不定，步伐以“三”为基数，要么进要么退，要么转体碎步，要么掂要么点。舞蹈时舞者全身不停地颤动，让人感觉像神灵附体，故巫舞最显著特点就是颤动。

三、社会组织活动中的传统体育养生文化资源

社会组织又称“非政府组织”“民间组织”“非营利组织”，泛指人们为了特定的社会服务目的、实现共同的愿望而自发成立的组织形式。传统社会组织是以血缘关系为纽带形成的，所有家族组织成员都凭着血缘相同的身份互相认同，是具有族长、族权、族规、族产等宗法性的村寨组织，这些组织存在着强烈的聚宗合族的观念。③桂西北少数民族的社会组织有：苗族的“鼓社”、侗族的“款”、瑶族的“石牌”和“油锅”以及仫佬族“冬”等传统社会组织，因其宗法性和权威性，即使在文化变迁的当代，仍约束和影响着人们的行为和信仰，对于保护与传承民族文化起着重要作用，是研究原生态体育养生萌芽的活化石。如表3-2所示。

表3-2 桂西北少数民族传统社会组织及头人名称

民族	传统社会组织名称	头人名称
苗族	鼓社	鼓头
侗族	款	款首
瑶族	石牌 瑶老 油锅	石牌头 瑶老 油锅头

①纪兰慰,印久荣.中国少数民族舞蹈史.[M]中央民族大学出版社,1998.196.

②韦丽春.红水河流域壮族原始宗教祭祀舞蹈及其文化特征[J].南京体育学院学报,2007,21(03):43-46.

③韦丽春.红水河流域壮族原始宗教祭祀舞蹈的文化特征及健身娱乐价值[J].宗教学研究,2009,(06):136-141.

续表

民族	传统社会组织名称	头人名称
仫佬族	冬	冬头或首事
壮族	峒	都老

（一）白裤瑶“油锅”社会组织活动中的传统体育养生文化资源

传统的社会组织来源于生活样式，引导、维护着民间传统。民间传统中滋养产生的传统体育养生，也自然地被传统社会组织传承、传扬。桂西北南丹县白裤瑶“油锅”组织，在其社会的权力结构中占有重要的位置。白裤瑶的传统体育养生活动从来就没有离开过“油锅”组织。白裤瑶族群众自古以来就十分最喜爱打陀螺这一传统体育养生活动项目，打陀螺比赛是一项需要花费长时间而且运动强度达到中等强度的传统体育养生活动项目，是人的体力和陀螺制造、旋放操作技术的综合反映。只要逢圩日或节日，都会有头人组织打陀螺。“油锅”内或“油锅”间，少则几十人，多则数百人，打陀螺就像是节日狂放情绪的自然流露。①

白裤瑶葬俗原始、神秘、神奇、隆重，充满悲情、亲情、友情、爱情，内容丰富多彩，是铜鼓文化、服饰文化、宗教文化、歌谣文化、婚恋和饮食文化的集中展示，为世界所独有。“砍牛祭丧”是白裤瑶重要的社会活动平台，砍牛祭丧前，打铜鼓是必不可少的。据调查，里湖瑶族乡怀里村的21个“油锅”，就有铜鼓40多面，有3/4都是祖先留下来的传世铜鼓。族众在祭祖、葬礼时，仍会去找“油锅”头人，由他组织整个祭祀仪式。在祭祀仪式上有打铜鼓、跳猴鼓舞这一传统的体育养生健身活动。如果没有传统社会组织的祭祀功能，白裤瑶的“砍牛祭丧”仪式中的打铜鼓、跳猴鼓舞不可能从宋代一直流传至今。而白裤瑶的丧葬仪式，不仅是一种民族信仰，而且是族群发展的见证史。据田野调查材料表明，不少民族传统体育养生文化都是借助于巫术活动及宗教仪式流传下来。②

打铜鼓、跳铜鼓舞的来源也有它的传统说。据瑶族创世史诗《密洛陀》中有以下记载以及民间传说，相传在远古时期，天上和地下之间只相隔着一面铜鼓，头枕着一双鼓棒的高大的密洛陀由于身体欠佳而长期沉睡在铜鼓中间，由于妖魔鬼怪常来骚扰，因此，密洛陀手下的九尊神在好周边保护她。在众神和万物生灵的齐心协力下，密洛陀的病情获得了痊愈，身体也恢复了健康，继续带领众神创造世界、创造人类。因为“对和宴”是以杀牛祭祖、跳铜鼓舞为主的，故也叫吃牛铜鼓舞。此后，为避免妖魔的再次侵袭创世密洛陀，每隔一段时间，自然神灵

①韦丽春，罗建德．健康中国背景下桂西北长寿带事情俗活动中的体育养生健身行为研究[J]．体育研究与教育，2019，34(02)：71-76．

②韦丽春，罗建德．健康中国背景下桂西北长寿带事情俗活动中的体育养生健身行为研究[J]．体育研究与教育，2019，34(02)：71-76．

与万物生灵之间便进行一场“对合宴”，杀牛献祭，跳“贬来舞”，如此久之，便产生了铜鼓舞。

（二）仫佬族“冬”社会组织活动中的传统体育养生文化资源

“冬”是仫佬族这一人类共同体典型的文化特征，直接反映仫佬族的传统文化，而围绕“冬”的传统体育养生活动，则是传统文化最直观的表现形式。①比如，仫佬族重要的传统节日“依饭节”，就是各“冬”的重大祭祀活动，依饭舞是依饭节中的一个重要内容，依饭舞动作简单，具有其特指性，是师公与神灵沟通的一种手段。师公们穿着各路神灵的服装，带着各路神灵的面具起舞，无论从其舞姿以及步法的名称，还是舞蹈中所蕴含的深层意识取向，②都突显出与道教文化有着千丝万缕的关系。从审美意识上看，依饭舞渗透着道教崇尚自然，以圆为美的舞蹈特点；其舞蹈形态以罡步为主，是古代流传下来用于祭祀的步法。这与道教的“步罡踏斗”和阴阳五行学说有一定的联系；其风格因为是祭祀舞蹈，故而多数比较庄严肃穆，步伐稳健，刚柔并蓄，张弛有致，动作摆动性大，平稳大方。③而依此为主题的传统体育养生项目有“抢粽粑”“仫佬竹球”“舞草龙”，体现了仫佬族人民的勤劳、团结、聪明和诙谐，并不乏时代特征。

四、民族休闲体育活动中的传统体育养生文化资源

休闲是一种生活方式，或者说生命的本真状态就是休闲。休闲的自由洒脱性和愉悦性以及休闲的快乐体验，决定了休闲与传统养生密不可分。以传统的养生功法和体育活动的休闲形式作为养生健身的手段是中国古代人早已经在日常生活中就明白的。民族地区传统体育项目兼有游艺性质的民间休闲活动的运动形式。因为这些运动形式游戏、娱乐的比重大， 所以从本质上更接近本源意义上的休闲活动。我国许许多多内容丰富、形式多种多样、并且具有很高的观赏性和娱乐的体育健身养生项目，是由勤劳善良的各族人民所创造。源于其特有的地理环境和生产、生活方式，源于“劳动之余休闲娱乐的需要”是对民族传统体育具有休闲性的概括性描述。休闲体育的典型特征以及健身娱乐价值主要体现在人性化、个性化、生活化、崇尚自然等方面，而休闲娱乐性特征以及具有强身养心的休闲价值在民族传统体育中也同样得以体现。因此，我们把民族民间休闲体育概述为：民族民间休闲体育是指人们在可以自由支配的时间里自愿参与，自主选择的多在

①张萍，胡小明，王溯．少数民族传统社会组织与传承传统体育文化的研究——以广西南丹白裤瑶“油锅”组织为例[J]．北京体育大学学报，2012，35(09)：55-58.

②陆光平．民族传统体育复兴：湛江傩舞的现代发展[J]．广州体育学院学报，2014，34(02)：47-50

③韦丽春，罗建德．健康中国背景下桂西北长寿带事情俗活动中的体育养生健身行为研究[J]．体育研究与教育，2019，34(02)：71-76.

民族节日和余暇时间开展的各种休闲、娱乐性的民族传统体育活动项目，以恢复体能和精力，缓解工作生活压力，起到身心愉悦，调节情绪，养性修身为主要目的，同时也是实现自我和完善自我而进行的一种体育活动。[①]民族休闲体育包括球戏、舞戏、舟戏、水戏、棋戏、游戏等。

传统体育的休闲特质：传统体育的存在状态与休闲文化不谋而合。如在1999年《中国群众体育现状调查与研究》中显示：在我国体育人口对体育项目的选择排序中，武术和太极拳被分开来统计，分别占第11位和第12位。[②] 民族休闲体育内容丰富、形式多样、具有极高的观赏性、健身性与娱乐性。集传统健身、养生、竞技和娱乐以及教育、文化、经济等多种功能为一体的体育活动。

传统体育体育养生项目可以划分为竞技类、游戏类、舞蹈类、表演类、节会类、养生类等六大类型。

（一）竞技、游艺民俗活动中的传统体育养生文化资源

通过调查，区域传统民俗活动中的养生健身行为具有多种多样的表现形式。这些蕴含在竞技、游艺民俗中的养生健身形式，其丰富多彩，形式多多种多样，是非常宝贵的传统民俗体育文化资源。这些养生健身行为，一部分已经发展成为民族传统体育项目，对区域民众进行全民健身非常有益，[③]如板鞋竞速、同顶、同填、同拼、同背、马革球、打陀螺、射弩、武术等；而一部分尚未形成民族体育项目，仍然依附于其他文化形态之中，但是对促进民众健康有着积极的作用。这些健身行为源于少数民族民俗，具有明显的生活特征。民族竞技、游艺民俗活动中的传统体育具有很高的养生健身价值。[④]如表3-3。

（二）健身娱乐、表演活动中的传统体育养生文化资源

一是传统体育养生表演项目：主要来源于乡村，流传在民间和老百姓传统的节庆活动中的我国优秀的传统体育养生项目，它风格各异、内容极为丰富、形式多种多样。把舞蹈、艺术、音乐、体育融为一体。

①邹琦．论传统养生与现代休闲[J]．价值工程，2014，33(10)：328-329.

②韦丽春，黄丽英．民族地区高校引领民族民间休闲体育开展的路径研究[J]．南京体育学院学报（自然科学版），2012，11(02)：129-131.

③王润平，任渊，张建华．甘肃省少数民族民俗活动中的养生健身行为研究[J]．西北民族研究，2008，(01)：190-193.

④韦丽春，罗建德．健康中国背景下桂西北长寿带事情俗活动中的体育养生健身行为研究[J]．体育研究与教育，2019，34(02)：71-76.

表3-3　竞技、游艺民俗活动中的体育养生健身项目

民族	内容与形式	
	竞技类	游戏类
壮族	抛绣球、打陀螺、赛禾担、抬搁、玩石锁、咬水桶、剪禾把、提猪头比赛、倒立竞走、板鞋竞速、矮马比赛、爬芭蕉树赛、狩猎、升官图、喂鱼赛、赛龙舟	芭芒燕、念口诀捉迷藏、老鹰抓鸡、虎捉羊、群龙夺珠、王八护蛋、赶猪进城、打拐、拾天灯、搭人山、扳腰
瑶族	美人球、腰篓球、飞网球、粑盅球、赛马、摔跤、射弩、喇叭球、推竹杠、顶牛、背篓绣球、拔葫芦笑酒、竹板连棒篮球	打排带、破阵、重圆球、甩花球赛、狮技月牙、猎球、打击子、踢脚、掏鸟、打飞棒（打机头）、丢石头、石头打靶
苗族	打手毽、赛龙舟、投绣球、摔跤、射弩、赛马、拉鼓、跳香	搓麻绳、踢枕头、龙抱蛋
仫佬族	竹球、竹连球、打草球、烽火球、滚煤球	象步虎掌、滚竹环、打鸡头、扯竹呼、打水筒、飞彩、凤凰护蛋、骑木马、打土叭、打陀螺 打的篷、抢凳
毛南族	同填、同顶、同背、同拼、石担和石锁、抛沙袋、骑马、射箭、松傩	三棋、射棋、围母棋、圆棋、牛角棋、剪谷棋、王棋
侗族	侗拳、抢花炮、射弩、抽陀螺、赛龙舟、打木球、荡秋千、踩高跷、赛押加、踢蹴球、摔跤、哆毽	捉迷藏、丢包、打野猪、抢鱼塘、吹禾杆、打三棋、炮棋、十子炮棋、擒敌棋、五子棋、小足球棋、井棋、打虎棋、登山棋、扑克牌
水族	赛马、抢花灯、骑马夹、扳腰、扭扁担、顶扁担、火竿球赛、打手毽、拔河等	瓦棋、拱棋、三三棋、跳抬棋、纺棋、封棋

内容非常丰富，既有民族特色，又有娱乐、健身、养生的特点和艺术欣赏价值；既有一定的思想性、乡土性和传统性，又突出了健康性、观赏性和体育性。[①]深受各族人民的喜爱。如在跳板鞋舞时，步伐豪迈而粗犷，充满了力量与活力。舞蹈者动作节奏性与手脚协调性非常强，并具有很强的艺术表现力，把舞蹈艺术与体育健身融为一体，表现出独特的“三美”，即力量美、动作美、节奏美，从而达到健身健体与愉悦身心的功效。又比如壮族的舞狮同样具有很强的健身性和健心性。对表演者来说，舞狮是集技能、体能、健身为一体的一项民族休闲体育运动，是一种极好的身体和精神的双重锻炼。

①韦丽春，罗建德．健康中国背景下桂西北长寿带事情俗活动中的体育养生健身行为研究[J]．体育研究与教育，2019，34(02)：71-76.

在我国举办的历届的少数民族运动会上，除了种类繁多、竞争激烈的竞赛项目外，另一个重头戏就要算体育养生表演项目了。自1953年第一届全国少数民族传统体育运动会起就设有表演项目的比赛。从第一届到第九届全国少数民族传统体育运动会上，各少数民族共挖掘和整理并创编出1465个项目刊行展演比赛。

表演项目是少数民族传统体育运动会特有的环节，这些表演项目形式多样、内涵丰富，都来源于少数民族的生产生活，真实地反映了各民族的风土人情、生活场景和文化特点，极具民族特色，表演项目的比赛精彩纷呈，让人看得目不暇接。如在第九届全国少数民族运动会的颁奖晚会上，部分代表队进行了表演项目的汇报演出。例如，灵动的维吾尔族同胞、娇媚的朝鲜族姐妹、逗趣的回族娃娃们，豪放的藏族兄弟，还有身上的腰带、身边的竹竿、椰壳、弹弓等寻常的物件，都成为歌舞游戏的道具和素材。满族的二贵摔跤以其独特的造型，滑稽、幽默、逼真的摔跤动作，以及一人模拟二人互摔的方式，让观众大感惊奇。[①]打飞棒活动源于湘西少数民族青少年在山间砍柴、放牛时的自娱自乐，集健身性、表演性、观赏性、趣味性于一体。

二是广场民族健身养生操项目：广场民族健身养生操是一项将西方的健身养生操与我国的民族舞蹈相结合而形成的运动项目。其动作优粗犷、律动性强、民族特点突出、具有与健美操相似的健、力、美特征，有很强的民族观赏性。如在第八届全国少数民族传统体育运动会上，蒙古族的《安代健身操》表演具有很强的健身性和观赏性。《安代健身操》是蒙古族群众的一项健身运动，也是蒙古族第一舞，以其多变的舞姿，又以其刚柔相济时尚的健身操表演，体现了内蒙古自治区2300万各族人民对健康、幸福生活的追求和讴歌。这些民族健身操表演项目可通过在学校开展继而推广到社会，在广场开展，让更多的群众参与到广场民族健身操的活动中来。又如在第九届全国少数民族传统体育运动会上，云南代表团表演的《回族健身操》《花腰摆健身操》和《跳铃健身操》。《回族健身操》是回族综合类民族健身操表演项目，是在回族传统舞蹈的基础上糅合了生活动作元素科举编排而成，以跑跳步贯穿始终，强调头、手和腰部的协调运动，动作难易适度，舒展大方，和谐顺畅，具有较强的健身效果；清新、雅致的风格，展现了回族少女清纯、灵秀的独特风采。该操在云南省第九届民族运动会推出后，受到广泛好评，从而走进了校园，得到很好的推广和普及。《花腰摆健身操》是傣族综合类民族健身操表演项目，花腰傣是傣族的一个支系，以服饰斑斓、色彩绚丽、银饰琳琅满目如彩带层层束腰而得名，音乐选用富有傣族特点的民间传统乐曲，配以强烈的鼓点体现傣家人青春的律动、节奏明快、既古朴又时尚。动作柔中带刚，强

①韦丽春，黄丽英．民族地区高校引领民族民间休闲体育开展的路径研究[J]．南京体育学院学报（自然科学版），2012，11(02)：129-131.

调使用内力，实现了健、力、美的完美结合，具有较强的体育性和较高的艺术性和观赏性。《跳铃健身操》是瑶族综合类民族健身操逐渐项目。是从瑶族成人礼仪“度戒”的铃舞中提炼出来的，通过舞动手腕的铃及瑶族顶转胯等特色动作，加以古朴大方、刚中有柔、柔中有刚的表演，展示了瑶族人民大山般的情怀和剽悍的阳刚之美。真是锣鼓声声震山响，瑶家汉子健身忙，越跃腾翻显身手，个个都是好儿郎。如表4。

表4　健身娱乐、表演活动中的体育养生健身项目

民族	内容与形式	
	健身娱乐类	表演类
壮族	投绣球抓卒、打手毽、跳灯、跳橡皮筋、跳斑鸠、跳岭头、蛙跳、打铜钱、穿刀圈、穿火圈、滚木轮、放花炝、放风筝、荡秋千、风车秋、枪击滚石、气功、舂榔争娃、升官图、太阳棋、跳棋、斗鸡、斗牛、斗狗	打榔、打砻、打蜂、打扁担、跳台、跳箱、蚂拐刀、蚂拐棍、牛头戏、舞龙、舞狮板凳龙、狮子上金山、狮子上刀山下火海、狮子过天桥、木头狮子、舞翡翠鸟、舞麒麟、唱春牛、踩高跷、背娄球、高脚球、登山赛、打铜鼓、铜鼓舞、师公舞、道公舞、蚂拐舞、罗伞舞、舞蝴蝶、板鞋舞、打磨秋、壮拳、打勒尺、撩球、地牯牛、红兰辣椒球、打火轮、高脚球、斗牛斗
瑶族	粑盅球、打陀螺、瑶拳（蚩尤神农拳）、斗鸟、斗鸡、火棍提米缸、跳铜铃、打猴棍、爬杆、举重物（石头、木头）、扛重物（石头、木头）	高温铁板表演、打铜鼓、打皮鼓、上刀山、舞舂牛、猴鼓舞、催工舞、打箕圈、做洪门、左穴耗
苗族	武术、打花棍、跳鼓、打泥脚、跳脚会、斗马、斗牛、斗鸟	芦笙舞、磨秋、爬花杆、竹竿舞、上刀梯、舞狮、舞龙、猴儿鼓舞、鸡毛球、打草球
仫佬族	沙中淘金 斗鸡 斗鸟 赛竹钩 绕线团 扯陀螺 打水筒	群龙争珠、草龙舞、舞狮、抢花炮、打灰包、武术、抢亲马革竞技、上刀梯、过火链、抢粽粑、夺龙珠、赛犁、砍猪脚、夺粮袋、抢青、比近
毛南族	打棉球、斗地牯牛、马革球、打耗尾、荡秋千	肥套、猴鼓舞、火龙舞、蓑衣舞、响杆舞、火把节

续表

民族	内容与形式	
	健身娱乐类	表演类
侗族	斗牛、斗狗、斗羊、斗鸟、斗蟋蟀、斗蚂蚁、捉龙尾、顶牛角、打水仗、扳手劲、扳手指、扭扁担、顶杠、竹弓箭、拍拍枪、水枪、响筒、水中寻物、跳绳、拔河、捡子、狩猎、洗谷桶、打草球	牛打架、舞龙头、舞狮子、舞春牛、赛芦笙
水族	翻桌子、土杂技、打鞋、桐子标、打鼓台、斗牛、招亲、踩脚球，抢花灯、人马弹弓赛、捞火球、过火海、抢红蛋、连子球	铜鼓舞、斗角舞、芦笙舞、舞龙、捞鱼乐、狮子登高、水族武术：其中拳法有近20种：水族拳、拐子拳、八步追拳、鱼拳、虾拳、鸭拳、独凳拳法、双凳拳法等。器械有：水族双锏、双刀、双头矛、链夹、坦耙、扁担棍

第二节　传统体育养生文化资源的开发与利用

一、传统体育养生文化资源开发与利用的意义

（一）推动中国传统体育养生文化的繁荣发展

从文化全球化的视野看，养生现代化发展的新型范式必定是民族体育养生文化，它是适应当代社会健康长寿的需要。因此，从民族体育养生文化视角，对养生进行辩证地分析、挖掘、整理与继承，对推动中国民族体育养生文化的繁荣发展，既是一项具有深远的民族意义的课题，[①]又是一项具有独到学术价值和应用价值的重要课题。

（二）对实现健康老龄社会具有深远的意义

据2002年人口抽样调查显示，65岁以上老年人口占全国人口比重为8.2%，比2000年人口普查的7.0%高1.2个百分点。按地区分，老龄化程度以上海最高达13.4%，进入8%以上的地区是浙江11.2%，北京10.8%、天津10.7%，江苏9.9%，重庆9.2%，湖北8.8%，湖南、广西、四川均为8.6%，山东8.5%，安徽8.2%，辽宁8.1%，陕西8.0%，共14个省市总人口达6.9亿人，占全国总人口的54%。西北地

①康德强．传统体育养生的文化哲学研究[D]．上海体育学院博士学位论文，2010，4.

区和云贵藏等17个省区均在8%以下，呈现了经济发达地区率先跨入了老龄化社会的状况。[①]

我国人口学与老年学家、中国老年学学会会长邬沧萍教授就指出：“健康老龄化这一词组与我国传统上使用的‘健康长寿’近似，但内容更加的丰富，寓意更加的深远。”研究中国人口老龄化和老年人问题在当今中国刻不容缓的一个社会问题，国家教育和公共体育领域对此责无旁贷。桂西北少数民族在本领域积累的社会文化资源深厚，对本课题研究具有重要的理论参考价值。

（三）打造区域健康老龄化基地及推出长寿产业品牌的基础

民族地区自然生态优越、民风古朴、民族体育养生文化丰富，当地传统节庆活动五彩斑斓。祝著节、盘王节、铜鼓节、分龙节、依饭节、蚂拐节、三月三歌节等，所有节日上的民众仪式都透露出宗教信仰和图腾崇拜的奇特玄妙气息，同时包含着丰富多彩的传统体育养生活动项目，如抛绣球、射弩、打陀螺、扁担舞、板鞋舞等。这些活动能增强生命健康水平，诱发内在潜能的身体练习，并有显著的地域和民族特点。本研究具有两个意义：一是从学术和文化角度继承、保护和弘扬各民族的文化遗产、二是从经济和社会角度发掘、整理和开发各民族传统体育养生文化，打造区域老龄化健康旅游和知识传播基地。

（四）为人类的长寿养生服务

区域的长寿文化近年来引起国内外学者的高度重视，掀起了一股长寿文化考察研究的热潮。但目前学界对区域传统养生文化的考察研究，多集中于自然生态、环境保护和饮食习俗等硬件方面，对于区域传统体育养生文化资源软件的发掘整理与开发利用的研究还很薄弱。本研究重点考察对区域传统体育养生文化实践及其学理和道德伦理，因而可望产生创新成果，同时有利于推动包括广西养生文化旅游在内的中国的健康产业，为人类长寿养生和老龄化健康做出贡献。

二、传统体育养生文化资源开发利用的前景

（一）传统体育养生文化资源开发与利用可为丰富的体育文化资源提供基础条件

民族地区拥有丰富而独特的体育人文资源。无论是与生产生活密切相关的射弩、溜索、打扁担、摔跤、抛绣球、芦笙踩堂、打陀螺等传统体育项目，还是壮族炮龙节、侗族花炮节、水族端节、瑶族达努节、傣族泼水节、彝族火把节等民族节庆活动，其独特性和稀有性都对游客产生强大的吸引力。

①杨光辉．中国人口老龄化与产业结构调整的统计研究[D]．厦门大学博士学位论文，2006，03.

（二）传统体育养生文化资源开发利用可为旅游业的迅速发展提供良好的平台

随着我国传统体育文化逐渐完成从文化筛选到文化认同，传统体育养生文化的内涵与形式不断丰富，其健身养生价值、文化思想价值等得以实现，传统体育养生文化的社会效益日益凸显。如广西壮族自治区虽然旅游业相较东部其他省份起步较晚，但发展势头强劲，尤其是近几年来，旅游产业开发受到广西壮族自治区各级政府的高度重视，对于旅游管理机制和旅游发展政策不断地健全， 旅游投资环境不断地改善， 资金的投入力度不断地加大，完善旅游发展的基础配套设施等，从而使广西的旅游业得到了较快的发展。

（三）传统体育养生文化资源开发利用可为国民经济的增长开辟了广阔的市场

我国各族人民的生活水平有了较大的提高，得益于国家改革开放的深入和全面建设小康社会的不断推进，国内人均收入水平的提高、生活水平的改善、闲暇时间的增多，大大推动了我国体育事业的发展，从而也为桂西北类型多样、风格独特的传统体育养生文化资源的开发利用提供了巨大的国内市场。“体旅融合”视域下突显经济效益以及社会效益的传统体育养生文化能够为促进体育旅游的发展提供动力，其核心是促进体育旅游可持续性发展。正是因为能够取得良好的经济效益和社会效益，从而使得“体旅融合”视域下对传统体育养生文化资源进行开发具有一定的价值和意义。就社会效益而言，传统体育养生文化资源的开发能够起到促进人们身心协调发展的作用，而个体的身心健康则是社会和谐的基础。①对群体而言，传统体育养生文化资源开发过程中对传统体育养生文化所秉持的对人与人、人与社会、人与自然的“和”观念的释放在新时代能够更加有效地促进社会效益的产生。

三、传统体育文化养生文化资源开发与利用的原则

（一）完善法律保障

关于传统体育养生文化资源的开发与利用，首先应当受到地方政府的理解与支持，由地方政府提供强有力的政策支持作为发展动力，为区域传统体育文化的发展保驾护航。在区域传统体育养生文化资源开发利用的过程中，政府部门应当秉持着将保护和抢救为主的原则，将区域传统体育养生文化资源进行合理地利用，并将其传承发展下去。政府对于区域传统体育养生文化资源所具备的价值和功能应当进行广泛宣传，让广大人民群众可以通过不同的方式去深入了解区域区传统体育养生文化。通常，政府部门具有权威性和规范性，以政府部门的视角去推动区域传统体育养生文化资源的开发与利用，可以让更多的群众意识到对区域传统

①何子威．基于体旅融合的体育旅游产品发展研究：以云南省为例[J]．旅游研究，2017，9(2)：88-94.

体育养生文化资源保护的重要性，可以将破坏区域传统体育养生文化资源的情况降至最低，使其科学合理地传承与发展。

从本质上来讲，传统体育养生文化资源相对比较脆弱并且难以恢复，如果不能得到有效的保护，在其遭到破坏后就有永远消失的可能性。正因为如此，政府部门应当发挥其相关职能，制定出一些行之有效的法律法规来对传统体育养生文化资源开发行为进行约束，以此来保证传统体育养生文化的健康发展。从历史的

角度可以看出，无论是哪个国家或地区，社会和经济的发展都必须要有良好的法治环境，只有法治得到了健全，发展才能更加有秩序，才能使文化资源得到更为有效的保护。所以，对区域传统体育养生文化资源进行开发前期就应该对法律法规的地位和作用产生高度的重视，利用法律法规的约束性来及时协调各种关系，为传统体育养生文化资源的开发与利用创造一个良好的市场环境。另外，对于现有的法律法规，应当不断地进行完善，根据各个地域的不同情况制定不同的规章制度，以便保证措施的切实可行，使传统体育养生文化资源开发与利用可以有法可依、有章可循。

地方政府要对地方的政策优势进行充分利用，不断加强当地的法制建设，使用明确的规章制度来对各个机构的权利和义务进行约束，明确其职责，使政府、企业、开发商、居民等相关主体在传统体育养生文化资源开发利用的过程中各司其职。另外，要在完善法律法规的基础上提高区域各族人民的思想认识，将其思想达成高度统一。对于传统体育养生文化资源来说，良好的法制环境和有序的市场环境在其开发利用的过程中具有重要的作用，是确保区域传统体育养生文化可持续发展的重要保障。

（二）建立资金保障

经历了五千年历史传承的中华民族，拥有着丰富的文化资源和深厚的文化价值。蕴含着丰富的文化资源和巨大的开发潜力的传统体育养生文化就是其中之一。这些宝贵的文化资源都是不可再生并且不可替代的。就我国目前现阶段的文化事业而言，工作重心就在于做好传统体育养生文化资源的开发利用与保护。然而，资金的支持是将传统体育养生文化资源开发和保护工作进行落实的重要保障。因此，建立资金保障尤为重要。

首先，国家和地方财政要对区域传统体育养生文化资源开发利用进行大力支持。虽然在当前文化投资多元化的格局中，国家财政支持已经不再是我国文化资源开发利用的唯一保障，但在整个资金保障体系中，国家的财政支持仍然占据着较大的比重。从某种程度上来讲，传统体育养生文化的保护和发展其实是一项社会公益事业，因为它是非盈利性质的，并且只依靠其自身来满足保护与开发的全部资金是基本不可能的，因此国家财政的支持就显得十分必要。除此之外，地方

政府对地方传统体育养生文化的资金投入也是其资源开发利用的重要保障。

其次，资金投入体制需要日趋多元化。在传统体育养生文化资源开发利用的过程中，资金的筹集也需要建立多个渠道，不能只依靠国家或地方政府的大力支持，同时还要依靠各种社会组织的力量支持，如民间团体、企业或个人等。要将政府行为和市场行为相结合，只有将二者进行完美的结合，才能在文化繁荣发展的基础上控制文化资源开发的有序进行。政府要实施主导作用，通过给予资金持有者一定的优惠，如减免税收、优化投资环境等，以此来拓展传统体育养生文化资源开发利用的融资渠道。而社会组织也应当对传统体育养生文化资源的开发和利用提供资金上的支持，以此来为传统体育养生文化资源开发利用创新出一条新途径。

最后，注重国际合作平台的构建。对于传统文化资源的开发和利用不仅仅是某个国家或民族的责任，同时也是全世界都愿意积极承担的一种责任。因此，在传统体育养生文化资源开发与利用的过程中，应当积极探索其所具备的国际价值，使之与国际相接轨，努力争取到国际上相关项目的资金支持，如果能够获得国际提供的资金支持，那么其自身的发展将会拥有更多有利的机会，其发展和传承之路就能够走得更久远。

（三）构建人才保障

无论哪一个领域的发展都离不开人才的支撑，传统体育养生文化资源的开发和利用过程也不例外，人才在传统体育养生文化资源开发与利用的每一个环节中都占有重要的地位，无论是设计研发、经营管理，或者是宣传推广、接待服务，都需要相关的人才作为保障。由此可见，对于人才培养的重要性，人才的培养还需要建立在完善人力资源保障机制的基础上，这样才能保证相关工作的有序开展。

首先，培养科研工作者。对于科研工作者的培养其重点有两个方面：其一，建立激励机制。对在民族地区传统体育养生文化资源开发利用工作中有卓越贡献的工作者或团队进行一些物质奖励或优惠政策，以此来鼓励他们创造出更多的有利于民族地区传统体育养生文化资源开发利用的成果。其二，加强培训力度。定期举办一些学术讲座或经验报告会，邀请国内外从事传统体育养生文化开发利用领域的专家学者来进行教授，通过学习拓展思维，使区域传统体育养生文化相关工作者获得更多的经验，增强他们的科研和创新能力，让他们与时俱进跟上时代的脚步，从而为区域传统体育养生文化资源开发利用创新出更多行之有效的方法和措施。

其次，培养传承人。在传统体育养生文化的发展与传承过程中，传承人是不可或缺的重要主体，正是有了传承人的存在，才使我国传统体育养生文化可以发展延续至今。[①]对于传承人的培养其重点有两个方面：其一，完善现有传承人的命名机制，并强化其激励机制和保护机制。其二，重视并完善传承人的发掘机制和培养机制。师徒教授是培养传承人最直接的办法，因此要选择合适的传承人，并积极帮助其建立一定的师徒关系，通过师父教授徒弟的方式来培养传承人。这种方式可以加强传承人对传统体育养生文化的理解和掌握，并培养其一定的文化自觉性，因此这种方式能够使其得到相对比较完整的传承。另外，将传统体育养生项目带进校园也是培养传承人的重要途径，邀请传承人到学校进行教学，让更多的人从小接触传统体育养生活动，激发学生学习传统体育养生文化的积极性。

最后，培养开发与管理人才。在传统体育养生文化资源的开发利用过程中，需要一批集民族学、管理学、经济学等各方面知识于一体的综合性人才，他们要同时具备一定的文化内涵和相关的管理能力。就目前形势而言，专业人才的匮乏是导致区域传统体育养生文化资源开发利用受阻的重要原因之一，所以对于开发与管理人才的培养是保证区域传统体育养生文化得以发展传承的重要保障。

（四）构建科学决策

事物的发展不仅受到其自身发展规律的影响，同时还受到人类主观能动性的影响。某个事物能否得到长久的发展，与科学合理的规划有着密不可分的关系。所谓科学的决策指的是在科学的开发决策领导小组对拟开发项目进行评估后制定出的一种对拟开发项目科学、合理、负责的决策。对于区域传统体育养生文化资源的开发利用来说，科学合理的开发决策机制是至关重要的，只有构建了科学的决策，才能使区域传统体育养生文化资源得到合理的开发和利用。建立科学的开发决策应当注重三个方面：第一，成立科学领导决策小组，这个小组的成员应主要由当地政府、相关专家学者、开发企业以及当地居民等部分组成。第二，进行科学的评估，这种关于开发价值、潜力以及所需条件的评估应当建立在公平、客观并且严谨的基础之上。第三，拟定开发项目，开发项目的拟定要建立在对资源进行全面了解和系统分析的基础之上。通过以上三个方面选定的开发项目就是适合开发的项目，对于这个项目的实施，要根据实际情况对其进行规划，这里的规划包括总体规划和详细规划两个部分，之后要根据详细的开发思路、保障措施以及价值评估等内容制定出最终的开发决策方案，以此来为区域传统体育养生文化资源开发利用指明一条正确的发展传承道路。

（五）保护利益协调

各利益相关者之间要想保持一种良性的运转，就需要对各利益相关者之间的矛盾和冲突进行协调并妥善处理。协调利益保障是通过整合区域资源和建设规范

①王军，董艳．民族文化传承与教育[M]．北京：中央民族大学出版社，2007．

制度，实现各方利益者之间的利益转移，使合作所得的总利益合理分配。这种原则主要强调的是各利益相关者的竞争与合作关系应当是建立在平等、互惠的基础上，用协调的形式对各利益相关者之间存在的利益冲突进行解决，并在此基础上实现最终的利益共享。在对区域传统体育养生文化资源进行开发利用的过程中，与许多部门的利益相关，这些部门就是利益相关者，他们之间的合作拥有追求共同目标且目标是利益最大化。由此可见，在区域传统体育养生文化资源开发利用的过程中，其核心内容是以主要利益相关者对于权益的要求为主，其他权益相关者对于权益的要求为辅，并在此基础上对各利益相关者之间的关系进行协调。

就目前形势而言，旅游业的开发是区域传统体育养生文化资源开发利用的主要形式，也是最具有先天的优势，民族地区风光秀美，具有独特的地域风情，人民热情好客，以传统体育养生文化为重点进行的旅游活动自然能够吸引大批的游客前来观光和参与。然而，在开发的过程中，也存在许多问题，其中利益分配就是主要问题之一。通过调查研究发现，目前以区域村寨为载体进行的收益会按照一定的比例分配给政府、企业、村委会以及村民，而政府和企业的收益要明显多于村寨居民的收益。村寨居民不仅没有得到应得的收益，同时他们的话语权也在一定程度上被剥夺，可以说在整个利益分配的过程中，他们一直属于弱势群体。这种不合理的收益分配在很大程度上激发了矛盾与冲突，因此，在对传统体育养生文化资源开发利用的过程中要将各利益相关者之间的关系及时处理好，只有这样才能保证相关工作的顺利展开。

（六）注重创新宣传

在区域传统体育养生文化资源开发利用的过程中，要充分利用传统体育养生项目特有的民族文化特征，确定传统体育养生主题形象，要注重创新宣传和推广，因地制宜地开发和利用各类型文化资源，依附现已成熟的文化产业，把区域传统体育养生文化的资源优势打造为区域品牌优势，积极开发和推广该地区的传统体育养生文化资源品牌，实行品牌战略。同时，还应该注意到积极的宣传营销在提升产品知名度方面的作用。在大众传播媒体和信息化日趋发达的今天，一种文化项目的成功开发除了要求自身具备过硬的品质外，更取决于对其的宣传和营销。鉴于目前区域传统体育文化资源在国内外的知名度都相对较低的现实，应该在现有基础上，加强创新宣传和推广，努力拓宽市场。值得注意的是，传统体育的娱乐性、观赏性及其蕴含文化的丰富性，会使传统体育养生类新闻成为传媒关注的焦点，促进传媒与体育养生更加紧密的结合，吸引更多的民众来关注传统体育养生文化，有利于迅速打开传统体育养生的市场，加快传统体育养生的传播速度，使传统体育养生文化融入社会的每一个角落。

（七）加强监督监控

在我国丰富的文化资源中，传统体育养生文化资源是不可或缺的重要组成部分，为了更好地对资源进行开发、利用、传承和保护，实现文化资源的健康发展和可持续发展，加强监督监控与管理也显得尤为重要。完善的监督和监控在区域传统体育养生文化资源开发利用过程中，可以有效避免政府与企业相互勾结，从而为居民的利益提供保障。另外，加强监督和监控还能有效地降低对传统体育养生文化所在地自然生态环境的破坏情况。可以通过以下三个方面对监控机制进行加强。

第一，加强行政监控。在传统体育养生文化资源开发利用的过程中和开发后的管理经营过程中，政府都是官方机构的代表，具有行政权力和执法权力。因此政府应当充分实施其行政监控职责，督促各执法部门之间的相互监督，保证监控过程的公正性和客观性。为了确保资源得到合理合法地开发，因此在文化资源开发的过程中监督必不可少，政府部门要充分发挥其监督监控职责，避免资源在开发的过程中被破坏。①

第二，加强公众舆论监督。公众舆论监督具有很强的控制作用，可以通过公众舆论来对传统体育养生文化资源开发形成一定的压力，从而对国家公职人员产生一定的约束性，防止滥用职权的情况发生。公众舆论不仅可以起到监督的作用，同时还在最大程度上确保了人民言论自由的权利。

第三，建立以第三方为主的监督与评价组织。由于在传统体育养生文化资源开发利用的过程中，政府、企业、居民等的利益主体都会涉及，因此如果政府或企业在监督与评价组织中都包括在内的话，就会有失公平和客观，②这对于传统体育养生文化资源开发利用的监督监控是极为不利的。如此一来，我们就需要建立以第三方为主的监督与评价组织，其成员主要包括不同研究领域的专家或学者，他们需要有独立的法人地位，在严格的自我监督中约束自己，最重要的是这个组织需要得到国家相关部门的认可，只有这样，监督监管的公正性、客观性以及权威性得到才能保证。

（八）实现合作共赢

在传统体育养生文化资源开发利用中合作共赢的理念是十分必要。优势的互补是建立合作关系的重要前提，而实现利益共赢是推动合作关系发展的助推剂。合作共赢的理念可以促使不同的利益主体在共同的规则约束下进行良性的竞争与

---

①袁华亭．文化结构与现代转型：略论我国少数民族传统体育文化的发展[J]．理论月刊，2010.(06)：99-102.

②刘建伟，梁珍妮．政府与企业的利益博弈及策略选择——以深圳市“两河”流域治污过程为例[J]．中南林业科大学学报(社会科学版)，2014，8(02)：51-54.

合作，从而保证传统体育养生文化资源开发的科学性和合理性，只有这样才能使狭隘的地方保护主义从根本上被摒弃，才能改善恶性的竞争局面，达成共赢的最终目标。从政府角度来看，政府应当充分发挥其指导职能，完善相关政策，以其合作的指导思想来促进仫佬族区域的资金流动、技术流动和人才流动，实现跨地区、多方位、多层次合作。从区域角度来看，区域应当以开放、包容的态度面对各方面的合作。另外，在实现合作共赢的过程中要注重产业之间的联动与协调，如体育产业、文化产业、教育产业、旅游产业等，促进各产业之间的合作，形成具有一定规模的产业链，这样才能实现多产业之间的联动发展，这样才能保证传统体育养生文化资源的合理开发和高效利用。

四、传统体育养生文化资源开发利用所取得的成效

（一）抢救与保护工作成绩较为显著

近年来，各级政府部门及社会民间力量为抢救与保护传统体育养生文化做了大量卓有成效的工作，对许多濒临消失的传统体育养生文化进行了积极有效的抢救与挖掘，取得了一系列的成绩。主要体现在以下几个方面。

1. 传统体育养生项目抢救工作深入推进

传统体育养生文化极其丰富，鉴于传统体育养生文化的特殊性，对其进行保护抢救显得尤其重要。如广西壮族自治区针对众多传统体育养生文化资源面临失传和流失速度增快的现状，组织相关的专家和舞蹈工作者，大胆改编和创编了独具广西民族特色的健身养生操。如初级壮族舞健身养生操、中老年侗族舞健身养生操、瑶族长鼓舞健身养生操、京族斗笠舞健身养生操等等，以大众化健身养生操的形式向广大群众传播传统体育养生文化，加强对民族传统舞蹈的保护与传承。

2. 传统体育养生文化遗产申报工作有序进行

近些年来，各级政府针对本地的传统体育养生文化资源进行了收集与整理，并积极申报各级非物质文化遗产名录。根据资料显示，广西有传统体育项目476项，入选国家级非物质文化遗产名录的有2项，省级的有18项。①

3. 初步建立文化传承机制

传统体育养生文化的传承与发展是依靠人为载体进行的人文表现形式。民族民间艺人是文化传承中的关键环节。民族民间传承人的传承行为往往可以决定整个传统文化的发展趋势。因此，建立健全文化传承机制很有必要。为了使传统体育养生文化得以传承，民族地区各级政府出台相关措施，要求将身怀绝技的民间艺人命名为非物质文化遗产传承人。

①朱岚涛，陈炜．广西少数民族传统体育文化资源调查研究[J]．广西民族研究，2012，(03)：146-153.

(二)政府重视度日益加深

1. 传统体育养生文化的保护、开发政策逐渐完善

对传统体育养生文化的开发与保护，国家的立法保护与相关政策的扶持是必不可少的。早在1995年国务院颁布的《体育法》中就提出："国家鼓励、支持民族、民间传统体育项目的挖掘、整理和提高"。在政策上明确了国家对开发利用传统体育养生文化的支持态度。2000年，国务院在《2001—2010年体育改革与发展纲要》中还特别强调了民族地区要"发挥地方优势，开发民族体育资源，做好民族体育资源的挖掘、整理和推广工作"。此外，2011年，《非物质文化遗产法》的公布明确将传统体育文化列入了国家非物质文化遗产的保护范围。上述种种措施均体现了国家对民间传统体育养生文化的保护政策正不断地完善。

2. 政府资金投入力度不断加大

政府对传统体育养生文化资源的开发利用，除了在政策上加大对传统体育养生文化的保护外，还增加了对传统体育养生文化生存空间的开发投入，主要体现在对体育基础设施进行资金投入。以广西崇左市为例，该市以"短衣壮"闻名的大新县板价村被确定为自治区民委民族文化联系点以来，政府为了开发和保护"短衣壮"浓郁的民族生态文化，共投入30多万元为该村修建道路，新建文化活动室、戏台等，并成立了"'短衣壮'民族民俗风情业余表演队"，挖掘整理20多个民族歌舞节目，使这个壮族村寨成为边关一线的民族生态文化旅游点。

(三)传统体育养生文化资源的开发逐步多样化

1. 与传统体育养生文化相结合的旅游业的发展

当前，民族地区积极利用传统传统体育养生文化事业来发展旅游业，并已取得一定成绩。凭借丰富的旅游资源以及绚丽多彩民族文化优势，积极开发体育养生旅游。以广西为例，据相关资料显示：广西有可供开发的景区、景点400多处，分布于8个地区、63个县。其中已开设为民族文化旅游景区景点67个，各景区景点内基本上都开展有若干民族体育养生文化活动，如桂林漓江民俗风情园的抛绣球、板鞋舞、多耶、芦笙、踩堂、跳竹杠；柳州金秀花工山的上刀山、过火链、穿火圈等等。①可见，传统体育养生文化旅游正日益成为广西旅游业一个重要而活跃的项目。

2. 传统体育运动会的持续举办

目前，许多传统体育养生项目已经被改造为体育竞技项目，进入到民族体育运动会中。作为一个让全国各族人民了解民族传统体育养生文化的窗口，就是来自建国以来举行的全国少数民族传统体育运动会。此外，各省也举办了省（区）

①陈炜，文冬妮．桂滇黔少数民族传统体育文化资源开发利用的现状及前景[J]．贵州民族研究，2012，33(05)：167-172.

级传统体育运动会。运动会的举行既有利于对各个传统体育项目的保护与开发，又有助于促进民族地区经济的发展。

3.传统体育养生文化与教学训练的相互渗透

自20世纪90年代开始，全国许多高校先后开设了传统体育专业，各地中、小学校也均设有传统体育课程。广西分别在各地级市、高校设立传统体育示范学校，并设置了许多流行的、传统体育项目，作为保护传承、开发研究民族体育项目的平台。如桂林市凤集小学就开设有滚铁环、珍珠球、三人板鞋舞、竹竿舞等体育课程；广西民族大学、河池学院、广西民族师范学院、广西科技师范学院等高校开设的三人板鞋、珍珠球、键球、竹竿舞、抛绣球、高脚竞速、抢花炮等均成为体育课程的教学内容。民族地区的其高校也相继把传统体育项目作为体育课程的教学内容。各地在传统体育养生项目训练方面也取得丰硕成果：例如，2018年以来，河池市所训练的民族体育养生项目，参加全区和全国民族体育运动会的比赛，均取得好成绩，让更多人了解桂西北河池市民族体育养生项目。（1）2018年4月：广西“壮族三月三.民族体育炫”活动暨“福美”广西体育庙会“裕达杯”全国独竹漂邀请赛获一等奖5项、二等奖4项、三等奖4项。（2）2018年10月：广西第十四届少数民族传统体育运动会项目：标准龙舟、小龙舟、独竹漂、民族标准弩、陀螺、板鞋竞速、花炮、背篓绣球、表演项目：地牯牛、采青等18个一等奖、20个二等奖、18个三等奖。（3）2018年4月：少数民族体育项目全国板鞋竞速邀请赛：获二等奖3项、三等奖1项。（4）2018年6月：创编的壮族蚂拐舞健身操到深圳参加全国健身操舞比赛获特等奖。（5）2019年6月：全国“民体杯”独竹漂比赛：获一等奖4项、二等奖5项、三等奖2项。（6）2019年9月，广西“壮族三月三·民族体育炫”全国板鞋竞速邀请赛获板鞋竞速比赛：获一等奖7项、二等奖2项；桂黔滇独竹漂邀请赛：获一等奖6项、二等奖5项、三等奖3项。（7）2019年9月：全国第十一届少数民族运动会：获独竹漂、小龙舟、标准龙舟、板鞋竞速、表演项目地牯牛等项目一等奖5项、二等奖10项、三等奖11项。

第三节　传统体育养生品牌文化的发展

一、传统体育养生品牌文化的多元价值

传统体育养生品牌文化的多元价值为其形成旅游产业提供了巨大的潜能。据调查发现，成为广西旅游的主打活动项目有壮族会鼓、花样板鞋、抛绣球、抢花炮、舞狮以及瑶族铜鼓、打陀螺等，尤其借助广西壮族的传统节日、大型民俗活动大力开展这些传统体育养生项目，传统体育养生品牌赛事初显雏形。广西传统节日中举办的传统体育活动所蕴含的风俗习惯、审美观点、价值取向、礼教制度

等民俗文化要素与当地独特的民族风情、地域风貌联结合起来，能够彰显旅游目的地民俗体育养生文化体验的差异性和鲜明性。[①]随着社会进步和社会经济的日益发展，健康已然成为人们关注的话题，也成为国家健康发展的时代需要。“健康促进”的各项政策与便利，人们购买健康的愿望越来越强烈，甚至不惜重金和时间，这为健康产业的发展孕育氛围和发展环境。同时，人口老龄化及现代文明病所带来的诟病，也使得健康产业市场得到更快的发展。[②]因此，我们要积极主动地去挖掘与整理传统体育养生文化自身的健身养生价值有，并开发出适合人们锻炼身体、增进健康诉、娱乐身心的传统体育养生项目，使旅游者对传统体育养生文化的魅力得以亲身体验，树立起体育养生的大健康理念，为体育旅游提供丰富的健康养生资源。[③]

二、传统体育养生文化的品牌形象

传统体育养生文化逐渐走向国际舞台，不断提高文化品牌的传播力量。例如，在尚未被挖掘成为广西非物质文化遗产之前的广西马山县壮族“会鼓”，仅仅是在壮族民间开展的一项民俗活动：但是自2008年11月10日被列入广西壮族自治区级第二批非物质文化遗产名录以来，壮族会鼓发展由民间活动逐渐走向市场运作。2012年马山县被授予“中国会鼓之乡”称号，由此，壮族会鼓的品牌影响力得到了巨大提升。更好地推动传统体育养生品牌文化产业的发展。

推进优秀民族传统体育养生文化产业化发展，是其文化内涵与形式持续保持生命力的内在要求，也是文化服务人类文明进步的体现，养生文化的娱乐性、时代性、价值性需要产业化发展助力其被不同群体接受与认同。养生文化的产业化发展应结合乡村振兴发展战略，依托特色村寨、宜居康养文化建设，融合村寨

民族传统体育特色养生项目，建设集休闲、康养、体育表演一体化平台。同时，拓展养生体育产业的“本土性”“民族性”“独特性”，形成“养生体育文化+产业”精品康养模式的现代新型业态。[④]

①胡建忠，邱海洪，邓水坚.“体育+旅游”视角下民族传统体育品牌赛事产业化研究[J].首都体育学院学报，2018，30(01)：42-46.

②高亮.“体旅融合”视域下传统体育养生文化资源开发研究[J].北京体育大学学报，2019，42(11)：148-155.

③高亮.“体旅融合”视域下传统体育养生文化资源开发研究[J].北京体育大学学报，2019，42(11)：148-155.

④胡建忠，邱海洪，邓水坚.“体育+旅游”视角下民族传统体育品牌赛事产业化研究[J].首都体育学院学报，2018，30(01)：42-46.

三、加强传统体育养生长寿文化产业研究

（一）对传统体育养生长寿文化产业基础理论研究。

传统体育养生长寿文化产业基础理论研究和重大应用课题研究，为区域长寿养生文化产业发展提供强有力的理论支撑。

研究特色：国际视野与本土战略相结合。具备国际化的发展目标、资本运作、产业格局、人才培养和市场经营战略，在国际市场上占阵地、争消费；结合区域本土民族体育养生长寿文化资源优势，将传统体育养生长寿文化产业发展成为全国最具竞争力、最具国际化风格和世界影响的特色与支柱产业。注重理论与实际的紧密结合，推动传统体育养生长寿文化产业理论研究成果尽快转化为现实文化生产力。

（二）传统体育养生长寿文化产业研究

传统体育养生长寿文化产业研究，为区域乃至全国传统体育养生长寿文化产业发展提供规划参考。

研究特色：重点突破与整体推进相结合。立足突出重点和突破难点，集中力量针对区域传统体育养生长寿文化重点产业、重点企业、重点产品和重点项目进行研究，力求在传统体育养生长寿文化建设的关键环节和重要领域迈出实质性步伐和取得突破性进展，带动整个区域长寿文化事业和文化产业的大繁荣大发展。研究的针对性及个性化较强，强调服务性。

一是对区域传统体育养生长寿文化管理机制研究：就巴马长寿养生国际旅游区、“中国长寿之乡” 传统体育养生长寿文化管理协调机制、市场主体培育机制、文化传承人保护机制等进行研究。(2) 区域传统体育养生长寿文化产业研究：就巴马长寿养生国际旅游区、桂西北长寿带的 “中国长寿之乡”的传统体育养生长寿文化产业链、长寿养生文化创意规划、长寿养生文化个性设计、长寿养生文化项目化经营、长寿养生文化品牌建设、长寿养生文化节庆等进行研究。

（三）传统体育养生长寿文化产业人才培养研究

培养传统体育养生长寿文化产业理论研究人才和经营管理人才，为区域乃至全国传统体育养生长寿文化产业发展提供人才保证。

研究特色：关注产业发展需求，改革人才培养模式。

积极发展传统体育养生长寿文化产业专、本、硕三级教育，努力培养一批传统体育养生长寿文化产业理论研究领域高素质的学术带头人和中青年学术骨干以及相关专业的学士、硕士等高级专门人才。积极组织政府相关部门领导干部理论培训和旅游文化企业高级管理人才、经营人才培训。

（四）传统体育养生长寿文化产业智库建设研究

强化政策咨询与信息服务的智库功能，为区域各级政府部门提供决策依据，为地方传统体育养生长寿文化产业发展提供智力支持。

研究特色：重视校地合作，注重服务性。

积极参与各级各类传统体育养生长寿文化产业发展规划和政策的研究制定，及时给文化企业界提供各类产业信息和前瞻性、指导性帮助。承担并完成各级政府部门交给的传统体育养生长寿文化产业课题项目研究。

（五）成立“地方传统体育养生长寿文化研究中心”

地方传统体育养生长寿文化研究中心，紧紧围绕传统体育养生长寿文化理论与实践研究、传统体育养生长寿文化旅游与产业开发、传统体育养生专项运动训练的理论与方法三个研究方向，进一步加强中心平台建设和中心团队建设，完善中心建设管理体制和机制，强化中心研究，凝练中心特色，提升中心核心竞争力。在建设期内达到或超过中心建设要求，使传统体育养生长寿文化研究中心，在地方同类研究基地中处于先进水平。例如，以成立“桂西北民族体育养生长寿文化研究中心”为例。其优势与特色体现在：

（1）广西是国家重大战略的交汇地，目前，广西旅游业正处在西部大开发、中国-东盟自由贸易区、广西北部湾经济区、左右江革命老区等多重机遇叠加的大好发展期。《广西壮族自治区人民政府关于加快建设旅游强区的决定》（桂政发〔2010〕92号）提出了广西建设“旅游强省”的战略目标。从2013年起，要在全区建设一批广西特色旅游名县（市、区），“中国长寿之乡”宜州市和“世界长寿之乡”巴马瑶族自治县都幸运地被列到首批“创特”名单中。如今，左右江革命老区振兴规划上升为国家发展战略，河池的发展地位突显。该规划把河池的功能分区明确定位为“巴马长寿养生旅游目的地，生态环保健康产业城”，康体养生产业被列为河池市重点发展的产业之一。在这样的产业发展大环境下，紧密围绕社会发展的需求进行研究和建设，通过与巴马长寿养生国际旅游区各县（区）及桂西北“中国长寿之乡”各县政府、企事业单位的联系与合作，进一步创造良好的科研条件，从而创建出一个基于产业要素和行业、企业发展为导向的多学科支撑的开放式的传统体育养生长寿文化研究平台。

（2）通过整合研究人才队伍，凝聚科研人才，凝练学术方向、打造科研特色，提升研究能力、加强对外合作，明显提升相关学科师资研究水平。通过脱产学习、在职进修、引进人才等措施，提高研究队伍的学历层次和职称结构，形成结构合理的学术梯队，培养出一支高学历、高职称、高水平的研究队伍，以不断提高研究人员的研究水平。使本其逐渐建设成为有实力的传统体育养生长寿文化创意产业 “思想库、智囊团和策划地”。

（3）通过研究，以区域传统体育养生长寿旅游文化研究为先导，以传统体育养生长寿旅游文化创意产业实践为载体，积极参与区域传统体育养生长寿文化产业项目的规划和创意实践，通过项目与地方政府及旅游文化企业建立广泛的合作关系，建设教学实践和研究基地，从而形成高水平的产、学、研一体化平台。使传统体育养生长寿文化基础理论研究和重大实用课题研究、传统体育养生长寿文化产业研究、传统体育养生长寿文化创意产业规划研究、传统体育养生长寿理论研究和经营管理人才培养等方面的研究，将不断得以深入，形成对传统体育养生长寿文化全面研究的态势，并产生一批有理论价值和实用价值的科研成果，服务区域长寿养生文化产业发展。

（4）运用人类学理论加以研究开发，对地方传统体育养生长寿文化的历史渊源与现状进行调查研究，对其社会功能、价值以及文化特色进行全面的研究，研究和展望其发展趋势和走向，在强有力的理论指导下，进行整体开发、战略研究，加大挖掘、整理、推广其开发力度，使之发展壮大。

第四章　传统体育养生文化与健康促进融合互动研究

第一节　健康促进的基本理论

健康促进对于人的身体健康和心理健康都具有很高的、积极的促进作用。健康的保证、健康教育和健康促进的最佳的、最有效的途径就是体育运动。[①]传统体育更是修身养德、防病治病、促进健康的良药，研究传统体育养生文化与健康促进的互动及路径具有重要意义。本章主要就传统体育养生文化与健康促进理论展开研究，主要内容包括健康促进的基本理论、传统体育养生文化与健康促进的互动、健康促进的必要性、形势以及传统体育养生文化与健康促进的路径。

一、健康促进的概念

“健康促进”概念源于美国，1920 年耶鲁大学温斯洛（winslow）博士首次提出。[②]尽管健康促进（health promotion）一词早已有之，人们对健康促进含义的认识还不太统一，但随着人们不断提高认识，不断丰富其内涵，不断充实其内容，其含义也在不断更新。《渥太华宪章》中对健康促进下的定义是“健康促进是促使人们提高维护和改善自身健康的过程”。《美国健康促进》杂志认为：“健康促进是一门帮助人们改变生活方式，以达到理想健康状况的科学和艺术。”[③]

对于健康促进的概念，尽管不同的学者有不同的看法，但是人们已经达成共识的是：健康促进是指健康教育以及能促使行为与环境改变的政策、法规、组织

①黄珊珊．体育中考训练对深圳市福田区中学生体质健康影响的研究[D]．陕西师范大学硕士学位论文，2017,05.

②赵菁菁．江苏省中小学健康促进策略的研究[D]．广西师范大学硕士学位论文，2020,06.

③孙志伟．基于健康促进理论下大学生体育运动行为影响因素的调查研究[D]．华东师范大学硕士学位论文，2010,05.

的结合体，是影响、教育人们健康的一切活动的全部过程。健康教育是健康促进的重要组成要素之一。政策、法规、组织以及其他环境的支持都是健康促进的组成部分，但它需要与健康教育很好地结合，没有健康教育，健康促进将成为徒有虚名的概念。另一方面，如果健康教育得不到有效的环境（包括政治、社会、经济、自然环境）的支持，健康教育尽管能成功地帮助个体为改变某些行为做出努力，但明显是软弱无力的。

二、健康促进的内涵体现[①]

1. 健康促进涉及面广，涵盖整个人群以及各个方面，不局限于部分人或单纯的疾病预防或单个的病因。

2. 健康促进工作主体不仅仅是卫生部门，而是社会的各个领域和部门。必须有各个部门的直接参与，创造良好的政治、经济、文化生活环境支持。

3. 健康促进强调个体、家庭、社区和各种群体有组织地参与，这是健康的基础。

4. 健康促进直接作用于影响健康的各种因素，包括社会行为、生态环境、生物因素和卫生服务等。

5. 健康促进是运用多学科、多手段来增进人们的健康

6. 健康促进的核心是干预，通过社会动员，促进健康目标转化为社会目标，并落实到具体的行动上。

7. 健康促进是建立在大众健康生态基础上，强调人与环境的协调发展，主张人人平等享有健康资源，以期达到健康目标。

三、健康促进的模式

Pender教授认为健康是一个正向高层次的状态，假定个体有动力追求健康，而且个体对健康的理解比正常意义的健康状态要求更高，每个人根据自己的认知感受表达出独特的自我，根据之前的设想，提出最新的健康促进模式。[②]如图4-1所示。

①吕东旭．健康城市的体育健康促进体系研究[D]．上海体育学院博士学位论文，2007，04.

②孙志伟．基于健康促进理论下大学生体育运动行为影响因素的调查研究［D］．华东师范大学硕士学位论文，2010，05.

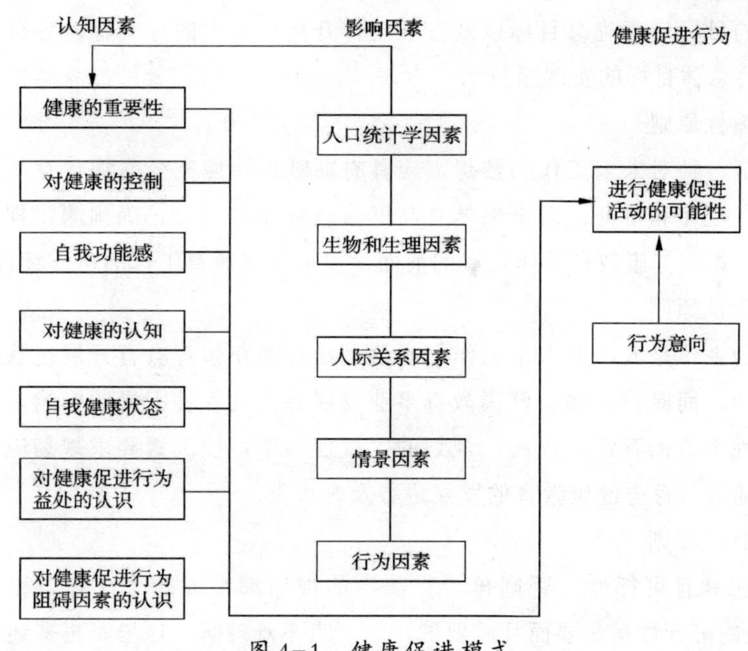

图 4-1 健康促进模式

四、科学设计与实施健康促进规划

(一) 健康促进规划的意义

1. 实现科学管理

健康促进面向人群广，涉及要素多，需要动用的人力、物力、财力等资源多，健康教育者应将有限的时间、精力、资源用在关键环节，这是健康促进工作开展的最重要的前提。制定健康促进规划有助于执行健康教育活动中避免重复工作的开展，克服工作的盲目性。

2. 规划是行动指南

健康教育是系统的。有组织、有规划的社会教育活动，有近期目标、长期目标，科学的规划能为具体工作的开展提供指导方向，使工作有序开展，同时避免资源浪费。

3. 规划是评价标尺

规划目标位评价提供依据。健康规划是评价健康教育相关工作的标尺，有助于提高各组织、各人员的工作积极性、自觉性，同时，在具体的健康教育工作开展过程中还有助于检查、检测、评价各个工作的效果与是否成功后。

(二) 健康促进规划的原则

1. 目标原则

规划设计应具有明确的目标，以正确的目标位指引，使各项规划活动有序开展，规划的目标应明确总目标以及各项工作开展过程中的分目标，各分目标的实现是为最终总体目标的实现服务的。

2. 前瞻性原则

规划是一种对未来工作的预想，应具有前瞻性，应充分掌握体育与健康教育发展的基本规律和特征，对未来体育与健康教育发展做出正确预测，规划内容应走在体育工作、健康教育工作发展的前面，促进健康教育工作的可持续性发展。

3. 灵活性原则

规划的主体是人，对未来工作的规划是结合现在体育教育开展现状的一种未来发展推断，而具体的体育健康教育事业发展会受到各种因素的影响，具有发展的不稳定性因素的存在。因此，规划的主观性与不可控因素要求规划应具有灵活性，以便随着体育与健康教育的发展进行及时调整。

4. 可行性原则

规划应具有可行性，否则再“完美”的规划都将成为“空想”和“纸上谈兵”。规划的可行性是必要而且重要的，这一点不难理解，这里不再赘述。

第二节　健康促进的必要性、形势与困境

一、健康促进的必要性

（一）开展全民健康教育，对于提高公民的健康意识具有重要的现实意义

目前，对我国公众健康威胁比较大的有两个方面：一是传统疾病风险，比如传染病，3月24号是世界结核病防治日，我国是全球结核病负担最重的国家之一，每年还有几百万新发结核病病人；二是以心脑血管病、糖尿病和肿瘤为代表的慢性病，这种慢性病的高发对于公众健康的危害非常大，而且给国家带来了重大的经济负担。据统计，有的国家仅肿瘤或糖尿病的全年医疗费用支出，可能就占到这个国家总医疗费用的15%到20%左右。大家可以想象，如果这样的疾病发生率越来越多，不仅对公众的健康造成威胁，而且会给国家的经济社会发展带来很大的威胁。

针对这样一种情况，要维护公众的健康，要促进社会的可持续发展，就需要通过“健康促进”的发展，让社会方方面面参与进来。比如说环境污染对公众的健康肯定有非常大的影响，但是要治理环境污染，就不仅仅是卫生部门或环保部门的事，而是涉及我们社会的方方面面。在当前，我们提出要通过“健康促进”来助力健康中国建设，我们希望公众能够了解“健康促进”的理念、工作和方法。首先从自身和家庭做起，维护自身和家庭的健康；从政府相关部门来讲，每个部

门应该承担自己在健康领域所应该承担的社会责任，这样我们才能够真正实现健康中国。

习近平总书记指出，没有全民健康，就没有全面小康。党的十八届五中全会和李克强总理在第十二届全国人民代表大会第四次会议上所作的政府工作报告里都提出，要推进健康中国建设。应该说这是党和政府对人民健康的高度重视，也是对全社会提出了一个更高的要求。通过多部门参与，全社会参与，利用“健康促进”这样一个策略，能够比较好地解决目前我国在健康方面所面临的一些主要问题和威胁。

（三）开展全民健康教育有利于提高全民的身心健康

自尊是心理健康内涵的核心。自尊，即个体对于自身状态和价值的肯定态度，它和心理健康的各种评定指标都息息相关，密切影响着心理健康的状态，所以被称为心理健康的内涵核心。在许多的研究中，自尊心理并没有受到这样的重视，主要的原因一是对心理健康的理解有些片面。心理健康研究中，并不应该只包括正面情绪和负面情绪两部分，还应该包括研究主体，即具体的人的自我观感，这种自我评价是许多情绪的来源，在积极意义下，则体现为自尊心理。二是混淆了自尊的本质。自尊是一种对于自身的评价态度，它既包括对于自我能力和状态的认知，也包括面对自己时的情绪状态。其中，对于自我的认知能够抽象为看待自己的态度，这种态度会指引行为和判断；面对自己时的情绪状态与自我认知息息相关，在认知积极的时候，自我情绪往往也是积极的，反之亦然。所以，自尊应该首先分为认知和情绪两部分，其次才能把认知和情绪分别分为积极和消极两种。

1. 心理健康是一种个人的主观体验

心理健康是主观的，其存在的载体是个体的心理活动。这种心理活动衍生的情绪有可能是积极的，也可能是消极的，积极和消极之间的区别将会直接导致生活方式和生存状态的区别，换言之，心理健康的主观内涵将呈现出以下两种关键的特点：

（1）主观性

心理健康的状态，一般情况下只有当事者自己能够体会地到，其余所有客观因素都是造成主观意识发生变化的诱因。例如，“自卑情绪”的产生当然会受其成长环境和他人评价的影响，但最终只会作为一种主观体验存在于主体的主观意识中。再例如，客观的物质生活水平之所以能提升人民的幸福水平，也是因为物质能满足人民的心理需求，[①]从而使人民认同自己的生活状态，获得了主观的幸福感。

心理健康的最终体现是主观的，这种主观意识的形成是客观因素和主观因素

①王萍．马克思主义幸福观及其当代价值[D]．长春理工大学硕士学位论文，2012，03.

的共同作用。客观因素会在行为主体的心中留下主观印象，心理状态的产生和固化也要依仗于主观思维在客观世界中的实践，而且从生物学的角度来说，主观意识的产生也要依仗于脑组织的客观运作。所以，主观因素和客观因素都影响着心理健康的形成，但心理健康的最终体现还是主观的，心理存在的主要形式依旧是主观意识，所以，主观性依旧是心理健康的主要特点。

（2）积极性

心理的健康状态往往有三个主要的判断标准，即对生活的满意程度、积极情绪的总量和消极情绪的总量。其中情绪的总量并不能用数量来衡量，相关研究表明，有些人天生对积极情绪比较敏感，对同样的积极情绪，他们会做更深更久的反应，从而快乐的程度相对更高、持续时间相对更长；有些人天生对负面情绪的感知比较深刻，消极情绪在他们身上产生作用的时间更长，这些人往往会长久沦陷在消极情绪中，即使喜忧参半，积极情绪所起的鼓舞效果也会很少，不足以将他们拖出消极情绪的泥潭。由此可见，对比而言，心理健康的状态也是一种能够重视快乐、轻视悲伤的心态，是人对于积极情绪的侧重性感知。

2. 体育运动对心理健康的作用

（1）促使智力得到发展

经常参加体育运动可以提高自己的智力水平，主要表现在以下三个方面：

经常参加体育锻炼可增强大脑机能。体育活动对于智力系统来说，是一种重要的开发手段，体育更多的是身体与大脑协调的过程，而不是身体的单打独斗，所以，常参加体育活动，有利于记忆能力、应变能力、思考能力的提升。体育活动中的肢体动作是身体对于大脑的反应，神经系统在其中起到信息传递的作用，体育活动能够提升身体对大脑的反馈速度，从而提升大脑相关神经系统的活力。体育活动能够促进身体的新陈代谢，提升心肺功能，从而使大脑获得能量的能力更强，有利于相关记忆力、思考能力的进一步提升。

体育锻炼能减缓应激反应，提高脑力劳动的工作效率。[①]应激反应是在极端情况下，身体所做出的超出普通速度水平的反应。这种反应一般都是身体为了规避致命危险情况时所做出的反应，会导致身体在较长的时间内无法恢复到正常状态。体育锻炼能够有效减缓应激反应的出现，这并不是消除身体的自我保护能力，而是在很多其实安全的情况下保持身体机能的正常。相关研究表明，体育活动确实能够使人体产生对应激反应的控制能力，使他们更不容易出现应激反应，即使出现了，也能很快将身体调整为正常状态。

体育锻炼可在一定程度上消除疲劳。疲劳并不只表示一种身体状态，还包括心理状态。例如，有人心中怀揣着负面情绪，在工作或学习的时候，就很容易感

①潘跃华，李岩松．高校体育对大学生心理健康的影响与作用[J]．教育探索，2008，(7)：126-127.

受到疲惫，有人很开心的时候，反而会觉得做多少工作都不嫌累。这是因为大脑皮质协调着人的心理状态，当人心情不好的时候，会在潜意识对正在从事的事情产生厌恶情绪，大脑为了保证身体的健康，会更容易对身体和大脑本身产生抑制作用，从而导致疲惫。在参与体育活动时，肢体运动和大脑活动是交替的，大脑能够获得比平时更多的休息，所以不容易产生疲劳现象，甚至有可能在原本疲劳的情况下，消除对于身体的抑制，从而缓解疲劳。所以，在工作和学习之余穿插体育活动，能够帮助人们调整状态，以更具活力的状态面对生活。

（2）对人的情绪进行调节

情绪是人的主观心理状态，体育活动能够转移人的注意力，使人从既有的消极情绪中解脱出来，体育活动还可以创造积极情绪，使人更容易感到快乐。人们常常因为各种各样的问题感到焦虑和困惑，良好的体育运动习惯能够持续地帮助人们消除这种负面情绪。体育锻炼可以使人体的中枢神经保持活力，从而更容易达到快乐的状态。当运动量适当增大的时候，身体内能够分泌一种名为内啡肽的物质，促进积极情绪的形成。所以，拥有一个自己感兴趣、能参与的体育活动，可以使人持续的获得快乐，从而改变精神状态，使人拥有更好的情绪状态。

（3）培养坚强的意志品质

意志品质主要包括人的自制力、意志力，体现为对认定事物的坚持，不会因困难而退缩。意志品质的锻炼方式一般是对困难的挑战，在经历困难的过程中咬牙坚持，从而养成的意志精神。在体育活动中，运动者经常面临对自己身体极限的挑战，在挑战中咬牙坚持、在懒惰时打起精神，都在不经意间培养了自己的意志力。这种从体育活动中得来的意志精神，能够帮助运动者在学习工作生活中具备更强的能力，使得他们在面临生活中的困难时，也能表现得更好，从而提升自己的生活品质。

（4）建立和改善人际关系

由于现在的社会生活节奏普遍加快，人们忙于工作和学习，没有时间和精力进行人际交往活动，整日奔波，使得人们的生活环境越发封闭。体育活动是现代生活中打破封闭的良好办法，由于体育活动往往是群体互动，所以很容易会在参与体育活动的过程当中遇到兴趣相投的人，产生愉快的社交行为。许多体育活动还要求同队成员的默契配合，在参与这些活动时，即使聊得不多，也能效果显著地提升交际质量，从而提振彼此的心情。参与体育活动的时间越长，由于人们习惯于在同一个场所进行规律性的日常运动，所以很容易扩展自己的朋友圈，结交一群好友，大家共同督促，坚持锻炼，促进彼此的身心发展。

（5）确立良好的自我概念

自我概念是指人们对于自我的主观认知，这种认知包括情绪认知、身体素质认知、思维能力认知等。这些认知是一个整体，由无数个单独的认知共同组成。

长期的体育活动能够改变一个人的精神状态和身体素质，运动者能够明显感受得到自己身心的变化，这种对于变化的感知也是自我概念的重要组成部分。研究表明，有半数以上的年轻人对于自己的身材并不满意，这种不满主要体现在身高和体重两个方面，当身体出现明显的肥胖情况时，人们对自己的不满会转化为长期的心理状态，从而影响心理健康。换言之，如果长期坚持体育运动，能够有效控制自己的身材，对于外貌的不满便会减少、自信将会增多，从而形成良好的心理健康状态。

（6）使心理障碍得到消除

现代社会的经济发展速度很快，导致许多工作都需要在较高的工作压力之下谋求更高的发展。所以，现在许多人都会因为日常生活而感到非常疲惫或非常悲观。当这些负面情绪无法及时得到排解时，便会形成心理障碍，导致心理不健康的情况出现。研究表明，在参加体育活动的时候，人们能够获得比较强的积极情绪反馈，这些积极情绪的产生能够有效缓解心理障碍的症状，长久下去，能够使人学会战胜心理障碍，拥抱更美好的生活。而且，体育活动能够带来自我能力的提升，运动者能够很清楚地感受到自己身体机能和情绪水平的变化，也能够对自己意志力的提升表示满意，从而获得一定的成就感，催生其他积极情绪的产生。

二、我国健康促进的发展形势

21世纪初，健康教育和健康促进被列为《中国农村初级卫生保健发展纲要（2001—2010）》8项任务之一。2005年1月卫生部发布了《全国健康教育与健康促进工作规划纲要（2005—2010）》，提出了健康教育和健康促进的总目标。2006年卫生部出台了《亿万农民健康促进行动规划2006—2010》的第2个五年规划，旨在推动建立健全各级政府领导、多部门合作、全社会参与工作的长效机制，提高农村居民的健康素质与生活质量。2019年11月20日至21日，第十二届中国健康教育与健康促进大会暨专业技术培训在京举行。本届大会的主题是，加强能力建设，助力健康中国行动。大会通过贯彻落实健康中国行动要求，凝聚共识，助力健康中国行动。[①]在交流健康促进与教育理论技术的同时，推广典型经验，提升工作能力。

我国的健康教育和健康促进事业的发生和发展起步较晚，还处在积极探索阶段。2008年来，健康教育和健康促进工作得到了来自各个行业的支持，在理论上逐渐走向成熟，[②]实践方面也取得了较好成绩。

结合我国现状，健康促进仍存在许多问题，比如我国人口健康状况与人民保

①刘笑明．江苏不同社会经济发展地区健康教育与健康促进现状研究，苏州大学硕士学位论文，2010，11．

②蒙元劲．我国健康教育与健康促进发展现状及展望[J]．大家健康（学术版），2016，10(02)：282-283．

健需求、与卫生事业改革和发展不相适应的问题，各项体制、机制不畅通，各机构设置还不够合理、缺乏专业的人才、经费短缺等，这些问题限制了健康教育和健康促进的发展。我们要对我国的健康促进实际情况保持清醒的认识，要明白我国目前的健康促进工作还不能满足现下人们对健康的需求。

三、我国健康促进的发展困境

（一）不规范的管理体制

由于我国经济发展不均衡，在这个环境下，各个地区关于公共卫生的发展状况存在极大的差异，直接造成我国健康教育体制多样化。在全国范围中，卫生部妇幼保健和社区卫生局、省市地区的健康主管部门、国家疾病预防和控制中心的业务主管部门、各个市级健康教育机构主要呗卫生局疾病控制主管等等，多样化的管理体制造成了管理困难的局面。

（二）组织机构间的差异

我国有32个省、市、自治区中的健康教育所中，有13个是卫生局直属的独立法人单位，其中19个是疾病预防和控制中心内部的科。工作人员数量的跨度为4～83人。我们拿河北省作为例子，该省11个市的疾病预防控制中心存在健康教育所，有3个市存在卫生局直属的健康教育所，其中工作人数为4～8人；河北省所管辖的172个县市中有三分之一在疾病控制中心设立了健康教育所，其中工作人员数量平均为2～4人，其他县级的疾病控制中心为设立健康教育科。

（三）缺乏配套的专业队伍

我国在健康教育专业队伍建设方面也很重视，为了培养健康教育专业人才，开辟了组织函授教育、短期培训、在大中专院校中设置健康教育专业等途径。但是我国健康教育专业人才依旧不稳定，教育人员的人才结构设置不合理、整体素质不高、健康教育知识更新比较慢。当前我们国家在健康教育中的人员专业程度、素质、学历、职称都普遍较低，迫切需要专业人才的补充，并且健康促进事业和健康教育的发展设计内容广泛，需要大量项目策划、网络技术、市场拓展等方面的专业人才。

（四）资金的缺乏

虽然我国对卫生事业的财政投入数额已经十分庞大，但是在财政收支项目中并没有设立健康教育的经费项目，致使健康教育经费的严重缺乏，即便有的疾病防治经费中有健康教育经费，但是由于健康教育机构分离的状况，导致了健康教育专项经费不到位的现象，这也制约了健康教育和健康促进事业的发展。

第三节　传统体育养生文化与健康促进的融合互动

一、传统体育养生文化推动健康促进的价值趋向

（一）多维性

以传统体育养生实现健康促进，有着显著的多维度趋向。

其一，传统体育养生文化对健康的促进是一种多角度的介入，对健康三要素有一个均衡的促进。拿传统体育养生活动中的其中一个养生项目来说，如板鞋舞是广西壮族开展得最普及的大型群众性健身活动，板鞋舞的动作以单人、双人、三人、多人共穿一双板鞋，手上可以拿绸带、扇子、花伞进行跳舞，是一种全身性活动。[①]它具有健身娱乐价值和培养人的社会适应能力。板鞋舞运动所涉及的是一种多角度的立体促进。又譬如在儿童体育课程中，加入一些像象步虎掌、凤凰护蛋、打上叭、打陀螺、滚竹环等仫佬族儿童体育游戏内容，能够使机械单一化得体育课程变得生动有趣，提升儿童的运动热情。在儿童体育课程上添加仫佬族儿童体育游戏的元素，既能实现身体锻炼的目的，也能培养儿童的兴趣与自觉运动的思想。

其二，健康促进倡导一切可能的方式来促进健康，同时鼓励人们做出健康选择。[②]而通过传统体育实现的健康促进，是从精神到理念和形式的多层次推动，其具体实施中需要多要素的共同协作，方能获得理想的效果，与健康促进所倡导的“一切可能方式”相契合。

其三，传统体育养生文化的显著特点就是地域性，并且有着多种多样的形式、有着丰富多彩的内容，所以它的适应性和覆盖性具备普遍性和广泛。既能满足不同群体不同地区的健康促进需要，又能满足不同生命周期的锻炼需求，从而实现对健康促进策略的多层次推动。这就是传统体育养生文化对实现健康促进的优势所在，对健康的维护，对内部的纵向和横向覆盖，都体现了一定的多维性。[③]

（二）现实性

我国当前的医疗保障体系和体育硬件设施建设尚有待完善，尤其是偏远的广大农村地区，实现健康促进的有效途径缺乏。健康促进的方式是与他们生活相贴近的传统体育养生文化，资金的投入是影响人们选择健康促进的主要因素。低成本投入是传统体育养生活动的显著特征，所以更容易为人们所接受。传统体育养

①白砚吉．重庆市高职院校体育课程设置分析[D]．重庆大学硕士学位论文，2012，05.

②晏全委．论民族传统体育与健康促进[J]．体育科技文献通报，2012，20(10)：114-116.

③晏全委．论民族传统体育与健康促进[J]．体育科技文献通报，2012，20(10)：114-116.

生文化无论在人们所接受的程度上还是对健康促进的方式方法的供给上，包括实际的效果，都体现了现实性的特点，契合现实并满足了人们的需求。

（三）社会性

以传统体育养生实现健康促进具有社会性。促使人们实现健康的过程是健康促进的机制，亦是一种公共策略。对大众健康的促进是健康促进的最终目标。因此，之所以健康促进有着更广泛的社会价值是通过传统体育养生面实现的。具体而言，在实施上，传统体育养生是一种健康促进方式，是一种公共卫生资源，它能够推动公共卫生策略的实施，有利于社会资源的优化。从健康促进效果来说，传统体育养生通过对个体的健康促进，[①]提高了大众的健康水平。一方面，通过对社会适应能力的强化和对人们心理健康的维护，有利于和谐社会的构建和社会人文环境的健康发展。另一方面，提高社会生产力的质量也提高了大众生活的质量，有利于社会的发展。因此，以传统体育养生实现健康促进，不仅对社会有显著价值，对个体亦有独特意义。

二、传统体育养生文化对现代促进健康的价值理念

传统体育养生文化吸收了民族传统文化精髓，涵盖了儒释道的理念精华，历经千百年的历史积淀，形成独具特色的文化体系，以强身健体、延年益寿、修身养性、怡情意趣为核心理念，注重以人体的自然运动规律为前提，开发人体能力和潜力，调养肌体和精神，从而全面提升人的身体机能、精神内涵，以达到放松身心、治愈疾病、延长寿命的作用，兼具医疗和体育双重特性。

传统体育养生文化虽然是在农业经济的社会大环境中形成和发展起来的，但是对于现代化的工业化生产生活方式依然具有鲜明的指导意义。尤其是进入现代以来，人们逐步打破单一的健康观念的思想局限，更加追求全面的整体的健康，和传统体育养生文化的思想内核不谋而合，人们对健康的追求已经不再仅仅局限于肌体的健康，而是囊括肌体、心理、情感和道德等多方面因素的整体的健康。

因此也就为民族传统体育养生文化与现代健康理念的融合奠定了理论基础。壮族勤劳朴实，在长期的劳动生活中养成了独特的体育养生文化，喜闻乐见的有答辩单、打秋千、打滚石等，在传统节日更是会举办拾天灯、抛绣球等传统健身活动。蒙古族的民族体育和地理环境、民族文化息息相关，蒙古人以草原为家，以牛羊为生，因此延伸出了著名的那达慕大会，人们举办赛马、射箭比赛，即便是在日常生活中，蒙古人也将体育运动和传统民俗融合在一起，尤其在婚礼的送亲路上，男女双方的亲人会就不安抢帽和竞马游戏，年轻人纵马奔驰，互相追逐抢夺对方的帽子，从某种意义上来说，不仅是一项娱乐项目，更是一项体育项目。

①晏全委．论民族传统体育与健康促进[J]．体育科技文献通报，2012，20(10)：114-116.

傣族大多居住在风景秀丽的河谷、平坝上，拥有悠久的历史和独特的风土人情，民间传统体育项目更是丰富多彩，龙舟、斗鸡、丢包和武术都在民间广泛流传。

（一）传统体育养生文化能推动人和自然的和谐进步

自然是人类和社会共同发展的基础，个人首先是作为有生命的物体存在的，是自然的组成部分，现代社会更是人改造自然、顺应自然和征服自然的过程。民族传统体育养生文化重视人的自然属性，强调自然在人的身体健康、心理健康和道德涵养中的重要作用。民族传统养生体育文化所崇尚的自然的养生馆，是强调人的肌体、精神心理活动和自然的变化相适应，做到天人合一。老子提出的顺应自然的养生理论认为，自然界是人的生命健康的根本，人的所有的正常生理活动、生命活动都要在顺应自然的前提下进行，这样才能实现延年益寿的目的。顺应自然、天人合一的理论衍生了四季养生法、十一时辰养生法。汉末名医华佗提出动静结合的养生理论，并模范自然界动物的行动特点创作出了“五禽戏”，模仿熊、虎、鹿、鸟和猿的动作，无论从理念还是实践中都在追求人和自然的和谐。①

五禽戏中的“熊戏”沉稳轻灵，具有彪悍特征，练习熊戏有助于胃部消化，活动关节，舒展身体，练习虎戏可以缓解腰背疼痛，增强其肌肉功能。练习鹿戏可以保护肾脏，活动腰部，燃烧腰部脂肪。练习猿戏可以增强心肺功能，减少气喘、气虚症状，练习鸟戏，活动关节，预防关节炎，舒经活络。八段锦是我国古老的民间导引术，动作强调以动入境，以静入动，顺乎五行，上下通络，神奇变化，通顺气血、充盈五脏，消内化病症，补体力充盈，达到健身祛病的效应。②

（二 ）培养体育养生的主动性，传承和发展传统文化

民族传统体育养生文化是中华传统文化中的重要环节，和中国的文化、道德、哲学和医学等理念有着千丝万缕的关系，更是蕴含着中华民族独有的思维方式、审美理念、人生观、宇宙观和价值追求，因此弘扬传统体育养生文化，能进一步扩大中华传统文化的传播范围和影响深度，加强对现代人的精神、心理的调解作用。在传统体育养生文化的指导下，现代人会更加向传统优秀文化靠拢，感悟体育运动中的意境美、气韵美和文化美，从而在体育锻炼中，追求人和环境的和谐相处，推动优秀传统文化的传承和发展。

民族体育养生项目丰富，不光是五禽戏、八段锦等这些健身气功项目，就民族体育养生的概念而然，以缓慢、均匀为主导的肢体活动形式，注重内外兼修、调养身体，提高生命质量和追求长寿为主导功能的传统体育项目，也能成为传统

---

①谢孟楠，韦丽春．民族传统体育养生文化与健康促进的路径研究[J]．体育科学研究，2021，25(06)：67-71.

②谢孟楠，韦丽春．民族传统体育养生文化与健康促进的路径研究[J]．体育科学研究，2021，25(06)：67-71.

养生的重要手段。具体包括两个方面：一是通过身体运动的身体动作、技术技巧、身体姿态、运动规则等之间的衔接规律和组合方法形成的一种身体语言来表达各

种目的的实践参与。二是蕴涵在其自身内部的一些价值观念、精神内涵以及通过参与这些活动来娱乐人的身心、陶冶人的情操、展现人的内心世界，如表1。

表1　传统体育养生项目的方式和内涵

体育项目	运动方式	精神内涵
蹴球	在10平方米左右的地面上进行比赛，以高度精准、灵活多样的战术比赛，击中对方较多一方获胜。	不仅可以活动四肢、关节，锻炼身体协调能力，增强弹跳反应能力，更能推动集体合作精神，加强集体交流，增强个人对集体、社会的融入度。
陀螺	有单人、双人和组队比赛形式，赛旋、打中赛旋等多种比赛方式，击打者的眼睛、上下肢和大脑都是同时运动。	对技巧性、灵活性和反应能力都有一定要求，不仅考验身体协调能力、运动能力，更能激发斗志，燃烧热情，加强和他人的合作。
武术	打、摔、击、刺等攻防格斗技战术，分为拳术、对练、器械、表演等类型。	习武之人热情高涨、斗志昂扬，比赛过程中强调武术之道，天人合一，重视生命和审美。
太极拳	怡情养性、对抗技击，结合阴阳五行、经络学、导引术和吐纳术，强调刚柔相济、轻灵缓慢。	融合传统儒家、道家中的太极、阴阳和中庸思想，充满了宇宙思考、天人和谐的智慧，体现中国人对宇宙、世界和自然万物的思考。
腰鼓	集体舞蹈，用在热烈、欢庆的场面，少则十人，多则百人，表演时排列整齐，动作健壮、情绪激昂。	体现陕西黄土高原飒爽、质朴的民俗风情，彰显民族野性和艺术的融合，彰显豪放、张扬、热烈的民族精神。

三、健康促进理念促进传统体育养生文化发展

人人都想有一个健康的身体，怎样才算健康呢？是不是身体没有生病就是健康？世界卫生组织提出的健康四大基石：合理饮食，适当运动，戒烟限酒，心理平衡。当代人健康的素质要求：树立健康理念，采取健康行动，提高生存质量，实现健康生命。善待健康，善待人生，善待生命，尊重自己，爱戴家人。健康是公平的，人人有权享有。健康是无价的，胜过你的财富。由于影响健康的因素有很多，所以在运用相关措施增进健康的时候也要进行多元化考虑，整合政府及各个社会领域部门的力量。健康促进理论除了要强调卫生工作者的义务和优势以外，

还要着重强调卫生部门与其他社会各部门之间的通力合作，要将非卫生部门的健康促进工作落实到实处，凸显其应该发挥的作用和责任。①

传统体育养生对不同人群的健康生活方式的干预是从古至今的，而且手段独特，在整个干预过程中不断增进人们的健康。华佗进一步完善了运动健身的方法，创编了“五禽戏”，告诫人们要经常运动。这些论述都提倡养生要动静结合，劳逸适度，才能收到健身祛病的功效。与此同时，健康促进也逐渐改变了人们的行为方式和生活方式，并成为预防控制慢性病发病率的主要措施，为传统体育发挥其健康促进功能提供了机遇。②

①白砚吉．重庆市高职院校体育课程设置分析[D]．重庆大学硕士学位论文，2012，05

②宁文晶．健康促进理念下的大众体育取向[J]．黑龙江科学，2015，31(06)：620-623.

第五章　传统体育养生文化与健康促进的路径

第一节　健康促进的实施路径

一、建立完善体系建设

（一）加强健康促进法律法规体系建设

我国当前国情下健康促进的相关法律法规仍不健全，设立相关法律法规势在必行。为此，建议优先出台《公共场所控制吸烟条例》《公民健康促进法》这两个有“健康宪法”之称的法律规章条例，要将《健康促进中长期综合规划发展纲要》上升为国家发展战略。同时还应尽快出台《健康促进与教育管理条例》，明确社会团体、社会各部门、各级政府、企事业单位以及个人在健康促进中的主体责任、权利和义务，规范健康促进行为，将全民健康促进与教育纳入法制轨道，运用法治方式，树立法治思维，切实建立健全健康促进与教育的长效机制和新常态。[①]

（二）加强健康促进组织机构体系建设

一是建立完善专业机构、提供坚强组织保障。主要进一步健全和完善从中央到地方的各层级健康教育独立专业机构。使各机关、企事业单位、乡（镇）政府、村（居）民委员会、社区要进一步设立健全健康教育组织，建立健全多级健康教育工作网络，为工作的开展提供更加坚实的组织保障。二是制定三级管理体系、推进管理计划。对于医疗机构来说，所谓健康管理体系即“医院领导-行政科室-临床科室”，专职负责全院健康促进与健康教育具体的管理计划实施、跟进、监督考核。对于学校来说，规模适中的学校应当设立健康教育科室专门的组织机构，

①陈斌，陈骢．健康促进可持续发展路径和策略探讨[J]．中国健康教育，2015，31(06)：620-623.

大学和中小学必须设立，规模很小的学校也应该配备健康教育专兼职人员。[①]

（三）加强健康促进人才队伍体系建设

一是加强人才队伍建设、提供人事人才保障。建立一支纪律严、作风正、政治强、业务精的社会化专兼职健康促进与教育专业技术队伍。二是启动引进人才计划、着力科研推动科普。适时启动引进高素质拔尖人才计划，设立院士或博士后科研工作站；着力以科研推动科学普及。

二、落实五个有机融合

（一）政府管理与市场参与的有机融合

一是加强健教工作领导、广泛争取政策支持。中央或省市要将全民健康促进和国民的健康水平列入政府工作绩效考核，对同级或下级政府实行年度考核。如此一来就加强了党委政府党政首长对健康促进工作的领导和支持力度。二是积极开发社会资源、充分发挥市场作用要用市场手段开发社会资源，充分调动市场主体参与对健康促进的认知度并大力支持。[②]

（二）专业机构与普通大众的有机融合

一是深入基层开展宣教，大力普及健康知识。中央或省市要有计划、有组织地派遣院士、健康教育专家巡讲，到机关、学校、企业、社区、农村等送医、送药、送教、送健康上门服务，着力提高公民的健康素养水平（知性行）。二是创新健康促进模式、努力满足大众需求。各健康教育机构只有根据群众多样化的需求，积极创新健康促进模式，才能不断扩大公众的参与量，把互动式健康教育办进机关、企业、学校、社区、农村等。[③]同时宣传人员也可以组织生动活泼、喜闻乐见的小节目，比如用健康促进知识编的三句半、小品等，让观众一边欣赏一边接受健康教育。

（三）科研与科普的有机融合

针对性启动健康教育科研项目研究，并通过科普的方式指导对公民进行鲜活的、贴切的健康教育，将科研、教学、临床、社会融为一体，寓教于乐。一是加强健康促进研究、崇尚科学健康方式。二是开展多种形式宣教、提升公民健康意识。开展宣教时，为了提高公民的健康素养，对常见病、多发病特别是世界的国家的重大卫生日，要开展形式多样化的健康教育普及和咨询活动。各医疗机构以及卫生行政部门医务人员和研究人员在城乡繁华地段开展健康教育、义诊、健康

①陈斌，陈骢．健康促进可持续发展路径和策略探讨[J]．中国健康教育，2015，31(06)：620-623.

②陈斌，陈骢．健康促进可持续发展路径和策略探讨[J]．中国健康教育，2015，31(06)：620-623.

③陈斌，陈骢．健康促进可持续发展路径和策略探讨[J]．中国健康教育，2015，31(06)：620-623.

咨询等活动。比如12月1日世界艾滋病日、5月31日世界无烟日、4月25日计划免疫日、3月24日结核病日等。医院还可以组织社区的、下乡的、学校的等途径的健康教育。三是加大健康教育投入、纳入目标考评管理。

（四）点、线、面的有机融合

全面推动健康促进工作，经过点、线、面的融合，形成人人接受健康教育、人人重视健康教育的新局面。从点开发，点与点连线，线与线连成片，片与片连接就能看到全面，从点开发、在线上突破，在面上推广，循序渐进地推进。

（五）媒体平台与核心信息的有机融合

传统媒体及新兴媒体是传播健康咨询最好的途径和发布最有效的平台，健康促进机构包括从业人员，都应主动向各主流媒体提供大众通俗易懂并容易接受的科学健康知识，针对不同目标人群进行宣传教育的方法，可采用传统及新兴媒体，达到快速传播、小投入、见效佳的目的。一是积极争取主流媒体广泛合作。二是加快健康促进宣教网络发展设立健康促进。三是加强健康信息共享平台建设。[①]

三、培养广大人民群众的健康意识，树立“大健康”观

从理论上讲，科学观、健康意识以及生活方式也应该随着经济的发展而不断更新，但与发达国家相比，我国大众健康意识还较为落后，尤其大众健康消费与投资方面，健康相关观念较为落后。现阶段，仍然有很多人认为专门性地参与运动锻炼，尤其是认为对社会体育产品的消费是不必要的，甚至认为“进行体育活动既浪费时间又浪费金钱”的观念，这种落后的健康观念严重影响了个体的健康参与与发展。

习近平在全国卫生和健康大会上提出：“要倡导健康文明的生活方式，树立大卫生、大健康的观念，把以治病为中心转变为以人民健康为中心，建立健全健康教育体系，提升全民健康素养，推动全民健身和全民健康深度融合。”[②]

要引导大众的健康积极参与，首先要帮助大众树立正确的健康概念，全面认识与了解健康，如此才能促进大众的健康行为实施。大健康是根据时代发展、社会需求与疾病的改变所提出的一种健康观念，大健康观要求整个社会的健康氛围、大众健康生活与消费方式，以及社会对大众健康发展的支持。

①陈斌，陈骢．健康促进可持续发展路径和策略探讨[J]．中国健康教育，2015,31(06):620-623.

②王晨光，苏玉菊．健康中国战略的法制建构----卫生法观念与体制更新[J]．中国卫生法制，2018,26(04):1-11.

四、有效的健康教育组织原则

（一）以人为本

健康是基本人权之一，人是参与健康教育与健康锻炼活动的主体，有效的健康教育与健康活动组织，必然要坚持“以人为本”原则。

“以人为本”健康教育理念的提出符合现代社会的发展要求与规律，这一理念目前已经渗透在社会诸多领域之中。无论是个人的健康还是群体的健康，都要以满足个人与群体的健康需求为基础，以促进个人和群体的健康发展为根本，个人与群众体育健康教育活动的开展恰恰是为了满足人们对维持健康的重要需求，这种满足最终都要落实到每一个人身上，因此必须在健康教育与体育健康活动组织中，倡导、贯彻、落实以人文关怀为主的“以人为本”基本理念和原则，牢记健康教育组织的健康目的实现需要依赖人、服务人。

（二）社会同步

健康教育工作必须与社会经济发展同步，究其原因，社会发展作用于健康教育的发展，会影响健康教育的开展范围、程度等，健康教育的发展反过来也会影响社会经济的发展，二者相互作用与影响。举例来说，在经济文化发展水平较高的地区，大众的健康消费观念强，出钱防病保健康的意识强，防治老年病的需求更强烈。此外，健康教育是一个社会系统工程，具有鲜明的社会性，整个社会的全面、深入参与是健康教育迫切需要，健康教育与初级卫生保健，健康教育与社会卫生服务，健康教育与创建国家健康城市、生态城市、优秀宜居家园等具有重要意义，因此，需要全社会统一。

（三）兴趣主导

引导人民群众积极参与体育健康锻炼，要讲究方式方法，健康教育内容与健康组织形式应充分满足大众体育健康需求，应有助于激发大众体育健身与健康参与的积极性与主动性。引发大众体育健康的内在需求，是全民健康教育及组织工作开展的一个重要切入点。为此，要想将群众体育运动办得更加红火和有声势，就需要格外注意从人们对运动的兴趣出发搞宣传和推广工作。具体应做好以下工作。

一是有关部门和人员应进行全面健康调查分析，了解大众的体育兴趣，据此设置内容丰富、形式多样的体育教育与健身活动内容。二是有关部门和人员应注重对广大人民群众的体育意识和运动行为趋向进行培养，以此树立人们正确的健康观。三是有关部门和人员应精心设计体育健康教育与健身活动内容、形式与流程，确保将广大人民群众的健身兴趣转化为对健身活动的参与动力。四是有关部门和人员应注意遵循不同大众的身心特点来激发他们的健身热情。

（四）因人而异

健康中国的建设需要全体人民群众的参与，但是，全体人民群众涉及我国十四亿人口，每一个人的健身需求不同，不同的人群之间还存在着年龄、性别、职业、经济收入、身体状况、心理状况等各方面的差异，这些差异会导致他们有不同的参与群众体育活动的目的、方式、过程和效果。因此，要想使全体人民群众的体育健康参与能尽可能地满足不同人的需求，就需要充分考虑不同社会大众群体的特点，有针对性、因人而异地开展健康教育活动。

健康教育组织活动开展要做到因人而异，有针对性、个性化，具有要求如下。一是了解不同群体参与群众体育的需求。二是区别安排运动负荷。如针对不同群体的特点来制定相应的运动负荷。三是关注同一群体中的个体差异。必须充分认识到，即便是在同一类人群中开展的群众体育，不同人之间的个体差异也会存在，健身需求和发展要求。

（五）权变原则

健康教育不同于宣传鼓动，需要群众认知、相信并付诸个人健康行为的改变，此外，个人健康心理过程与群众的社会文化教育、风俗、习惯、职业、季节、地理等各种因素具有密切的联系，必须权衡上诉变量，做出组织决策，才能收到应有的效果。

五、科学加强健康教育管理

（一）加强健康教育管理、建设健康中国的可行性

健康教育管理的最终目的旨在促使被管理者（包括个人和群体）达到健康、维持并进一步增进健康。健康中国的建设，以全体人民健康发展为根本前提，通过面向全体人民群众的健康教育管理，可以促进人民群众的健康意识的提高与健康参与方式方法的规范，进而能为健康中国的建设奠定良好的国民健康基础。个体或群体的健康受影响的因素多种多样，这些因素有自然的因素、政治的因素、经济的因素、社会的因素、人为的因素等等。在这些复杂的因素中，人为的因素是可以控制的，而一些自然因素、政治因素和经济因素也可以通过人的能动性得到改善。[①]行为与生活方式可因人为控制而改变，通过加强健康教育，引导人民群众改变不健康的生活方式与习惯，鼓励人民群众积极参与到体育健康锻炼中去，能有效增进人民健康，进而促进健康中国的建设。

（二）健康教育管理的基本类型

健康教育管理有许多类型，根据管理对象的不同可以将健康教育管理分为多

---

①赵伟．低碳经济视角下西安市土地利用结构的优化研究[D]．西安建筑科技大学硕士学位论文，2018，11．

个类型，这里主要结合健康教育管理的对象、人数对健康教育管理进行以下划分。

1. 个人健康教育管理

个体健康教育管理以个体为管理单位，对管理者和被管理者的管理责任和医务有明确要求。在个人健康教育管理中，管理者应积极地了解和掌握人体的健康相情况，及时为个体提供健康服务；被管理者应清楚自己的健康状态，并积极主动地接受适宜的医疗、保健服务。个人自我健康教育管理是个人健康教育管理的主要形式。调查显示，有至少超过60%以上的死亡原因与行为和生活方式直接或间接相关，这说明健康生活方式对个人健康的重要性，因此，要促进个人健康，就必须将个人的健康生活方式作为健康教育管理的重点。个人健康教育管理，并非只与个人相关，需要个人所生活与工作环境系统以及整个社会的健康教育支持。个人健康评估是自我健康教育管理的出发点，个人自我健康评估主要的评估内容主要为个人的行为与生活方式，健康自我评估不受时间、经济条件限制，灵活方便，可经常进行。不同个体应充分利用身边的资源，如家人、朋友及社会资源和信息资源库，还可以利用社会支持资源支持，到公益性医疗服务机构进行专业评估。健康计划的制定与个人的健康状况发展、个人身体能力方面应密切联系，个人健康教育管理计划应包括健康运动自我管理计划、健康膳食自我管理计划、健康行为与生活方式的自我管理计划等具体内容。健康计划监督与反馈，是保证自我健康教育管理效果的关键，一般是在家人的支持与监督下完成的。自我健康

教育管理的社会支持（social support）具体指个体与社会各方面，包括亲朋、伙伴等社会人，以及家庭、单位、工会等社团组织所产生的精神和物质上支持。[①]

2. 团队或群体健康教育管理

团队或群体健康教育管理，以有一定组织构架的团队或群体为管理单位，结合不同的分类标准，团队或群体健康教育管理可以进行进一步细分。要加强团队或群体的健康教育管理，应全面把握整个团队或群体的健康状况，从整体出发制定相应的健康计划，同时也要在管理细则上突出团队或群体中的个体的特殊性。简单来说，就是既要具有健康教育的统一适应性，也要因人而异，具有个性化。

3. 社会健康教育管理

社会健康教育管理是指通过专业健康教育管理服务机构，对个人和群体的健康及影响环境、因素等进行指导和干预，并实现促进个头和群体健康的最终管理目的。健康管理服务系统的科学建立对于健康教育管理的具体实施具有重要指导、维护、促进作用，一般一个功能完善的社会健康管理服务系统通常由四个子系统组成。对社会健康管理服务系统各部分内容具体分析如下。

①杨小玉.IVF-ET妇女的心理状况、影响因素及临床意义的研究[D].天津医科大学硕士学位论文，2006.

一是健康信息采集：健康信息采集是实施健康管理的第一步，是健康管理服务的基础，贯穿健康管理的全过程。

二是健康评估：健康评估对于健康管理非常重要，其开展目的主要是为了发现潜在疾病和不健康影响因素，尽早干预；此外，通过对受管理者的个人生活行为、生理心理、社会环境等诸多因素的分析与评估，可以对受管理者的未来健康发展做出前瞻性评价，分析个人患慢性疾病的危险程度及发展趋势，建立健康档案，进行健康规划，实现无病早防。

三是健康计划与健康指导：在健康信息收集、健康评价的基础上，结合个人和群体的健康现状与健康发展需求制定和实施有针对性的健康计划和指导，以促进个人和群体的健康发展。

四是健康计划的监督与反馈：健康计划制定之后，要进行必要的监督与反馈，以确保健康计划的科学实施，并结合具体的健康实际需求和条件进行健康计划的灵活调整、进一步完善，以促进个人和群体的健康持续发展。

（三）健康教育管理的主要方法

全社会范围内的健康教育管理工作的开展，主要有以下几种方法。

1. 行政方法

健康教育是一项利国利民的大好事，同时也是一项庞大的系统的工程，需要政府组织与引导，通过政府的政策、制度等的颁布实施，可以法对广大人民群众体育健康相关活动进行管理，以促进我国健康教育事业的科学可持续发展。

（1）健康教育管理的行政方法具有以下特点：

强制性：行政管理法，其管理主体为政府，政府的文件执行具有一定的强制性，需要各级政府通过上级指示，下级执行的方式一一落实健康教育的相关决定、决策的要求，否则就是“行政部作为”的表现。健康教育管理的行政方法可以令健康教育的相关工作效果较显著。

权威性：就我国的行政制度来看，我国的行政管理具有绝对的权威性，下级绝对服从上级，对上级负责、接受上级监督，因此，通过采取行政方法进行健康教育管理，有助于健康教育各项工作的落实。

纵向性：我国行政领导是上下垂直领导，上级颁布行政决策，下级遵照执行，上下级关系明确，可促进具体工作的有序开展，避免横向、多方干预。

稳定性：行政决策具有时间、内容上的稳定性，朝令夕改的情况几乎不存在，因此，能确保全民健身工作的持续推进，确保全民健身的长久可持续发展。

（2）行政方法体育管理要求：

集中领导：集中领导是各种行政管理措施实现的重要基础和前提，健康教育行政管理业不例外。

分级管理：健康教育涉及全社会诸多因素，对于整个社会各方面的调度来说要统筹兼顾、考虑周全，要做到这一点，必须要做到分级管理，专人专项负责，级级推进。权、责一致，避免不作为、以权谋私、玩忽职守。

2. 法律方法

通过颁布法律法规，推动健康教育工作开展，具有以下特点。

强制性：法律面前人人平等，在体育健身活动参与过程中，也必须明确自己的法律权利与义务。

规范性：法律的强制性决定了法律的规范性。

稳定性：法律法规一经颁布就不能随便更改，具有一定的稳定性。

为了全面建设健康中国，促进我国全民体育健康事业、体育教育事业的良好发展，我国出台了很多体育、教育、健康相关法律法规，确保我国健康教育相关工作的依法开展、依法推进。

3. 经济方法

通过经济方法促进健康教育管理工作的开展，具有以下特点。

有偿性：经济方法通常是通过经济政策诱导来实施的，在体育产业、体育市场发展中，通过促进相关市场主体在政策方面"搭便车"，促进我国体育事业、体育市场的发展，为社会健康教育工作提供产业、经济发展支持。

间接性：听过经济刺激引发个体、群体和组织的体育健康及健康教育相关活动的参与、开展，具有间接性。

关联性：经济方法影响范围广、涉及因素多，会引发连锁反应。

4. 宣传教育方法

宣传教育方法的体育管理特征简要分析如下。

先行性：教育宣传是一种有效"预防""提醒"，具有针对不健康思想和行为产生的提前干预性。

疏导性：对健康教育中存在的问题，进行因势利导，确保相关工作更加有序、顺利开展。

在健康中国的建设过程中，健康教育的宣传教育需要社会的广泛参与，需要大众媒体积极发挥自身的宣传、引导、教育作用，要有效实施体育健康宣传、报道、教育，以不断提高全国各族人民的体育健康意识、丰富广大人民群众的体育健康知识与技能，切实促进广大人民群众的健康参与与发展，为建设健康中国奠定群众基础。

第二节　以传统体育养生文化推动健康促进的策略

根植于我国各族人民的生产和生活实践之中的传统体育养生文化。其内容不断丰富，形式逐渐多样化，并汲取了丰富的传统文化。直到今天，传统体育养生已不仅仅是一项体育活动，更是一种民族精神和民族文化的象征。因而，将传统体育养生文化作为实现健康促进的一种方式，对参与者健康促进的影响是多元的。[①]生活质量涵盖了人类生活的各个方面，世界上还没有形成一个统一的认识，一般来说，生活质量是指人们对物质与精神文化需求的满意程度与环境状况等。作为一个发展中国家，以前我国曾长期处于经济落后的局面，物质匮乏，生活质量低下，使得人们把对物质生活的追求作为提高生活质量的首选，生活质量的观念也长期定位在“有吃、有穿、有用、有住”即是好生活。改革开放以后，由于我国的社会生产力迅速发展，人民的生活水平有了大幅度的提高，满足了在传统观念主导下人们对生活质量的追求，但传统生活方式和理念却给现代人的健康带来了灾难性的后果，由于“营养过剩”，运动不足，机能退化，导致“文明病”，即现代生活方式病的蔓延。

据相关统计，我国心脑血管病患者近20年有明显上升趋势，冠心病死亡率近8年在城市增高了53.4%；我国成年高血压患者的人已超过5亿；糖尿病患者正以惊人的速度爆发性增多，目前已达1.164亿；肥胖人口已突破2.5亿。国内外有关专家认为，“文明病”之所以成为现代社会的常见病、多发病和高发病，主要原因之一是膳食结构的不合理和缺乏运动。在“文明病”对人们的威胁日益严重的同时，人们也在不断地反思和检讨自身的生活方式和质量标准，充分认识到健康对人类进步和发展的重要意义，对健康在人的生活质量中的地位和作用，有了清醒的认识，健康已成为现代社会人们最关注的问题。传统体育养生运动内容极大地丰富了人们生活的内容，满足了各种不同人群对体育养生运动内容的需求，在提高人们的生活质量方面，无疑具有重要作用。

一、加强传统体育养生文化的服务体系建设

习近平总书记在党的十九大报告中指出，要完善公共文化服务体系，深入实施文化惠民工程，丰富群众性文化活动。[②]实现健康中国必然要求发挥我国传统优秀体育文化的独特价值，重视传统体育养生文化与现代体育健身之间的互补关系，研究传统养生文化的适宜范围与有效机制。首先，努力建设传统体育养生文化服务体系，包括共享性与公益性、开放性与包容性；其次，要不断改进传统体育养生文化公共服务体系的运行机制；最后，形成具有中国特色、民族品牌的传

统体育养生文化标识和健康话语权。要不断推进传统体育养生文化服务体系的建设，一要考虑建立推广机制的可行性，二要考虑推广传统体育养生文化的通

①晏全委．论民族传统体育与健康促进[J]．体育科技文献通报，2012，20(10)：114-116.

②郎玉林．功利性阅读的机理探究与实践启示[J]．绥化学院学报，2019，39(03)：132-135.

畅性、有效性、可操作性等因素。

二、创新发展优秀的传统体育养生文化

传统体育养生文化呈现出丰富多彩和谐共存，反映出区域体育文化生态和谐平衡，保留了人类体育文化的多样性价值，提供了借鉴意义的解决人类自身健康的问题。首先，不断创新发展优秀民族传统体育养生文化，不仅要对人体健康有益的重要方法和手段进行挖掘、收集、提炼和推广，而且要把乡村振兴战略、生态文明建设、健康中国建设与繁荣发展民族传统体育养生文化结合起来统筹推进。其次，创新发展传统体育养生文化，立足于现代人民群众对多元化健康养生的需求，辩证把握其养生文化历史积淀与现代健身理论和现代医学知识的融合发展，以新理论、新方法、新手段指导人们在不同环境条件和不同身体条件下，在供给多样化、个性化的养生方法上提供新选择和新途径。最后，创新发展传统体育养生文化，在于更好地助力健康中国建设，其目标是提高中华民族的整体健康水平，为人民群众提供多渠道的健康服务保障。

三、传统体育养生文化进校园，促进青少年健康

（一）提升师资质量推动体育教育发展

传统体育养生项目要想在校园开展，师资力量便是主力军，会直接影响传统体育养生活动在校园活动中的最终效果，因此学校务必对提升学校传统教育的师资质量高度重视，进而真正的在学校普及和推广传统体育养生文化。

（二）开展传统武术运动，促进学生身体健康水平

传统武术的健康价值主要体现在以下几个方面：

1. 促进生理健康

（1）改善身体机能。传统武术动作包含着屈伸、平衡、跳跃、翻腾等，人在练习时，身体各个部位都可以得到有效的锻炼。通过大量的实践证明， 经常进行传统武术的练习，身体机能可以得到有效改善。（2）提高身体协调性。传统武术中的拳术、器械都非常注重手、眼、身、法、步的高度协调，并讲究精、神、气、力、功等内外的相互相合，因此，经常参加武术练习可以大大提高人们的身体协调性。（3）祛病强身。传统武术是基于人们对健身的需求而产生的。通过手、眼、身、法、步的锻炼可以达到祛病强身的功效。① “冬练三九，夏练三伏”的训练宗旨，更促使人们养成坚定的武术健身理念。

①张国军；孙艳传统武术对大学生身心健康的价值探索[J]. 辽宁工业大学学报(社会科学版)，2012，14(06)：141-142.

2. 促进心理健康

（1）提高精神意志。学生经过长期的传统武术运动练习、可以培养学生勤奋、刻苦、果敢、顽强、虚心好学、勇于进取的良好习性和意志品德。（2）提升品德。"未曾学艺先学礼，未曾习武先习德"，把武德列为习武教武的先决条件。如在学习武术的第一节课，就要先学 "抱拳礼"。"抱拳礼" 既表现为外在的行为，是礼貌和礼节，又表现为内在的精神。（3）增强自我调合能力。首先，武术是一种文化娱乐活动。因此，在学校里，学生可以把武术运动当成一种健身娱乐活动和游戏玩耍来调节身心压力。①（4）培养爱国主义情怀。在我国的历史长河中，出现了许许多多爱国爱民的武术家，如霍元甲、黄飞鸿等。通过练习传统武术，通过了解那些爱国武术家的英雄事迹，可以培养当代大、中、小学生的爱国主义情怀，增强民族自豪感。②

四、传统体育养生活动进社区，促进社区人群的健康

（一）大力开展我国传统保健体育，促进社区人群的健康

锻炼者为了达到祛病、养生、健身保健等功能而开展的内容丰富、形式多样的体育活动就是指传统保健体育。它强调身体和心理同时锻炼、内外兼修，主要

包括武术、太极拳、医疗体育健身功法、缓慢的传统体育项目等锻炼内容。具体应做到：宣传力度要到位，传播科学健身养生理念，对于社区指导员技术与指导能力要加强和提高，培养他们的人文素养，经常开展展示交流活动，编排与传播传统保健体育项目。③如国家新编的"健身气功・易筋经""健身气功・五禽戏""健身气功・六字诀""健身气功・八段锦"等项目，主要围绕"疾病养生""仿生养生""壮力养生""吐纳养生"而展开。

（二） 大力开展太极拳运动，推动健康促进

人类社会、人体自身发展的最佳理想状态就是"自然、和谐、健康"，这也是中国体育最高境界的追求。太极拳运动正是完善自身、追求自然最为有效的锻炼项目，太极拳练脑、练气、练身，在健康促进方面都具有卓越功效。

1. 调节人体机能

（1）保持了体能的中和状态：关于运动与生命的关系，社会上历来存在两种截然相反的观点，一种观点认为生命在于运动，人必须通过长期的体育锻炼才能

---

①刘家特．中国传统武术对大学生心理健康的影响[J]．佳木斯教育学院学报，2011，(02)：104-105.

②张国军；孙艳传统武术对大学生身心健康的价值探索[J]．辽宁工业大学学报（社会科学版），2012，14(06)：141-142.

③谭克理，陈永辉，梁小军．传统保健体育在和谐社区构建中的作用及开展策略研究[J]．宁夏师范学院学报，2009，30(06)：105-110.

提高机体的免疫功能；另一种观点认为生命在于静养，以减少机体的磨损和能量的消耗。机体疲劳早衰的原因是由于长时间的、超负荷的、大强度的运动；而长时间的多静少运动者，常常会引起消化不好、食欲不好，四肢无力，精神不振，疾病容易入侵体内，造成许多的人一年四季都不断药。因此，过分地强调动或过分地主张静，均对人体健康不利，只有运动适度、动静相间的活动才有益于健康。太极拳运动的进退往往皆为动，但用意不用力，消耗不大；就心境而言，无论是套路运动还是站桩、推手都强调放松入静。太极拳的这种独特运动方式对保持人体机能的中和平衡有很好的促进作用，故而久练可使人延年益寿。王丽君等通过对“人体平衡能力、握力、短时记忆力”等指标的实验证实，太极拳对人体平衡机能有积极的影响。（2）增强抗衰老能力：在自然界，我们常常看到一阵大风过后，到处落满残枝烂叶甚至百年的大树被连根拔起的景象，却看不到草的残体，道理很简单，因为它本身够柔软。以柔和缓慢为主、柔和中又带着刚劲运动的太极拳，在练习的过程中非常讲究放松柔和、运作以圆活为主。“筋长一寸、寿长十年”是传统中医的说法，就是指柔韧性的延长，其本身就能长寿。

2. 改善人体系统功能

（1）对呼吸系统、循环系统功能的调节作用。经常练习太极拳可使血流通畅，使静脉回心血增加，从而可减轻心脏的负担，降低血压，减少血脂在血管壁上的沉积度。（2）对皮肤系统的调节作用：随着物质生活条件的不断改善和提高，空调成为人们在享受着冬天温暖夏天凉爽的同时，却又使得人体皮肤保暖、散热功能的下降。从陈式太极拳名家李经梧先生的练功体会可以得到印证。他说：“由于新陈代谢旺盛，头发、指甲、胡须生长比平时快，面容光泽红润，眼睛有神。”

3. 促进疾病康复

（1）　缓解纤维肌痛：经过太极拳干预后，可以使纤维肌痛患者的疼痛值显著降低，身心健康水平得到显著提升，而且这种良好的改善作用能够持续一段时间，非常有必要予以推广。（2）缓解心力衰竭：有关研究发现，练太极拳后胆固醇TC、甘油三酯TG、低密度脂蛋白LDL明显降低，高密度脂蛋白HD明显增高，练拳后6分钟步行，患者步行距离明显延长，脉搏和血压有不同程度降低，气促和双下肢水肿人数明显减少。（3）医学研究证实，长期参与太极拳活动，可促进血液循环、调节压力、缓解疾病、减少能量消耗。近年来，甚至很多国外学者也发表了大量关于习练太极拳促进身心健康的研究报告。“松柔缓和”“内外合一”“刚柔相济”“阴阳结合”的文化理念及习练要领，也使太极拳被美国《时代周刊》评为“最完美的运动”项目。

第六章　传统体育养生文化与健康促进案例研究

第一节　传统传统体育养生项目与健康促进研究——以壮族蚂拐舞为例

我国有悠久的历史文化，有众多的民族民间舞蹈。它是人类在经历长时间的生产生活中不断累积和创造以及不断发展而形成的，人们的想法、情感和对未来的愿望都能直接体现在这些舞蹈的形式当中，由于每个国家、每个民族、每个地区的自然环境的不同，人民的生活方式、劳动方式、文化历史、风俗和日常的各种习惯不同，从而也产了不同的民族特点，民族文化、民族风格与众不同。[①]20世纪50年代以来，我国的舞蹈工作者深入民间进行田野调查，与民间艺人交流学习、整理相关的原始资料，对原有的舞蹈进行改造、加工和创编。从而使许多优秀的民间舞蹈出现在大众面前，搬上更大的舞台，比如藏族的《弦子舞》《锅庄》，维吾尔族的《赛乃姆》《多朗舞》，苗族的《芦笙舞》，彝族的《阿西跳月》，壮族的《扁担舞》，黎族的《打竹舞》等，都是我国民族民间舞蹈艺术较为经典的舞蹈作品。这些民族民间舞蹈以其鲜明的特色和生活化而得到全世界各个国家民众的喜爱。这些民族舞蹈作为传统的健身养生项目，对于全民健身与全民健康起到了很大的促进作用。本案例主要研究壮族传统健身养生舞蹈——蚂拐舞，探研其对健康促进的价值。壮族的蚂拐节于2006年已列为国家非物质文化遗产保护名录，壮族蚂拐舞被列为广西非物质文化遗产保护名录。蚂拐舞又叫青蛙舞，是壮族人民在漫长的历史发展过程中创造并积淀下来的文化，是蚂拐节活动的主要内容，主要流行于红水河流域的天峨、东兰、南丹等地。每年的正月初二开始至二月初二结束。举办蚂拐舞活动习俗主要是通过对蚂拐的崇拜和祭祀，来祈求风调雨顺、

①宋冉．昌黎地秧歌舞蹈风格变迁的审美研究[D]．燕山大学硕士学位论文，2020，06.

五谷丰收、六畜兴旺。①

一、壮族蚂拐舞生存地域概况

（一）东兰县巴畴乡巴英村概况

1. 巴英村的自然生态

巴畴乡位于广西东兰县西北部，与南丹、天峨、凤山毗邻，依偎于红水河旁，属岩滩电站库区乡镇之一。全乡现有8个行政村143个村民小组，2003年末总人口 1.4万多人。乡政府所在地距离县城50多公里，是东兰县2001年乡镇撤并后成立的新乡。巴畴乡清至民国初为长江哨，据《广西通志》记载长江哨为明代东州“编六哨”（东院、兰木、隘峒、都彝、长江、武篆）中的一哨，1929年称长江区苏维埃政府，民国二十年以大黄石与巴畴石各取一字为名，称大畴乡。中华人民共和国成立后，1950年至1957年称为六区，1958年称为大大畴人民公社，1959年分出金谷公社，大畴公社改称长江公社，1984年10月称长江乡，2001年全县进行新一轮的行政区划分调整和扩编后成立新的乡镇。巴畴乡地理位置优越，自然资源丰富，水陆交通便利。全乡土地总面积为185160亩，人均耕地为0.86亩，农用地面积134929.56亩，其中耕地面积为12150亩，林地面积为120324.06亩，建设用地面积为2455.5亩，属纯土坡地区，辖区内水资源丰富，工农业和农村生产生活用电均可满足需求，农村沼气池入户率达73%。天东（东兰至天峨）县际油路横穿乡境。

巴畴乡经济建设快速发展，文化教育事业进步。全乡退耕还林1万多亩，荒山造林6000多亩，农林牧渔业全面发展，盛产水稻、板栗、八角、木材、腊月橙、茶油、生猪、鸡鸭、牛羊等农产品，有历史悠远、闻名市内外的巴英河流，巴英河鱼存河量多，鱼类丰富，有芝麻剑鱼、油鱼、辣椎等10多个品种，味道自然清真，美味传名市内外，全乡运输业、机构加工业、商业、饮食、服务等第三产业繁荣发展，市场繁荣。

巴英村位于巴畴乡西北角，与金谷乡的板路村毗邻，距离乡镇府驻地6公里，距离县城约58公里。巴英村的西北面与天峨县毗邻，东北面现南丹县遥相对望，面南面与凤山县接壤。村庄四周是绵延起伏的高山峻岭，山岭之间形成一道狭长的谷地，巴英村就坐落在谷地东面的山坡上，一条发源于凤山县长洲乡板屯波涛林场的巴英河自西向东从村前穿流而过。天东（东兰至天峨）县际油路从巴英村横穿而过，将村落划分为南北两边，村民们习惯把村西称之为村头，村东称之为村尾。巴英村是红水河流域岩滩电站库区规模较大，建村历史较长的壮族村落之

---

①韦丽春，黄丽英．民族地区高校引领民族民间休闲体育开展的路径研究[J]．南京体育学院学报（自然科学版），2012，11(02)：129-131.

一，该村辖16个村民小组，28个自然屯。耕地面积1905亩，其中水田612亩，占全村耕地总面积的52%，巴英村以传统的稻作农耕为主。巴畴乡经济建设快速发展，文化教育事业得到进一步的发展。

2. 巴英村的文化生态

（1）族群宗族

巴英村的村民全部都是壮族，全村有三个姓，韦姓、牙姓和廖姓，其中，村里以廖姓最多，占全村人口的90%以上。听村里人说，韦姓和牙姓是后来进村或入赘来巴英定居的。从廖氏族谱和厅堂南阳堂神龛供奉的邓、廖双氏得知，巴英村廖氏祖先可追溯至东汉太傅高侯邓禹，此人系河南省南阳府邓洲新野县白水村人氏，其后世荷蒙府宪举荐远赴东兰知州衙门充幕。在明朝隆庆（1567年）随从土官征收地粮，抵达长江哨英村。邓德崇后入赘当地富豪廖氏家族，从此，邓德崇就在巴英村开基创业，上门廖家传宗接代，而子孙姓氏可任意启用廖氏或者邓氏，邓为随父姓，廖为随母姓，故有“邓廖同姓”之说。当地村民还说，以前巴英村廖氏村民既可随邓姓也可随廖姓，后来派出所在办理户口登记时不允许随意取姓，现大多数村民统一选用了廖姓，但各家的正龛上供奉的依旧还是邓廖双氏，足见当地百姓对邓廖历代祖先神位的共同奉祀。

（2）岁时民俗

与红水河流域一带其他壮族村寨一样，巴英村的传统节日除了蚂拐节以外，主要有春节、元宵节、清明节、牛魂节、中元节、尝新节等。这些节日大多是稻作习俗的历史积淀，具有丰富的文化内涵，其中尤以农历七月的中元节最为隆重，节日从农历七月十三日起，至十五日结束。十四日为重头戏，全天设宴，尤其是以午餐最为热闹，晚间家家户户在门前的晒谷场周边插上成排的香火，老人念念有词，虔诚地企盼香火延绵。农历十五这一天，出嫁的妇女纷纷回娘家团聚吃中餐，乡亲们走亲访友，洋溢着浓郁的节日气氛。不过，据巴英村上了年纪的村民回忆说，持续一月之久的蚂拐节，特别是农历二月初二的蚂拐歌会才是村里最热闹的一天，届时方圆数里的群众都聚集到田峒观看蚂拐舞表演。

（3）民间信仰

巴英村的民间信仰具有浓郁的原始宗教色彩，与东兰县各地壮族敬奉的神祇相似，崇奉多神且各支系的神名不一，诸如天地龙王、山川巨石、石木花草、鸟兽虫鱼、三界神、祖先师圣等，都被立以为神，敬仰膜拜。除祭祀祖先外，还有自然崇拜、鬼神崇拜、巫术卜卦等。各屯都有专司民间宗教信仰活动的么公、道公等神职人员，他们大都由男子担任，从事丧葬祭仪、扫寨祛邪、求花问卜等巫术活动，有经书典籍，并师徒相传。

3. 东兰县巴畴乡巴英村蚂拐节活动

巴英村是一个民歌文化内涵丰厚的地方，当地民间传唱的歌瑶种类繁多，曲调优美，当地壮族有喜唱山歌的传统，男女青年人人会唱山歌，爱唱山歌。除了春节、元宵、社日、三月三、四月八等传统民间节日都要举行隆重而盛大的对歌活动，平时像婚宴、集会、赶圩等都可能会对山歌。东兰县内红水河畔历史上沿袭下来的蚂拐节举办地有100多处，其中，东兰县巴畴乡巴英村以举行节日活动时间长、规模最大而著称，节庆历时一个月，活动的原生性保存完整，风情独特，吸引力强，尤其是蚂拐歌会当天除本县歌手外，还有附近县的歌手也慕名前来，规模最大时参加人数逾万人，历史上曾一度成为东兰县乃至周边邻近县份壮族蚂拐节举办的中心之一。巴英村传统的蚂拐节以唱为特色贯穿节日始终而被外界冠之为蚂拐歌会。

（二）天峨县六排镇纳洞村概况

1. 纳洞村的自然生态

六排镇位于广西天峨县境东南部，坐落在红水河畔，东与南丹县相连，南与岜暮乡为界，西面与南面分别与向阳和八腊乡接壤，北面与坡结乡毗邻。[①]既是天峨县的政治、经济、文化中心，又是我国大西南出海航道的必经之地，桂西北与黔南州陆上交通要道之一。全镇面积396.52平方公里，耕地面积17333亩，其中水田7564亩，旱地9769亩，林地面积24941.74公顷。全镇辖10个行政村：云榜村、纳洞村、纳州村、纳合村、索法村、都隆村、仁顶村、令当村、龙坪村、登里村，3个社区：城中社区、城东社区、塘英社区，共227个村（居）民小组，居住着壮、汉、瑶、苗、布依、毛南等14个民族。六排镇总人口4.74万人，其中农村人口1.95万人，非农业人口2.79万人。其中接纳向阳、下老乡等镇移民2949户，11420人，是全县接纳移民最多的乡镇。相传元代老街河口码头有六根石柱，河上船只来往停放时都靠石柱成排，故名“六排”。1934年前归南丹县辖，称六排乡，1935划归天峨县，仍称六排乡，1950年至1953年为天峨县第三区，1954年至1957年称纳州区，1958年仍称纳州村红星人民公社，以后，六排区、六排人民公社与六排镇几经分合撤并。[②]1984年改乡设镇建制至今。

六排镇多属山区，熔岩分布广，地处亚热带与中亚热带的过渡带，最高海拔1264米。属亚热带季风气候区，冬暖夏凉，四季分明。年平均年气温20℃，年降雨量1370毫米，无霜期330天。[③]森林面积1.85万公顷，森林覆盖率达82.9%，境内野生动植物种类繁多，主要有云耳、香菇、石榴、山楂、桃李、月柿、黄皮果、板栗、核桃、竹笋等土特产；有麝香、狗熊、猴子、蟒蛇、穿山甲、山瑞、

①韦月成．浅析广西龙滩移民消费生活方式的变迁——以连迁移民新村为例[J]．怀化学院学报，2007，(11)：179-180.

②韦月成．历史的转折：一个壮族移民新村生计方式变迁研究[D]．广西民族大学硕士学位论文，2008，04.

③吕昕纯．皖南地域文化影响下的特色民宿设计研究[D]．安徽建筑大学硕士学位论文，2019，05.

马蜂蛹、芝麻剑等珍稀动物；属国家重点保护的珍稀树种有枧木、格木、榉木等；矿产资源主要有石灰石、硫铁矿、锑矿、水晶矿、金矿等。西部大开发标志性工程龙滩水电站就坐落在六排镇境内。境内河流属珠江流域西江水系，红水河自西北向东南贯穿境内，流长46公里，平均流量1590立方米/秒。自然风景点有气势磅礴的红水河龙滩大峡谷，天然氧吧见石原始森林公园，有面积320亩的碧菠荡漾、妩媚动人素有“小桂林”之称的峨里湖，有波澜壮阔的龙滩天湖，石灰岩洞穴数不胜数。

纳洞村明以前属纳州，明洪武元年（1368年）后，那、地二州合并，纳洞遂为那地州辖地。民国二十年（1931年）改土归流，归南丹县辖。民国二十三年（1934年）置天峨县，原那地州属的巴暮、六排、坡结等地划辖天峨县，纳洞村归属天峨。1950年至于1953年为天峨县第三区辖地，1954年至于957年属纳州区，1958年为纳州村红星人民公社所辖。纳洞村现辖11个自然屯。

纳洞村位于天峨县东南、隶属六排镇，与南丹县吾隘乡那定屯田地相连、鸡犬相闻。纳洞属丘陵地貌，11个自然屯分落立于丘坡上。而田峒则在丘间较为开阔的地带。索法河从村间穿流而过。纳洞村以稻作为主要生产方式，全村耕地面积896亩，其中水稻田640亩。

2. 纳洞村的文化生态

（1）族群宗族

纳洞村的村民100%为壮族的布越支系，索、向为本村两大姓氏，其中索姓占人口的60%以上。当地口传索姓来自山东白马镇糍粑街白米巷，其祖上于北宋皇祐年间随狄青南下镇压侬智高，后定居广西。纳洞村交际语言为壮语，也能用西南官话与外界交流。

（2）岁时民俗

以农历为记岁方式。正月初一至最近一个鼠日为壮族蚂拐节。初一天亮前到泉眼边取仙水，回家路上检一些石头丢置畜栏，意祝六畜兴旺。旧时正月初一期间青年男女举行对歌、抛绣球等活动。过去村民在农历三月初三扫墓，由于受汉族影响，现改为清明节。五月初五做糍粑，村民还把这天称为牛魂节，让节休息。农历六月初六为晒衣节，这天大家要把家里的衣服、被子拿出来晒，据说晒过之后衣服、被子一年都不会长虫发霉，农历七月十四过鬼节，村民这天杀鸭祭鬼魂。农历八月十五为中秋节，过去有请月娘下凡来唱山歌习俗，现在已经消失。农历十月初十为敬老节，在这天，村民做些好吃的，孝敬老人。农历十二月二十三送灶，敬灶王。农历十二月二十九杀公鸡，并将鸡肢胫骨送到么公处，对明年家庭情况进行问卜。除夕日村民做粽粑并为庆祝蚂拐节备好粮钱，准备迎接远道而来的客人。

（3）民间信仰

纳洞村的宗教信仰以多神崇拜为特征。从神灵体系上看，雷王为最高神灵，有“天上雷公大，地下龙王大，阴间阎王大，阳间我（么公）最大”之说。龙王宝（即蚂拐），主管风调语顺，护佑庄稼得以丰收。圣母居住在天上的花园里，她负责给人间送孩子。家家户户的神龛上除了供奉自己的祖先，还列有三界公的神位，三界公爷通天、地、人三界，负责把人间愿望传达给天界。传说中的壮族英雄莫一大王也是当地崇拜的对象，么公腰带即写有“立叔莫一天王”字样。此外，纳洞村还崇拜山神、大树等自然神灵。

祖先崇拜是纳洞村民心灵世界中最重要的一部分，其祭祖活动大都通过农历腊月三十、正月初一、清明、七月十四等节日进行。平时有什么好吃的要先敬过祖先。么公、道公是当地的宗教仪式专家。常表现为么道一体，即么公也兼做道公。么公奉布洛陀、姆六甲为最高祖师神，和师公一样，奉唐、葛、周为三元祖师，做么时戴上三帽，其腰带画有龙王宝、雷王、莫一大王、佛等。

二、壮族蚂拐舞文化本源深探

蚂拐节又叫青蛙节、蛙婆节、埋蛙节、蚂拐歌会。壮族蚂拐节活动中最重要的内容就是跳蚂拐舞。壮族蚂拐舞习俗由来已久，源远流长。由于缺乏充足的文献依据和文字记载，其起源的具体年代，到目前为止，已无从考究。但在民国年间修撰的《河池县志》和《东兰县政纪要》有粗略的记载。笔者从壮族蚂拐舞源起的神话传说、民间信仰、身体表达、象征隐喻等四个方面进行阐释。[①]

（一）壮族蚂拐舞源起的神话传说

神话作为人类童年时代的产物和人民生活、思想和宗教信仰的反映，必然会带有其产生的那个时代的深刻印记。我们就是通过寻找神话故事中的社会历史印记，来揭示它们产生的时期及发展变化情况。壮族蚂拐舞神话故事也不例外，通过神话故事中所留史概貌。壮族是农耕文化的代表，有着独特而鲜明的水乡农耕文明。壮族人民与其他兄弟民族人民一样，长期以来，代代传承着许许多多的历史神话传说，这些神话传说传播本民族的历史文化，讴歌与追忆自己的先祖，向往未来的世界等等，在某种程度上体现了人们的世界观，反映了民族的历史和文化，体现了广大民众的精神生活，具有广泛的群众基础和强大的生命力。李亦园曾指出：“神话故事实际上并没有关于仙人的故事，而是关于人们自身的神话故事的一个延伸，我们可以理解为在叙述自身的神话故事”。各民族都有各自的神话故事，其核心是建立在民族世界观以及自然观的基础之上的。[②]

在红水河上游流域的东兰、南丹、天峨等县的壮族民间，至今仍保留着不少

①韦丽春．壮族蚂拐舞的文化本源与体育文化价值研究[D]．北京体育大学硕士学位论文，2016，12.

②李亦园．时空变迁中的神话[M]台北：立续文化事业出版社，1986，5：56.

有关蚂拐舞习俗的神话传说。各地的说法不同，但都有一个共同的特点，就是蚂拐是人们所崇敬的造福人类的神圣的主角。蚂拐是壮族地区农耕稻作文化的具体体现。[①]其实，从文化人类学来解读关于壮族蚂拐舞源起的神话传说就会发现，对于民族民间神话传说的探讨往往符合民俗文化的不可重复性逻辑，即每个人对同一民间活动都会有不同的理解。笔者于2017年3月2日至4日、2018年2月18日至19日、2019年10月13日至14日，三次到天峨县纳洞村进行田野调查。2018年3月7日至8日，到东兰县巴畴乡巴英村进行田野调查。通过对天峨县蚂拐舞活动的传承人向宝业、索文德进行访谈，发现在调查对象所陈述的与壮族蚂拐舞有关的每个民间故事中，都会有不同版本的神话传说。尽管如此，笔者依然认为把不可重复性的传说置于壮族社会中进行理解时，仍然是有其特定逻辑可循的。结合访谈、考察、文献资料等及经逻辑分析，综合梳理出关于壮族蚂拐舞的民间源起的神话传说，主要有以下版本。

1. 壮族蚂拐舞源起之雷王之子传说

壮族的民间神话指出：青蛙就代表雷神的子女，其为雷神的代言人或者称“雨水的使者”。祭祀青蛙的目的就是祈祷上天下雨给地上的水稻耕种提供前提。如流传在壮族地区的传说。相传从前天上雷王每一年都下地收取云雨租，有一年谷物欠收，众人不能缴纳，祈求雷王减免。但雷王不允，曰：“吾击雷如斯多，降雨如斯众，焉有年谷不熟之理？”这时，雷王之子蚂拐随雷王下地收租，听到了说：“彼雷声乃我击锣嬉戏，实未降雨也。” 蚂拐之言令真相大白，雷王恼羞成怒，乃罚蚂拐不再返回天庭，并从此以后永留世间，充当世人祈雨传言者，世人很感激蚂拐说真话，办好事，感敬而崇之，蚂拐死后，大家都前往吊孝，还举办隆重的葬礼，送其灵魂上天，蚂拐的子孙死了，大家也都同样为其举办隆重的葬礼。孝蚂拐的习俗从此就形成了。[②]

2. 壮族蚂拐舞源起之东林郎传说

流传最广的一种传说是东林郎传说。在远古的野蛮时代，壮族古人曾经有吃人肉的事情，当自己亲人死后，后辈就会分他们的肉吃。壮村有一位农民叫作东林郎，他善良有孝心。有一天，东林母亲病逝，他不忍心将自己母亲的骨肉给人分吃，就将其母埋在了自己的小屋基下，并含泪守孝。当时，正值下雨时节，屋外青蛙“呱呱呱”的叫个不停，东林不仅非常悲伤而且还万分恼火，就用开水把青蛙浇死。此后，蚂拐再也不叫了，天再也不下雨了。东林十分恐惧，询问壮族祖先布洛陀和姆六甲，其中姆六甲说，“雷婆的女儿就是蚂拐，她专门负责与雷神沟通，报告人间灾情。你们伤害她，就要向她赔礼认错，请她回村寨并陪伴三十

①韦丽春．壮族蚂拐舞的文化本源与体育文化价值研究[D]．北京体育大学硕士学位论文，2016，12．

②廖明君．中国节日志．蚂虫另节[M]．光明日报出版社，2014，11：85．

天，过年与她同庆。”东林和乡亲们都一一照办了。从此，在新年春节来临之时，壮乡村村寨寨都举行一次盛大的蚂拐舞和蚂拐歌会。东林郎传说中所描述的人吃人的风俗，以及壮族始祖布洛陀和姆六甲的出现，为研究壮族蚂拐舞的文化本源提供了历史时期的判断依据。[①]

3. 壮族蚂拐舞源起之龙王宝传说

蚂拐舞传承人向宝业是天峨县六排镇纳洞村人，在采访他时，他是这样讲述蚂拐舞的起源。蚂拐舞源起之龙王宝传说主要流传于天峨县纳洞村，远古时期，曾经有位李姓人，年龄已近五十，既没有妻子，也没有孩子，一个人孤独度日。在一个大年初一的早上，他随人们一同跪在江边求雨，还祈求苍天保佑他能娶妻生子。他刚说完，突然有一只蚂拐跳进他的怀里，他很小心地将蚂拐放回河里，可是蚂拐在河里游了一圈后又往他怀里跳，这样反复好多次。老人心想，我没儿也没女，想必这就是我的儿女了。于是，就把小蚂拐带回家并放在大水缸里用心喂养，后来小蚂拐变成一位披着蚂拐皮衣的英俊后生，一开口就叫他爸爸，他非常高兴，给蚂拐儿子取名“龙王宝”。“龙王宝”自从来到李家后，天开始降大雨，旱情得以解除。但是好景不长，到了第二年，西厥人又趁机进犯，朝廷也屡次出兵抵抗，但阵亡众多，而朝中又缺乏能征善战的勇将。皇上只好发榜召贤：无论是职官还是平民百姓，凡能领兵打败西厥人的进犯，都可封为镇殿大将军并招其为附马。龙王宝看到后果断揭榜应聘，把所有进犯的番邦全部赶走，最终也成为驸马。然而，皇后却嫌蚂拐皮太难看，便设计将蚂拐皮烧掉。龙王宝本来就是蚂拐，没有了蚂拐皮，就立即刻死掉。皇帝得知龙王宝死的消息之后，异常悲伤。为了缅怀这位神通广大、战功赫赫的爱婿，他让黎民百姓缅怀他的功德，皇帝亲自主持了隆重的葬礼，并命令全国各地每年正月末至二月初举行规模盛大而又隆重的祭蚂拐活动。从此以后，在壮族各地就产生了壮族蚂拐节这一习俗，在蚂拐节活动中跳蚂拐舞的习俗世代相承，沿袭至今。[②]

以上壮族蚂拐舞源起的神话传说，只是其中的一部分，还有其他的神话传说。内容各不相同，有的不免有附会之嫌，也有的是通过人类进行了很多的综合加工或改变，早已并非原生神话故事，而是次生或再生的神话故事了，但这些神话传说也并非完全凭空捏造，是对特殊中国历史时期社会生活的现实写照，是对过去时光的一个幻想式的回顾。同时，这些神话传说也说明，在壮民族心中蚂拐是主宰人间雨水之神——雷神的使者，是可以呼风唤雨、保境安民的神灵，人们要想在生产过程中风调雨顺、人畜平安，就必须祀之，敬若神明，崇拜有加。正是基于如此深厚的信仰心理，才能形成千百年来壮族民众世代沿承的虔城供奉、孝葬

①韦丽春．壮族蚂拐舞的文化本源与体育文化价值研究[D]．北京体育大学硕士学位论文，2016，12.

②韦丽春．壮族蚂拐舞的文化本源与体育文化价值研究[D]．北京体育大学硕士学位论文，2016，12.

蚂拐、跳蚂拐舞的传统民间习俗。

（二）壮族蚂拐舞与民间信仰的表达

信仰的本质就是文化的延伸，与人类关系密切，具有很强的地域性和民族性特征，是人类最重要的一种精神活动和意识形式。人类在社会的日常生活中都有自己的信仰，可以说信仰是天生的，无处不在。由于信仰的出现，人们有能力去探寻世界的本源、不惧怕死亡。自古以来，人类不断地探寻人性原始的面目，迫切地想知道人的起源、人的过去、人的未来到底是怎样的，这也许就是信仰存在的真正原因。[①] 有些人持科学的方法去认识和了解这个世界不明确的地方，而有些人则偏重于以心灵感性去认识世界，形式的差别就造成了信仰的差别。从历史的角度分析，人类精神现象和社会现象就是信仰。在古代，许许多多的神话、巫术、禁忌等都源自自然崇拜和图腾崇拜。由于人类精神世界不断地丰富，社会历史文化也在不断地改变和发展，使得人们的信仰对象、信仰态度也变得更加的丰富，同时信仰内容和信仰活动方式也变得更加的多姿多彩。[②]从而使得人类信仰也逐渐显现出了多种多样的形式与内涵。但无论其如何变化，其核心集中表现为社会成员对一定的宇宙观、世界观、生命观、社会观、价值观、人生观等观念体系的信奉和遵行。[③]

而有学者认为：信仰的本质是迷信，迷信可分为民间迷信和封建迷信。村落信仰文化指导中的民间迷信，俗称民间信仰。民间信仰与正统宗教有着明显区别，崇拜神灵并不专一，表现出非常强的地域色彩，而当民间信仰体系化、制度化，甚至产生组织管理体系时，它就上升为宗教了。民俗学专家乌丙安定义民间信仰为：民间信仰就是日常信仰的事象，包括自然崇拜、灵魂信仰等。[④]具体形式为自然信仰（包括雷电、山石等）、动物信仰、植物信仰、图腾信仰以及死去氏族首领的崇拜。

在远古时代，壮族人民对自然以及人体生理情况不了解，感到迷茫，所以将这些未知的现象归因于动植物天地的原因，赋予人的精神，通过这种方式获得答案。在稻作农业的生态链当中，水是一个关键性的生态因素。水稻需要在水资源充足的情况下生长，而稻米是人类的粮食，三者之间有着密切的关系，其基础就是水源，但是谁也不知道水是来自哪里。针对这个问题，骆越先民指出，蚂拐制造了水，蚂拐声、雷鸣以及雨水相互存在关联性，进而逐渐演化成蚂拐为水神。因此就认为，只要虔诚地崇拜和尊奉蚂拐，就能感动雷神普降春雨，随之就产生

①邵志忠. 从人间走上神殿——壮族信仰节日起源探幽[J]. 广西民族研究，2000，(03)：51-55.

②韦丽春. 壮族蚂拐舞的文化本源与体育文化价值研究[D]. 北京体育大学硕士学位论文，2016，12.

③乌丙安. 中国民间信仰[M]. 上海：上海人民出版社，1995.

④黄桂秋. 壮族社会民间信仰研究[M]. 北京：中国社会科学出版社，2010，4.

了以蚂拐为对象的崇拜活动和祈雨活动。蚂拐崇拜充满了浓厚的对于稻作崇拜的文化意味，是壮族先民对自身稻作文明精神生活追求的一种寄托。①

蚂拐崇拜是壮族重要的民间信仰。壮族的粮食主要为稻米，其对水稻与水、水与雷、雷与蚂拐、蚂拐与水、蚂拐与生殖等有自己的看法。追根溯源，将蚂拐与自己的生产、生存、繁衍后代关联在一块，将这一切寄托在蚂拐身上，从而形成独特的蚂拐崇拜观念。把蚂拐铸在铜鼓上，作为壮族民间信仰的一个重要表征，这是壮族蚂拐崇拜的物化表现。红水河流域至今蚂拐崇拜宗教活动依然存在：如“蚂拐节”“蚂拐舞”“蚂拐歌会”等等。同时根据记载和调查显示，有些地方还存在蚂拐坟。赵国华在《生殖崇拜文化论》一书中研究了蚂拐崇拜的涵义，其指出：蚂拐可以理解为出自中国母系氏族社会文化，也就是生殖崇拜的一种表现。在远古时代，人类对生育感到困惑，不知道什么原因造就了人，所以就会相应的演化出对生殖器官的崇拜，我们可以将其看作是中国最原始的崇拜意识。②花山壁画表现出很多的蛙神崇拜。其中左江崖画规模非常大。在整个壁画群中花山最具代表性，面积也最大。其绘画时间为春秋战国时期，其主要存在区域为左江以及支流区域，涉及的县有宁明、凭祥、龙州、大新、崇左，全长两百公里。包含各种红色的人物形象、动物形象以及日、月、星、辰等。其人物画像非常有特点，主要呈现青蛙的形状，两脚弯曲半蹲，两只手弯肘向上举，五指张开，有着比较显著的视觉冲击。原始宗教内容的花山壁画内容丰富，充分表现出蛙图腾崇拜的情况，包含各种各样宗教活动。在这些壁画中，动物崇拜很多，包括犬、铜鼓、冠斑、犀鸟等，但是整体来看，蛙神崇拜的比重非常高。其人物画像非常具有特点，呈现青蛙的形状，充分表现出蛙图腾崇拜的情况。③

1. 壮族蚂拐舞习俗与雷神崇拜

在壮族民间拥有很高地位的雷神，是壮族先民普遍崇拜的天体神之一。壮族先民认为雷声很神奇也很神秘、变幻莫测，因此，对它产生了莫名的敬畏之情，这是由于壮族先民对雷电这一自然存在现象并没有科学和理性地认识。为此，靠天吃饭、靠水耕种的壮族先民很自然地把雷与水联系起来。也因而在壮族民间广为流传着“天上雷公最大，地上舅公最大”的说法。每当下雨前后，由于蚂拐的生理属性让其“呱呱”叫，所以人们把蚂拐当作了雷王的儿子，错误认为打雷下雨是因为雷王听到了蚂拐的叫声，因此人们将蚂拐奉为蚂拐神，将雷供为雷神。

万神之首是雷神，因为自然界中的水、风、云等都是雷神创造的，同时还为人间订立法规。④此外，在左江崖壁画上也反映有蚂拐信仰与雷神崇拜的痕迹。学

①韦丽春．壮族蚂拐舞的文化本源与体育文化价值研究[D]．北京体育大学硕士学位论文，2016，12.

②黄友贤．海南黎族蛙崇拜溯源[J]．广西民族研究，2008，(04)：143-145.

③韦丽春．壮族蚂拐舞的文化本源与体育文化价值研究[D]．北京体育大学硕士学位论文，2016，12.

④黄友贤．海南黎族蛙崇拜溯源[J]．广西民族研究，2008，(04)：143-145.

者丘振声认为：宗教祭祀的场景在这些壁画中体现得淋漓尽致，其主要内容是雷神。他的主要依据是左江流域崖壁画的画像形状和居住在左江流域的壮族的文化习俗。根据有关资料记载，目前，大约还有四千五百多个人像仍然可以在左江崖壁画中辨认出来。他们的动作都是两手屈肘，五指张开上举，两脚半蹲打开，不论是侧面像，还是正面像，不论是巨人的单个像，还是群像，都可以看出造型动作就是蛙的姿态。这种目的很直接、很明确的人像造型，就是在向雷神欢呼、祈祷，向雷神呼唤或通风报信。再者，数量众多的崖壁画上的蛙形人像，排列整齐有序，规模旁大，也充分说明它是祭雷的性质。①

2. 壮族蚂拐舞习俗与雨神崇拜

祈雨民俗本质上就是对雨神的崇拜，对象主要涉及江河日月、风火雷电等。英国《每日邮报》报道，印度Takhapur村，人们通过青蛙婚礼来祈祷上天降雨，在他们的传统认知世界中，青蛙鸣叫有着神奇的力量，它能够为人类提供降雨，壮族先民在水稻种植方面的农业文明史是我国历史最长久的，是我国古代农耕文明的杰出代表。按照马克思主义的观点，生产方式在很大程度上决定着人类文明的类型。如果从文化生态的角度来看，稻作文明是壮族文明的具体体现，那么他就会具有明显的区域性特征。②在红水河上游很多地名都带有“那”字，从壮语含义来看，其为水田之意，“那”这种地名可以有力地证明红水河流域稻作可以追溯到非常遥远的远古时代，同时我们也可以将其看作是壮族稻作文明起源的体现。所以，稻作文化在壮族的日常生活及其发展史中都有着无法替代的重要作用。古代农耕生产也和自然界有着相当紧密的关联，如果是风调雨顺，很可能迎来的便是农作物大丰收。因此壮族先民们十分崇拜水，并相信其为生命之源，是任何生物都不能缺少的东西，它关乎谷物的生长丰收，也关乎整个民族的饥饱以及存亡。然而，水确实可以造福于人们，帮助人们浇灌庄稼，却又能给人造成灾祸，比如山洪暴发，洪水泛滥，万物损毁。这种种自然灾害都会让壮族的原始先民充满了无限惧怕以及难以理解的心理，并由此形成了对水的崇拜和敬畏之情。③

3. 壮族蚂拐舞习俗与铜鼓崇拜

有学者认为壮族铜鼓中青蛙的纹饰浮雕与壮族青蛙崇拜有关。正如马歇尔(H.I.Marshall)的《克伦铜鼓》一文所说：“在铜鼓上刻有青蛙图像，这种情况说明人们想将降雨的心理诉求带给上天就必须通过敲打铜鼓的形式。古老的壮族先民认为能给人间带来雨水的是青蛙的声音，而能够代表青蛙的声音与雷王沟通的是铜鼓的有震撼和威性的声音。就如同青蛙呱呱叫，告诉雷王人间需要大量雨

①韦丽春．壮族蚂拐舞的文化本源与体育文化价值研究[D]．北京体育大学硕士学位论文，2016，12.

②廖明君．中国节日志．蚂拐节[M]．光明日报出版社，2014，11:85.

③韦丽春．壮族蚂拐舞的文化本源与体育文化价值研究[D]．北京体育大学硕士学位论文，2016，12.

水，让万物复苏和生长。” 蹲蛙刻画在铜鼓上，我们可以将其解释为交配蛙，下面是雌蛙，上面是雄蛙，两只青蛙交配体现在雌雄青蛙抱对的造型，在繁育下一代。

铜鼓上面刻画的这种“交配蛙”，是供给人们祭拜，可以使族裔繁荣昌盛，庄稼丰收，甚至还可以诱发苍天降雨。[①]所以青蛙雕塑像刻画在铜鼓上既标志着对青蛙的崇拜，又象征着农业丰收，还包含着对风调雨顺、五谷丰登以及繁衍子孙后代的美好祝福。壮族的神器、礼器和乐器长期以来便是铜鼓，有着许许多多方面的用途。在壮族人们的潜意识里，铜鼓是有灵魂的，这个灵魂就是鼓精，而鼓精是由蚂拐融入铜鼓而成的。从记载的文献资料来看，在唐朝的时候人们就已经将蚂拐看作是“铜鼓”。唐代刘恂的《岭表录异》载：僖宗朝，郑镇番禹日，有林蔼者，为高州太守。有乡野小儿，因牧牛，闻田中有蛤鸣，牧童遂捕之。蛤跃入一穴，遂掘之，深大，即蛮酋冢也。蛤乃无踪。穴中得一铜鼓，其色翠绿，土蚀数处损阙，其上隆起，多铸蛙鳖之状，疑其鸣蛤，即鼓精。也正是由于壮族的图腾是蚂拐，而蛙饰又与铜鼓紧密结合，才使得铜鼓变成有蛙图腾附着的“神灵器”。[②]在壮族蚂拐舞活动中，作为十分重要乐器使用的铜鼓被普遍采用， 在铜鼓乐舞中，根据一定的击法进行击打，这是整个祭祀活动中十分关键的部分。可以这样讲，如果没有铜鼓在其中就无法跳蚂拐舞。[③]在蚂拐舞活动中所唱的《蚂拐歌》里也常常唱到“村村敲铜鼓、正月孝蛙婆”，“每到正月，敲响铜鼓请蛙婆”，“歌声伴随铜鼓声，此孝渊源流长”等等，由此可见铜鼓是壮族“找蚂拐”、“祭蚂拐”“埋蚂拐”“玩蚂拐”仪式习俗中必不可少的一件礼器，更是唱“蚂拐歌”、跳“蚂拐舞”主要的伴奏乐器。[④]

4. 壮族蚂拐舞习俗与生殖崇拜

图腾物在中国远古时代是民族首领或神灵，是生殖崇拜的一部分。所以某些自然物这两种信仰都具备，并没有特别的界限。比如壮族人崇拜蛙，既包含着图腾的崇拜，也又包含着对生殖的崇拜，两者似乎很难分清楚。学者赵国华撰写的《生殖崇拜文化论》一书中指出：图腾崇拜和生殖崇拜之间有着极其复杂的关联： “图腾的产生，是原始人类将男女生殖器象征物的神化。”他还说：“图腾的出现与男女生殖器象征物的崇拜有着非常密切的关系，从时间上来看，生殖崇拜要早于图腾崇拜。在远古时代，人们不知道人是怎样出生的，所以对某些女性生殖器和男性生殖器表现出好奇和崇拜，从而演变成图腾崇拜，进而成为某些民族

①玉时阶．壮族民间宗教文化[M]．北京：民族出版社，2004：178.

②朱从兵，钱宗范．民族传统文化与当代民族发展研究——以广西壮族自治区为例[M]．合肥：合肥工业大学出版社，2008：119.

③卢克刚．壮族“蚂拐节”祭仪及其音乐[J]．广西艺术学院学报《艺术探索》，2007，21(5)：14-17.

④黄小明，陈利敏．壮族民间舞蹈传承中的“原始遗存”及发展趋向[J]．艺术探索，2008，22(06)：51-53.

部落的始祖和标志。”[①]中国民族学家杨堃指出：“图腾主义涵盖了图腾崇拜，可以将其理解为母性崇拜的表现。”[②]所以，图腾主义和母性崇拜是密不可分的，如果没有母性崇拜，便不会产生图腾主义。所以，“图腾是‘种源’，在氏族社会中，图腾的地位非常高，无论是谁都不可以蔑视，要表现出完全的虔诚和敬畏之心。”可以理解为图腾崇拜与生殖崇拜有着十分密切的关系。[③]

红水河流域的东兰、天峨、南丹等地，山高地少，溪流众多。在远古时期，人们的生产力水平低，生存环境极其恶劣，生下来的孩子不容易存活，在这种情状况下，人口多与少将成为氏族部落战斗力的重要表现。“蛙类代表着女性的生殖象征，蚂拐腹部大，象征着女人受孕时的体态，女性生殖器官与贝壳中的软组织相类似，又和男性的精子有点相近，又由于蛙卵繁多，而被那些盼望有众多子嗣的人们所倾慕。[④]蝌蚪，一方面和象征着古人看作是阴阳交泰的感生物。所以蛙成为月亮的神灵与象征。她和月亮一样，具有‘夜光何德，死而又育’的不死功能和生育能力。” 由上述的分析说明蛙图腾崇拜的形成与生殖崇拜相关。

（三）壮族蚂拐舞仪式中的身体表达

1. 仪式与身体表达的内涵

所谓仪式：就是指民众在对某种精神观念或某种有形物体表达崇敬之时，在一定的时间、一定的场合，使用肢体语言、口语、器物等展现的一系列模式化、程序化、象征性的社会活动行为。“从本质上来说，仪式举行的过程也就是文化展示的过程，这是人类学家格尔茨在研究和分析中得出的结论，从这一角度上来讲，宗教仪式进行的流程也正是对宗教文化精神进行展现的流程。”[⑤]仪式涉及各个方面的基本要素，比如人物、时间以及地点程序和气氛等。而这些基本要素又是必须经由身体的表达才能够充分地显现。有一点需要特别指出的就是主祭者在进行身体表达的时候，需要和相应的人物等叙事文本有机地结合起来，从而使得其更具备仪式的价值或者意义。比如借助于特定的面具、吟唱和舞蹈等表演方式，进行祭祖敬神、驱鬼逐疫以及祈福消灾还有呼风唤雨等，将人们的希冀完整的表达出来。

所谓身体表达是指由身体及周围装饰空间而产生的带有交流与象征意义的各种表情、仪态、姿势、语言和动作行为的展示。在进行仪式文本描述中，身体所

---

①赵国华．生殖崇拜文化论[M]北京：北京中国社会科学出版社，1990：350-358.

②杨堃．民族研究文集[M]．北京：民族出版社，1991：512-514.

③韦丽春．壮族蚂拐舞的文化本源与体育文化价值研究[D]．北京体育大学硕士学位论文，2016，12.

④杨志晓，秦贺．坚守与追求：壮族群舞《蛙神祭》创作理念分析[J]．艺术探索，2015，(06)：50-52.

⑤王昕．功修、奈仪、节庆中旋跳的舞蹈——新疆维吾尔族萨玛舞研究[D]．中央民族大学博士学位论文，2010，3：253.

具备的内涵也是非常丰富的，主要内容可总结为：首先，祭师具备了非常特殊的社会身份。其次，祭师的身体也具备着非常不一般的奇异功能。在进行各种仪式的时候，祭师的身体一般也是处于一种不太正常的状态，比如，陷入被动的状况之中，以便于更加表现出仪式的神圣感。再者，其实祭师的身体也并没有什么特别之处，只是在举行仪式的时候采取特殊举措和办法，使得其身体表现出与常人不同的特点。最后，其使用的工具等有着专属性的基本特点。①

2.壮族蚂拐舞仪式中身体动作程序的表达

从古越传统文化基础上发展而来的壮族蚂拐舞，保留着许许多多越文化的特色。壮族蚂拐舞习俗就是对蚂拐的虔诚和崇拜。蚂拐崇拜的主要目的，一是为了祈雨，二是对生殖的虔诚和崇拜。为了能达到这两个目的，壮族民众开展了规模盛大的祭祀蚂拐舞活动，活动仪式相当复杂，其主要活动仪式流程都是围绕祭祀蚂拐来进行的。由于各地的文化习俗不同，其礼仪虽有大致一样但又有些微的差别。大体都要经历以下这些过程：寻蚂拐、游蚂拐、祭蚂拐、葬蚂拐、要蚂拐等。

在祭祀仪式中，是祭师通过语言形式和身体动作来表达对神依赖感和敬畏感的行为，祭师的身体和身体表达使仪式作为一种特殊的文本获得了特殊的意义。②

在蚂拐节每个仪式中又有小的活动仪式。如在要蚂拐仪式中跳蚂拐舞就是最盛大的活动仪式。具体程序包括： 皮鼓舞、蚂拐出世舞、拜蚂拐神舞、拜铜鼓舞、征战舞、耙田舞、毛人舞、驱邪灭瘟舞、插秧舞、薅秧舞、打猎舞、打鱼捞虾舞、纺纱织布舞、繁衍舞、丰收祭拜蚂拐舞。③以上这些舞蹈程序群体性舞蹈最多，有些是反映壮族先民的祭祀活动的，也有动物模拟和表现农业劳动的，带有较强的图腾崇拜、模拟、再现生产生活的舞蹈特色。其中模拟性动作再现性非常强，风格朴拙，艺术特色不浓，动作非常简单，既容易学也容易跳。另一类祭祀活动类的舞蹈则比较有特点，动作看起来很简单，但难度其实比较大，很不容易掌握。

（1）皮鼓舞：两位少女（过去是男子戴少女面具）手中各挥一对鼓棒，伴随铜鼓、锣鼓的节奏。边敲击大皮鼓边做对称性动作起舞。她们以脚尖点地撩腿画弧点步跳为基本蛙式动作，左右手交替敲击上举，左右脚轮换撩胯，舞姿潇洒、热情奔放。

（2）蚂拐出世舞：由四个十一二岁的小男孩组成，需穿上一条紧身的裤衩，全身裸露并画着黑白相间的蚂拐纹饰，从舞场的四角跳跃或翻筋斗入场，尔后伴随着铜鼓与大皮鼓的节奏做蛙跳状和蟹形状动作，又做寻觅食物、捕捉昆虫舞姿，

①韦丽春．壮族蚂拐舞的文化本源与体育文化价值研究[D]．北京体育大学硕士学位论文，2016，12.

②刘卫英，姜娜．近十年国内仪式研究现状综述[J]．黄山学院学报，2011，13(01)：73-77.

③彭兆荣．论身体作为仪式文本的叙事——以瑶族“还盘王愿”仪式为例[J]．民族文学研究，2010，(02)：159-160.

相互嬉戏逗乐。在一阵密鼓声中，又有四个裸身画有蚂拐图案、头插羽毛的男青年舞者从正台前翻筋斗入场，与小蚂拐一起跳舞，随鼓点节奏的变化而舞蹈，多做半蹲裆式、前脚掌点地，两腿平屈分胯，两脚成八字打开，两手屈肘于肩，五指张开，两脚蹲地并有侧身、向后，向前的狂野舞步。

（3）拜蚂拐神舞：又叫敬蚂拐舞或长板蚂拐舞，是专门祭奠蚂拐神的舞蹈。跳舞场上香烟缭绕，头上戴着各种各样的面具、身穿各种颜色长衫的山神、水神、土地爷、灶王爷、耙田郎、打鱼郎、插秧姑娘、大头神仙、牛神、纺纱婆、织布嫂、算命先生等一起来到舞场。山神挥舞树枝，水神手捧装有仙水的葫芦，灶王爷手拿着龙头拐杖，牛神拿着一束青草。他们都伴随着唢呐声和鼓点节奏作蹉步侧身，点地画弧撩腿，点跳步前进，以“之”字形路线不停地舞蹈，尔后再向场上正台前列成一排的蚂拐抱拳辑拜。此舞较为庄严，表现了对蚂拐神的膜拜与崇敬。①

（4）拜铜鼓舞：也称作拜寿舞，是为了祭拜铜鼓所跳的群体舞。由扮演山神、水神、土地、灶王与扮演蚂拐的艺人一同起舞，他们首先跑到铜鼓前面，一起作拜铜鼓的动作，做三拜铜鼓之后才离去。之后由分别戴着禹王和尧王面具的舞者，从皮鼓的两边进入场地，并面对着铜鼓肃穆地跳舞。俯首躬拜，以表示对铜鼓的顶礼膜拜和虔诚的心。舞步通常是前脚掌点地、撩腿侧身跳，并向皮鼓的方向以蟹行磋步移动。此外两人还不停地交叉互换位置，并按“之”字形路线向皮鼓方向移动，并与击鼓者交错位置而起舞，这就是将铜鼓视为雷神。

（5）征战舞：主要由3个片段所构成，即“蚂拐拳”“蚂拐刀”“蚂拐棍”，蚂拐拳由戴着纣王和水神面具的两个人进行徒手表演；蚂拐刀是由戴着雷神和莫一大王面具的两个人，各自拿着木制双刀进行持刀搏杀表演；蚂拐棍是由佩戴着猴王、鬼王面具的两个人，各自拿着一根短棍相互格斗。这三段舞蹈的寓意就是蚂拐神领兵出征，英勇杀敌的场景。

（6）耙田舞：由6人同时跳舞，四名男演员同时被罩在二头水牛套具内扮演“牛”，一人舞水牛头，一人舞水牛尾，其他两人，一人戴着水神面具扛着犁走在水牛的面前，另一人则带着农神面具扛着耙紧紧跟在后面，做驯水牛动作的舞蹈。人和牛都跟随着鼓点节奏做点步画弧胯腿跳的舞步动作，但水牛有时也会回头撩人，有时会狂跃奔跑，有时会打滚耍赖不听使唤，野性大发，导致水神与农神被水牛撞倒而受到损伤，但仍然坚强的驯顽固的水牛，最终，犟水牛终于被驯服。舞蹈的牛与人配合得十分默契而又不失幽默滑稽，诙谐搞笑、情趣横生。弄得围观群众捧腹哈哈大笑。而一群小蚂拐也跑进来与水牛嬉戏、玩乐。

（7）毛人舞：鼓声沉闷，唢呐停奏。两个毛人（即瘟神），全身着毛茸茸的棕

①韦丽春．壮族蚂拐舞的文化本源与体育文化价值研究[D]．北京体育大学硕士学位论文，2016，12.

毛衣，手捧各类“害虫”（如蝗虫、稻瘟虫之类）蠢蠢出场，作挥洒害虫舞姿，动作自由无局限，表现出凶恶、恐怖、恣意横行。将农作物害虫的来源具象放到一个“毛人”身上，反映了壮族民众认识世界的原始观念。

（8）驱邪灭瘟舞：四只（一群小蚂拐）小蚂拐跳跃或翻筋斗上场，奋力扑灭害虫。毛人发现小蚂拐在捕捉害虫，就与小蚂拐搏斗，双方不分胜负。这时，四只（一群大蚂拐）大蚂拐也跳跃或翻筋斗上场，与毛人大战，最终于打败了毛人。此时，大小蚂拐欣喜若狂地欢快起舞，并发出“呱呱呱”的呼叫声，表示胜利后的欢乐心情。此舞蹈动作生活化，无固定程式，步伐以蛙跳为主。此舞蹈反映了壮族民众对蚂拐驱害保护农作物的认识。

（9）插秧舞：再现妇女插秧的群体舞，由十八位女青年头戴凉竹帽，肩上搭壮锦毛巾。其舞蹈动态重现了村民们在田边扯秧、捆秧、抛秧和插秧姿势，行进舞蹈时则随鼓点节奏，以蚂拐前脚掌点地画弧撩腿点磋步跳的基本动作，舞蹈朴实自然。

（10）薅秧舞：再现农民薅秧的习俗性舞蹈。由18位女青年表演，左手叉腰、右手持棍撑地，上身倾斜，用脚大幅度地画八字动作前行。

（11）打猎舞：六位裸露上身、腰扎虎皮腰围、头插各种鸟类羽毛，腰挂环首大刀和箭袋、手持弓弩的壮汉上场，他们以明快激烈的鼓点节奏，用半蹲裆、半脚尖点地画弧撩腿点步跳作射箭、捕猎、抬猎物和追跑等舞蹈，并穿插祭拜山神和土地爷动作，整个舞姿雄健粗犷、刚健有力。

（12）打鱼捞虾舞：再现农民打鱼捞虾的民间习俗性舞蹈。男舞者头上戴着打鱼郎面具，手持渔网，边拉网边作打鱼舞蹈，这里闯闯，那里摸摸。女舞者头戴村妇面具，手持竹簸，随鼓点节奏跳跃而舞，边舞边捞，这边捞捞，那边撮撮。他们匀以“小丑”的形象出现。舞蹈诙谐风趣，以逗趣取乐为主。

（13）纺纱织布舞：由两人表演，男的戴歪嘴老人面具捧着纺纱车，女的戴妇女面具，持绞线拐，背一小孩，分别从舞场两边上来，随鼓点节奏作纺纱织布等劳动生活动作的舞蹈，彼此还垂背弯腰，互相关心，并相互嬉戏。这个小细节富有乡土气息。不时有一对男女青年搭肩绕场，缓步而来，对唱情歌，慢步抒情而去。

（14）繁衍舞：六名戴面具的演员，各人手持一根一尺五寸长的短棒，棒一头包着红布（寓意为男性生殖器），兴奋地与场上织布姑娘、绕线妇女、纺纱妇女做挑逗调情舞蹈，有时其动作较原始、淳朴。此舞蹈反映了先民们古朴粗犷的野性和对民族繁衍生息的强烈愿望。这些舞蹈均踏着鼓点节奏，以蚂拐的舞蹈动作为基础。

（15）丰收祭拜蚂拐舞：同是薅秧舞的18位女青年，伴随着鼓点节奏以割禾、打谷、挑谷时的基本动作进行舞蹈，不时发出呼叫声，以表达丰收后的欢快心情。

女青年模拟挑谷下场后，而后大蚂拐一起上场表演，接着18位女青年捧着煮熟的乳猪、羊头、谷穗、各种色彩的糯米饭和布匹作祭祀蚂拐的舞蹈。

壮族蚂拐舞活动是一种具有标志性的民间宗教祭祀仪式活动，它蕴涵着重要的“原生态”身体运动文化，而身体运动文化的表演又是这种仪式过程不断地被推上历史舞台的核心元素之一。通过身体运动文化的展演不断拓展了整个仪式过程的审美视角和象征寓意，使其赋予了重要的社会存续资本。仪式中无论是祭祀舞蹈还是征战舞蹈或是表现生产劳动的舞蹈，都试图通过蚂拐拟人化的农业生产程序为舞蹈语言，表达人们在种植水稻生产中，祭祀蚂拐，确保粮食丰收的农业生产活动的再现。其最终目的是通过对蚂拐神的祭拜来祈求来年风调雨顺，幸福安康。①

（四）壮族蚂拐舞的象征隐喻

象征是古代先民原始思维的特有方式，是经过漫长时间积淀而成的一种集体意象。通过象征，抽象深奥的概念之核质得以融入鲜活的感性物体中，抽象之物便可以在具体形象中得以观照。所以，作为人类想象力产物的象征，反映了外界事物与人的内心世界之感应与契合。图腾、禁忌和巫术是象征最初的源泉。在万物有灵观念的驱使下，原始人丰富的想象力掺和进谬误或合理的联系，便衍生出代表原始文化的图腾、禁忌和巫术。②

1. 吉祥性象征

蛙崇拜体现在壮族人民生活的方方面面。即便是到了现在，我们也可以从他们的生活当中发现这些元素。比如，这些元素在红水河流域的东兰和凤山以及天峨一带就十分有名。在壮族地区当中每年都会举行 “蛙婆节”盛会。该民族还把青蛙叫作“蚂拐”。但对祭祀活动中的青蛙则尊称之为“蛙婆”。“蛙婆”象征着吉祥如意，代表着母神，在蚂拐中的地位很高。③壮族学者覃乃昌指出，从新石器时代早期起，在珠江流域特定的自然地理条件下，壮侗语民族先民便开始了稻作农业生产。在长期的种植水稻以及农耕生产劳作中，壮族及其古代先民们早已认识到田间的蛙类与农作物生长、雨水丰盈有着十分重要的关系，以及从蚂拐顽强的生命力、旺盛的繁衍力和雨水敏感的生理特性受到启发，继而将其神话，后来逐渐演变成一套内容丰富、积淀深厚，体系完备的壮族蚂拐舞仪式。由此可见，恩泽于水的稻作生产方式自然就会使操持这一生计的人们对于关乎雨水充沛与否的青蛙（蚂拐）礼遇待之，并通过它祈雨求卜，以达到实现人寿年丰、富足安康的心理慰藉和精神需求。对于农业社会时期的人们来讲，能够获得庄稼的丰收是人

①韦丽春．壮族蚂拐舞的文化本源与体育文化价值研究[D]．北京体育大学硕士学位论文，2016，12.

②黄秋香．壮族社会民间信仰研究[M]．中国社会科学出版社，2010：38.

③廖明君．中国节日志．蚂虫另节[M]．北京：光明日报出版社，2014：184-185.

们最大的愿望。因此，水也就逐渐成为吉祥的象征。随着时间的不断推移，水也逐渐被神话，成为吉祥的典型代表。在人们的生活当中为了表达对于水的崇敬，逐步形成相应的民俗活动。在壮族蚂拐舞活动仪式中就有正月初一取伶利水。在蚂拐歌里唱道：布越有此的传说，大年初一出仙光。仙人撒下智慧水，溶在河里人争尝。后来成了老规矩，大年初一挑水忙。抢先取来仙人水，喝了聪明又健康。喝罢仙水捡祥石，以此祈求人畜兴旺。①

2. 禳灾性象征

对于我国的礼俗文化进行调查和分析能够得出，进行避灾镇邪的礼俗有着极为丰富的类别。这些礼俗很多都和农业生产有着紧密的联系。就像祷除水旱以及定息风雨等。所以，这些行为活动也从一定层面上体现着人们心中的愿望。对于我国古代来说，拔攘、拔楔、拔除等民间巫术活动十分盛行。②在原始的祭祀舞蹈里也处处具备着纳福消灾和驱鬼祛邪以及治病求子等基本元素，代表着人们对于特定文化主体的崇拜，体现着人们心目中所具有的信仰。对于蚂拐舞祭祀仪式来说，表演本身也体现人们的“超人”诉求，将其所具有的象征以及寓意充分地体现出来，达到借助超现实力量对抗未知的天灾的愿望。表达出人们内心的祈求以及希冀。如游村仪式，是由蚂拐队抬着蚂拐棺到各家各户唱“蚂拐歌”给主家村民们认为得到蚂拐神的祝福，这新的一年就会平安、顺利，灾害病疫也会被除掉。游峒仪式的逐疫功能也非常突出，人们抬着蚂拐棺、敲着铜鼓，浩浩荡荡地沿着村落的地界游行，以蚂拐神之能、铜鼓之威逐除一切灾害，保全村的平安。通过开展这些祭祀活动，人们对于特定的行为活动进行模仿，从中获得力量以及慰藉。这些祭祀活动的进行也同样体现着人们对于特定实物形象的信仰，使得人们在心理层面上获得一定的满足。③

3. 生殖性象征

生殖崇拜作为旧石器时代到新石器时代的原始宗教表现形态之一，离现代社会已经比较遥远。但是，它在壮族乡村并没有销声匿迹，仍然存在于民间。生殖崇拜后来泛化，几乎渗透到壮族所有的节日中。壮族是稻作民族，所有节日都离不开两个目的，一是人丁繁衍、老少平安，二是稻谷丰收，六畜兴旺。而稻谷丰收和六畜兴旺的目的也是为了人丁兴旺和平安。所有的宗教祭祀仪式，也是围绕被恩格斯称之为两种生产的繁荣。对于原始壮族先民来说，在最开始的时候他们认识到，只有通过女性才能够获得后代，因此，他们对于女性产生崇拜。随着时间的不断推移，人们逐渐将青蛙作为生殖的象征，因为，在自然界当中，青蛙表

①韦丽春. 壮族蚂拐舞的文化本源与体育文化价值研究[D]. 北京体育大学硕士学位论文,2016,12.

②韦丽春. 壮族蚂拐舞的文化本源与体育文化价值研究[D]. 北京体育大学硕士学位论文,2016,12.

③吕韶钧. 舞龙习俗与民族文化认同研究[D]. 北京体育大学博士学位论文,2011,6:68-69.

现出很强的生命力，而且生殖能力也十分突出。从青蛙的外在形象上来看，其肚子差不多占据着其身体的80%以上，像极孕妇的体态，而且，蛙口与女性的阴户存在着很多类似的地方。青蛙通过一次生殖行为就能够获得大量的后代，而且对于环境要求不高，很容易进行繁殖，久而久之，人们对于青蛙的崇拜之情逐渐产生，并得到迅速的发展。实际表现人们对于青蛙的崇拜之情的时候，更多地体现在特定的神话故事当中。①

在花山崖壁画众多的人物图像中，有一些裸体的人物图像。这些人物图像要么是裸露生殖器的男性，要么是显示怀孕特征时的女性。很显然，花山崖壁画上这些醒目的男女裸体图像生动形象的表达出了人们内心的愿望，体现出人们对于生殖的崇拜之情。②

4. 丰饶性象征

壮族在其漫长的历史进程中，为适应特定的地理环境，便以稻作生产为主要的生产方式。所以，在日常的祈求活动当中，更多地体现在对水稻实现丰收的崇拜活动。这些行为活动是壮族礼俗文化的重要组成部分。青蛙和稻作获得丰饶有着紧密的联系，这一点在其礼俗文化当中也有着最为直接的体现。通过进行更为深入的调查和分析得出，对于水稻种植来说，水是最为重要的因素，可以说水是生命之源。在壮族人民的心目中青蛙和水有着紧密的联系，在雨季青蛙就会出现，因此，青蛙代表着水资源的丰富，代表着水稻会获得丰收。随着时间的不断推移，有关青蛙的神话故事也就逐渐形成。③所以，壮族人民就将青蛙作为雨水的象征，对青蛙进行崇拜，通过举行祭拜活动，希望能够风调雨顺，水稻获得大丰收。蛙神代表了主宰壮族命运的稻作文化，透过蚂拐舞活动，我们所看到的不仅是壮族民众对雨水的祈求和对稻作丰饶的期盼，更是壮族地区稻作文化的体现。④铸在铜鼓上的青蛙塑像同样传达了古代壮人祈求降雨，五谷丰登的渴望。铜鼓上的其他纹饰与农耕文化的密切联系也从侧面反映了青蛙塑像蕴涵着丰饶崇拜的内涵。平面上的纹饰如太阳纹、水纹、雷纹等；立体装饰物如牛群塑像、人牛耕种塑像、谷仓塑像、田螺塑像等，这些都是与农业生产有着密切联系的艺术形象。它们与青蛙塑像同时出现在鼓面上， 很容易使人把青蛙塑像与丰饶崇拜联系起来。⑤

神话传说、图腾崇拜、民间信仰、身体表达、象征隐喻塑造了蚂拐舞的文化本源。在壮族民众的心中蚂拐是主宰人间雨水之神，从而对他产生崇拜。壮族蚂拐舞的象征体现在吉祥性象征、禳灾性象征、生殖性象征、丰饶性象征等四个方

①韦丽春．壮族蚂拐舞的文化本源与体育文化价值研究[D]．北京体育大学硕士学位论文，2016，12．

②刘继辉．广西宁明花山崖壁画文化研究[D]．广西师范学院硕士学位论文，2011：50-54．

③韦丽春．壮族蚂拐舞的文化本源与体育文化价值研究[D]．北京体育大学硕士论文，2016，12．

④刘继辉．广西宁明花山崖壁画文化研究[D]．广西师范学院硕士学位论文，2011，6：50-54．

⑤韦丽春．壮族蚂拐舞的文化本源与体育文化价值研究[D]．北京体育大学硕士论文，2016，12．

面。它作为寄托着广大壮族民众情感的民俗事象，极大地满足着村寨民众的精神需求。

三、壮族蚂拐舞的体育属性及体育养生文化价值

（一）壮族蚂拐舞的体育属性

中华民间民俗文化是一种不断发展和演变的“原生性”民族文化，而这个民间民俗文化的展演是经由人体锻炼所提供给当代人的某种历史记忆，并借此达成对某种人文认同感或国家认同感，或者民族认同感。伴随着人们社会生活的日益变化，这类“原生性”民族文化的肢体展演被赋予了更多的现代社会的认同价值，这正是众多“原生性”身体运动文化能够保留乃至延续繁荣的主要基础。笔者在长期的田野调查研究中认为，壮族蚂拐舞活动是一项富有代表性的民俗宗教及祭祀礼仪活动，里面蕴涵着重大的“原生性”身体运动文化，而身体运动文化的表演正是这些礼仪活动不断地被引入中国历史舞台的核心元素之一。由于身体运动文化中的表演，不断丰富了对整体仪式过程的审美视角与象征意义，将其赋予了巨大的社会发展存续资本。[①]比如天峨县六排镇纳洞村按时间顺序有取新水、捡祥石、找蚂拐、孝蚂拐、立幡、游界、葬蚂拐、吃蚂拐饭、玩蚂拐等仪式。壮族蚂拐舞活动在这些仪式的举行中，逐渐呈现出祈福、逐疫、欢乐的功能。如：游村仪式，也就是由蚂拐队抬着蚂拐棺，在各家各户中唱起“蚂拐歌”为主家祈福，因为农民们都认为受到蚂拐神灵的保佑，这新的日子将会和谐、顺利，灾害病疫也将会被清除掉。壮族蚂拐舞活动通过这种繁杂的祭祀礼仪，不仅仅是壮族民众表达与传播文化的“原生形式”，也同时具有与众不同的文化践行活动。在传统祭祀礼仪中，是祭师通过使用语言的表达方式和躯体动作来表示对神灵依赖感、崇拜感及敬畏感的一种活动，而祭师的身体形态和躯体表现动作使礼仪作为一个特定的文本而获得了特定的含义。

谈到跳舞，大家就自然而然地会想起舞台上轻歌曼舞的舞蹈艺术，那么在文中提到的蚂拐舞又怎么会是体育活动呢？这就要从舞的诞生过程说起了。在最初的人类社会中，人们就必须用肢体活动方式来表现喜、怒、悲、悦等情感。在人类漫长的生产生活实践中，人类逐渐意识到一些“本能”的肢体活动方式可以顺应身体的需求，进而把这种活动组织出来，成为有规律性的体育运动，古籍中称为“舞”。在古代文献记录中，大概在帝尧时代，有一位阴康氏的人，根据对生活实践的研究，创作出一整套活跃肢体的健康操，这便是上古时期的“消肿舞”。[②]

①韦丽春．壮族蚂拐舞的文化本源与体育文化价值研究[D]．北京体育大学硕士论文，2016，12.

②宋秀平，李杨，李明达．四川民俗体育文化传承研究——以民间传统舞蹈为例[J]．成都体育学院学报，2011，37(07)：21-24.

这种人为顺应人类生理需求和心灵需求所诞生的舞蹈艺术活动，不管从形式上还是功能上都属于今天所定义的体操活动，是构成中国古代娱乐性体操活动的最主要部分。特别是在我国传统民俗、农闲之余、丰收过后以及祭奠之时，音乐舞蹈都是最主要的艺术形式。中国古代没有“体育”这个词，很多体育运动都被叫作“舞”。比如：剑舞（剑器舞）、蹴鞠舞、绳伎舞等一系列锻炼或技能游戏活动都被叫作“舞”。但尽管如此，在民族之间，尤其是民族地区，利用跳舞形式来欢娱身心的舞蹈活动还是一直传承了下来并作为中国少数民族传统文化体育的主要表现形式之一。①

1. 体育的本质

体育具有以下特征：“一是从人与自然、人的心理和社会之间的关系来看，运动是指人类为适应人类心理和社会需要，而用以改变自己身体的活动方式。二是从运动主体与客观、动机与效应之间的关系来看，运动的主体和客观、动因与效应均统一于人自身。三是从内涵和表现形式的层次出发，运动的基本内涵和基本表现形式都统一在人的身心活动当中。”②它通过有目的、有意识的躯体运动，直接作用于人体本身，改造人类自我身心，增进人自身的发展。人体形态与体质活动是中国传统体育的重要原生源。正如谭华指出：“所谓体育的起源的原生含义，其本质就是体育意识的起源，即人类对其身体活动与相应的身体变化之间联系的自觉意识的起源。”③

体育运动的实质可以分为两个方面：一是在自然科学方面的本质，它通过体育锻炼的方法和手段，来实现提高人的身体条件的目的；二是在社会科学方面的本质，它是指利用体育锻炼的手段来实现某种社会活动目的。运动的实质，正是由自然界的质与人类社会的质互相结合、相互联系、交互作用来决定的。所以，运动就是按照人类社会活动的基本要求，以体育活动为主要手段，并经过对人的训练来实现社会活动目的的一项身体实践活动。④

2. 壮族蚂拐舞的体育本质属性

蚂拐舞活动是由壮族祭司针对各种祭拜需求，根据传统礼仪而开展的一项身体运动，表面多是跳神驱鬼之类的动作，但实际上大部分动作是祭祀蚂拐神和拜祭铜鼓，主要展示了蚂拐神领兵战斗与农业生产的过程，也反映了部分乡村日常生活情景，还有他们精神世界的身体动态表现，其素材取自地方民俗。没有离开家庭生产、生活，而且非常贴近原生态，是探究中国原生态宗教与体育文化萌芽

①宋秀平，李杨，李明达．四川民俗体育文化传承研究——以民间传统舞蹈为例[J]．成都体育学院学报，2011，37(07)：21-24.

②唐宏贵；赵高彩；卫才胜等．论体育本质的双重性[J]．体育文化导刊，2008，(04)：28-30.

③孙德朝．身体活动与古彝文字的相关性研究[J]．体育学刊，2016，23(02)：43-47.

④温艳蓉．闽西客家民俗体育的发展考察研究[D]．福建师范大学硕士学位论文，2013，06.

过程的生动案例。蚂拐舞蹈的活动融入了祭祀舞蹈，有情景、人物、悬念、对白歌舞等，已形成中国戏曲舞蹈和体育形式萌芽发展的基本要素，是中国体育艺术与人类学研究的“活化石”。①

蚂拐舞所包含的体育和文化元素将对壮族群众的生产生活起到良好的促进作用。②其体现在五个方面： 一是能满足壮族图腾崇拜的精神需求；二是能满足追求健康生活的需求；三是能满足壮族人民休闲娱乐的需求；四是能满足壮族相互交往的需求；五是能满足壮族美化生活的需求。③

（1）壮族蚂拐舞体育本质的自然属性

蚂拐舞活动习俗是一种民间自发组织的仪式性民间活动。蚂拐舞的仪式过程是以人的身体运动为基本表现形式来演示。仪式活动有找蚂拐、游蚂拐、祭蚂拐、葬蚂拐、玩蚂拐仪式，每个仪式中又有小的仪式，如打铜鼓、舞狮子等，它们本身就是一种民族传体育项目，具有表演性与竞技性。蚂拐拳、蚂拐刀、蚂拐棍也是一种壮族的传统体育项目，通过各种拳、棍、刀及格斗动作，体现蚂拐领兵出征，英勇杀敌的情景。上述动作，均要求有良好的反应速度、耐心、力量、敏捷、协调力等综合素质，和最基本的运动能力和团结协作的敬业精神。在蚂拐舞的多个程序舞蹈中都有蛙跳的动作，这也需要良好的腿部力量才能完成，通过蛙跳可以提高腿部力量。整个蚂拐舞表演所需的时间是30分钟，从体育活动的运动量和运动强度来看，蚂拐舞活动的运动负荷已达到中等强度的有氧运动。④

作者2018年2月19日上午在天峨县六排镇纳洞村的蚂拐舞表演中，现场对参加蚂拐舞表演的演员，主要是扮演大蚂拐的演员18人和妇女20人进行活动后即时脉搏的测试，测试结果平均脉搏为137次／分钟。（特别说明：在田峒参加蚂拐舞表演的演员有104人，其中扮演大蚂拐的有18人、小蚂拐18人、毛人2 人、山神1人、水神1人、水牛4人、犁田1人、耙田2人、播种插秧妇女20人、打鱼捞虾者3人、纺纱织布2人，打皮鼓者2人、打锣者10人、打镲者10人、吹唢呐者10人。人数也可根据当年举办的情况而增减。整个蚂拐舞表演所需时长为30分钟。选取样本的原因主要是20名妇女和18名扮演大蚂拐的演员都参加到最后的庆丰收舞的表演。由此可以说明跳蚂拐舞的运动强度相当于有氧健身操的运动强度。壮族蚂拐舞以其丰富多彩的肢体动作语言和诱人的舞蹈动作体态，述说着一种少数

①胡小明，张洁，王广进等．开拓体育文化研究的新领域——以探索身体运动对原始文化形成的作用为例[J]．上海体育学院学报，2012，36(02)：1-5.

②徐宏．非物质文化遗产视角下贵州苗族体育舞蹈“水鼓舞”的渊源、价值与传承发展研究[J]．贵州师范大学学报（社会科学版），2014，(06)：69-74.

③韦丽春．壮族蚂拐舞的文化本源与体育文化价值研究[D]．北京体育大学硕士学位论文，2016，12.

④韦丽春．壮族蚂拐舞的文化本源与体育文化价值研究[D]．北京体育大学硕士学位论文，2016，12.

民族的文化与古老历史文化，并逐渐发展形成了各种的舞蹈形式。[①]这一表演的形式内涵丰富，具备了现代运动中所强调的体育运动持续时间、体育运动力度、体育运动负荷等基本要求。通过长期有效的肢体锻炼，可以提高个人的身体机能、身体素质和生活质量。[②]而蚂拐舞对于村民们来说，更具有无法取代的体育锻炼和文娱功效。在蚂拐舞运动过程中，人们通过皮鼓、铜鼓、锣等器械的敲击把十五种舞蹈动作有机地组合起来，村民们在节奏多变的鼓声中，把人的力量、速度、耐力、灵敏等之美糅合在舞动之中，整个动作简单有趣、幽黙粗犷、幅度夸张，并以此表现极度虔诚。“很明显，原始人们利用了经常的、具有较大运动负荷的、高激情的活动舞蹈在客观上实现了运动的精神行为，并且完成了原始运动的功能。”[③]换句话说，蚂拐舞具有体育本质的自然属性。

（2）壮族蚂拐舞的体育本质的社会属性

体育本质的社会属性是指体育具有社会性，它不能独立于这个社会而存在，与社会的各个方面有着不可分割的联系，它依存于社会，作用于人类自身，起到整合人类社会、娱乐于民、德寓于体、改善人际关系的作用。蚂拐舞活动是村民自发组织的、有目的、有秩序的民俗活动。蚂拐舞传统仪式性舞蹈能在乡村演绎上百年，完全是由于乡村社会共同体认同的需要，它借助传统仪式性舞蹈来叙述乡村历史，[④]传递并继承乡村的文化优良传统，以实现了整理乡村传统文化资源、汇聚乡村社会共同体能量，重塑乡村传承文明的目的。在健身娱乐缺乏的乡村生活中，通过每年一届的蚂拐舞活动展演，不管参加者或是观看者，都沉浸在传统仪式舞蹈的狂欢中，在精神情感上获得了满足感的同时，也对思想与精神情感上的回归形成了至关重要的作用。而礼仪性舞蹈一般都是依据规定俗成的程式与规范来演绎仪式的象征性含义，人在礼仪演义流程中所接受礼仪与潜在规范的约束，对于规范社会、教育族人、整合资源和调适城乡社会秩序，都在一定程度上产生了至关重要的影响。[⑤]所以，蚂拐舞等礼仪性舞蹈都带有鲜明的体育本质的社会属性。

（3）壮族蚂拐舞的体育与艺术的融合

现如今学术界关于民族传统体育与民族艺术的探讨一直纷争不断，其关注点往往是界定这些产生于当地的一些日常生活中的民间舞蹈活动到底是属于艺术还

①何娟娟，蒋波．壮族蚂拐舞本体特征初探——以舞蹈《山娃仔》为例[J]．音乐时空，2015，(19)：29+37.

②陈上越，吴祖会，郭学松．乡土社会仪式中的身体运动研究[J]．南京体育学院学报(社会科学版)，2016，30(02)：22-28.

③万义，王健，龙佩林等．少数民族原始宗教与身体运动文化形成的文化生态学分析——东巴跳与达巴跳的田野调查报告[J]．体育科学，2014，34(03)：54-61+97.

④李丽．闽南民俗信仰仪式中的原生态民俗体育研究[D]．厦门大学硕士学位论文，2009，05.

⑤郭琼珠．民间信仰仪式性表演类民俗体育探析[J]．武汉体育学院学报，2009，43(06)：29-32.

是属于体育的问题？其实，我们不用如此纠结。运动与艺术，虽然分属不同性质的人体活动领域，但任何运动和艺术的创造均始于人体，并必须还原和服务于人体的基本需要，当体育运动离开了艺术，社会必将趋向苍白和野蛮，当艺术离开了体育运动也将会是没有意义的充盈。如原始宗教产生之后，崇拜祭祀礼仪逐步渗入人类的生活之中，而舞蹈是一切崇拜的主要手段，并贯穿于崇拜礼仪的自始至终。音乐舞蹈，是指原始人类利用躯体活动表达思想感情和流露内心世界感情的舞蹈活动，且在客观上具有提高体质的意义。古书中也有“情动于中而形于言，言之不够，故嗟叹之，嗟叹之不够，故咏歌之，咏歌之欠缺，不如手之舞之，足之蹈之也”的深刻论述。

远古时期武、舞不分，刘师培在《古乐原本论》中论述舞蹈的功用时说：“舒衍。”所以，我们认为体育与艺术之间存在着千丝万缕的“亲缘”关系。就运动项展俯仰，起落左右，以和柔其形体，而节制其筋骨，则步履整齐，施于战阵中而不目而论，很多现在流传的少数民族舞蹈也是中国传统的民族民间艺术。从运动学的角度看，它也属于少数民族传统体育运动。所以，人们有时候也可能觉得民族艺术是中华民族传统体育的重要母体和主要形式。在中国古代，人们将跳舞作为运动来认识，并以跳舞的方法来强身健体。据《路史. 阴康氏》载：“阴康氏时，水不疏，江不行其原，阴凝而易闷，人既郁于内，腠里带著而多重得，所以利其关节者，乃制之舞，教人引舞以利导之，是谓大舞。”这也就是说，在我国历史上，古时跳舞大多是用于驱除风湿、活动身体关节运动的，它既是跳舞，又是保健养生运动、医疗保健手段，说明了中国体育文化与民间舞蹈自古是交织在一起的。

体育与舞蹈艺术是一个藤上的两个瓜，虽有相通之处，但也存在彼此之间的差异。我们可以了解到，芭蕾舞艺术强调情感表现，以舞蹈传达情意为出发点，而它作为一种形式，重点就是利用人体塑形和肢体语言，来表达舞蹈家对世俗社会的深刻理解；而中国传统运动，则是以强身健体和在竞赛中取得胜利为目的的身体活动，是偏向“操化”的一种突出“力与美”结合的愉悦身心的具有娱乐性质的游戏活动。民间舞蹈和汉族传统文化体育活动多与中华民族传统节日、民俗风情等紧密结合，多在民族文化节日期间同时开展舞蹈训练与演出。随着长时间的同场表演，民间舞蹈和传统体育活动也会彼此吸收，相互渗透并影响。再加上他们的共同历史渊源，就产生了他们的共通性。以身体动作为主要表演手法的中国民族舞蹈，在不断丰富其艺术感染力的同时也不断吸收传统运动中某些项目的营养，来进一步完善和丰富自身的艺术内涵与表现形式，如现在的中国少数民族舞蹈动作更多参考了中国传统体育项目中的舞蹈动作，如空翻、手翻、软翻等舞蹈动作。而我国传统文化体育的乐曲感、旋律感、审美观、艺术化，在民族舞蹈因素下均有了较大程度的增强。由于不管跳舞或者运动，都是借助人体运动进行，所以，在一定场域空间中，跳舞可以被看作某种强身健体的运动形态与手段，运动也可被看作某种便于舞蹈欣赏的表现形式。体育与艺术尽管属于不同性质的人类活动，但一切体育运动与艺术创造皆始于身体，也必然还原和服务于身体的根本需求，体育离开了艺术，必然走向苍白与野蛮，艺术离开体育同样缺少意义的充盈。①

源于蚂拐崇拜、生殖崇拜、雷神崇拜、雨神崇拜、铜鼓崇拜的蚂拐舞活动习俗，深扎在壮族人民的生存沃土中，是壮族人民精神生活与民族凝聚力的重要反映，具有丰厚的民俗文化内容，深受壮族人民的喜爱。壮族传统蚂拐舞的基本动作都源于生产劳作和模仿蛙舞，表现动作粗犷而强劲，本来就具有一种最原始、最神秘的社会竞技色彩。②尽管到了最后发展成为纯粹为了展示形体、姿势美感，并表达心灵情感，但其中仍或多或少地保存着部分的原始社会表现行为动作特征， 其运动幅度和运动量并没有降低，有的时候甚至是增加，这更增加了舞蹈中的竞技艺术色彩。它不但有较强的健康娱乐价值，也具有极高的美学价值和教学价值，对于振奋民族精神和发扬中华民族传统体育文化，活跃壮族民众的文化娱乐与生活方式都具有积极的意义。同时，又因为蚂拐舞同时兼具了文化娱乐与运动健美的属性，所以有着壮族传统体育舞蹈的美称。

（二）壮族蚂拐舞的体育养生文化价值

壮族蚂拐舞的起源有多种说法，这些神话传说内容各不相同，有的不免有附会之嫌，有的是经过人们进行许多的加工或改造，已经不是原生神话，而是次生或再生神话。但这些神话传说不是凭空捏造，它是一定历史时期社会生活的写照，是对过去岁月的一种幻想式的追忆。同时，这些神话传说也说明，在壮民族心中蚂拐是主宰人间雨水之神——雷神的使者，是可呼风唤雨、保境安民的神灵，人们要想在生产过程中风调雨顺、人畜平安，就必须祀之，敬若神明，崇拜有加。③正是基于如此深厚的信仰心理，才能形成千百年来壮族民众世代沿承的虔城供奉、孝葬蚂拐、跳蚂拐舞的传统民间习俗。壮族蚂拐舞反映了壮族生产生活和传播生产技能以及模仿各种动物的民俗体育文化，包含了重要原生态身体运动文化。蚂拐舞兼有文化娱乐和体育健身的本质属性，因而也具有体育文化的诸多价值。

1. 具有强身与健体的价值

在我国古代，人们把舞蹈当作体育来认识，并以舞蹈的方式来强身与健体。壮族蚂拐舞不仅具有丰富的民俗文化内容，并且还和壮族民众的社会生产生活密切联系在一起，涉及壮族的生产、习俗和历史，是壮族人民社会生活的缩影，是

①李晓通，寸亚玲，张成胜．我国少数民族传统体育的人类学溯源[J]．体育文化导刊，2015，(10)：53-57.

②韦丽春．壮族板鞋舞的体育文化功能[J]．军事体育进修学院学报，2007，26(03)：24-26.

③韦丽春．壮族蚂拐舞的文化本源与体育文化价值研究[D]．北京体育大学硕士学位论文，2016，12.

生活与艺术、艺术与体育、体育与健身完美的融合。由此可见，壮族蚂拐舞体育运动具有非常高的身体锻炼与艺术审美的价值。它是一项身体与心理共同参与、寓健康运动于娱乐之中的一项民俗体育活动。在跳蚂拐舞的过程中，利用皮鼓、铜鼓、锣、镲等器械的敲击，还有唢呐声的伴随将十五种舞蹈动作有机地结合起来，在旋律不断变化的鼓乐声中，把人体的力量、速度、耐力、灵敏等之美，糅合在优美的舞蹈之中。笔者于2017年3月和2018年2月、3月，3次观看了原生态壮族蚂拐舞表演。其中在2018年2月19日到天峨县六排镇纳洞村观看了蚂拐舞的表演，表演所需时长约为30分钟。同时笔者对所有在场进行蚂拐舞表演的世人，主要为饰演大蚂拐的18名男演员以及扮演生产劳动的18名女演员进行表演后即刻脉搏的测量，测量结果：平均脉搏为138次/分钟，最高可达150次/分钟。由此可以说明壮族蚂拐舞具有现代体育中所强调的运动时间、运动负荷以及大肌肉群参与运动等基本要素，属于中等负荷强度的有氧运动项目。[1] 在陶德悦的论文中提道：有氧代谢的身体活动的基本条件是：一是心率增加（即达到大于120次/分钟以上）；二是使用身体大肌群（大腿、躯干、臂、肩）；三是活动持续时间（不少于15～20分钟）①壮族蚂拐舞满足了有氧代谢身体活动的三个基本条件，所以，壮族蚂拐舞是一项有氧的体育运动项目。在壮族传统蚂拐舞的十五种舞蹈动作中，蛙跳动作基本上贯穿整个舞蹈活动，配合着手上各种各样的动作。动作具有非常强的健身娱乐性，有助于增强人的身体素质。蛙跳中立跳的动作要领是：身体成基本立姿动作，前进时双腿用力蹲地向前跳跃，同时双臂必须经上、前、下、后摆动协调配合。蹲跳的动作要点是：两膝弯曲全蹲，将二手置于肚子前面的地板上，发力时两脚用力向上蹬跳，两手用力上摆并配合展体，在落地时成开始姿势。点步跳是两步跳一停五点步。点步跳落地时一脚支撑地面，另一脚脚尖侧点地共五次，动作来源于对蚂拐跳跃的模仿。两步跳是指两腿共同在腰间发力和驱动的瞬间，向前方或者其他方向做出带有弹性力度且同时一起做向后踢腿的两步跳跃动作，②这些蛙跳的动作都有助于提高腿、腰、腹、背部活动的能力，也可以发展弹跳力，并且提高髋、膝、踝关节等韧带的活动能力以及身体的协调性。在整个壮族蚂拐舞的舞蹈过程中，人们的身体都始终处在连续的、持久的运动状态。因此，跳蚂拐舞既能增强人的各种身体素质，提高运动技能，又可训练人的意志品质，具有强身健体的作用，是生命与艺术、艺术与体育、体育与健身完美的融合。

2. 具有心理抚慰与情感宣泄的价值

英国社会人类学家马林诺夫斯基认为：自身的需求被看作是文化存在的基础，而文化功能在于满足人类的生产生活需要。在跳蚂拐舞前要举行隆重的祭祀仪式，

①王步标，华明．运动生理学[M]．北京：高等教育出版社，2008，5：349-350.

②韦丽春．壮族蚂拐舞的文化本源与体育文化价值研究[D]．北京体育大学硕士学位论文，2016，12.

在巨大的蚂拐像旗下摆放桌子，上边摆有供品、香炉等。此时，鼓乐手敲起铜鼓、皮鼓、铜锣、吹起唢呐、长号等乐器，并在场地内转圈、向蚂拐像鞠躬，接着么公边唱边跳、边么边向蚂拐像鞠躬，所有参与者也都随着

么公一起向蚂拐像鞠躬，以求蚂拐给人们带来好运。同时，对这种特殊仪式的认同和参与也塑造着人们的群体意识和民族认同，以及群体的民族精神，满足人们的精神需求和心理慰藉。

蚂拐是壮族的图腾，跳蚂拐舞是壮族自古传承下来的求平安的社会心理，而实现了这个心灵需求，从而得到了内心的安慰也是开展蚂拐舞活动的重要意义所在。村民通过跳蚂拐舞来表达对蚂拐图腾的崇敬，并借此抒发他们祈求身心健康、风调雨顺、驱邪祛病、家族兴旺的美好愿望，以此达到精神上的抚慰和心灵上的满足。壮族蚂拐舞从舞蹈表演的内容上可分为：一是献祭舞蹈，以展示人们崇拜蚂拐、赞扬蚂拐的英勇精神，二是展示模拟蚂拐耙田以及捕虫等劳动场景。参加蚂拐舞演出的人通常都戴上面具，其表演动作多是古老粗犷、奇特多样，氛围强烈，在蚂拐舞的整个流程中，还穿插着各种各样的杂耍和民众性游玩活动，现场热闹非凡，　从过去单一的民族图腾祭拜仪式已演化为成名副其实的群众自娱自乐，自我审美的重要功能。[①]舞风纯朴、表演风趣。舞蹈风格为欢快、生动、风趣、诙谐、节奏鲜明、刚健有力，体现了稻作民族中一年四季间最主要的农事，已然增添了许多时代精神。而蚂拐舞则由原先的娱神功能，逐步转化为娱人娱己的功能，并以此实现心灵抚慰功能与情感发泄的价值。[②]

3. 具有民族凝聚力与民族文化认同的价值

民族凝聚力是指一个民族内部间的相互吸引力，是促进各少数民族共同前进蓬勃发展的一种内在动力，而民族认同感则有助于增强民族凝聚力，促进本民族协调发展。拉德克利夫—布朗指出：“舞蹈能将两个或许多个群体凝聚成一个整体，并使每一个人都感受到这种团结，从而在数天里形成一种紧密团结的状态”。[③]是壮族民间一项规模宏大的集体庆典活动。是由村民自发组织的、有目的、有秩序的民间活动。通过对所有仪式流程的演绎，展现了生存在红水河流域一带的壮族民众共同创造出来的富有浓厚区域特点的民间信仰传统习俗和神圣的文化空间。也正是有了这一神圣文化空间的依托，人民群众才有了开展大型祭神仪式的心理愿望和情感表达要求。蚂拐是壮族人民共同崇拜的图腾，蚂拐舞仪式复杂，主要仪式流程有寻蚂拐、游蚂拐、祭蚂拐、孝蚂拐、埋蚂拐、跳蚂拐舞、唱蚂拐歌等。经过这样一整套的礼仪流程再加上各种舞蹈的程序演出，可以实现整合村

①韦丽春．壮族蚂拐舞的文化本源与体育文化价值研究[D]．北京体育大学硕士学位论文，2016，12.

②陶德悦：人体与身体运动[J]．体育学刊，1999，(01)：5-7.

③昌毅，韦晓康，赵志忠．少数民族传统体育艺术变迁研究[M]．北京：中央民族大学出版社，2013，1：33-34.

落传统文化资源、汇聚乡村共同能量的目的。尤其是在埋蚂拐那天，基本上所有的村民们都会参与到蚂拐舞的活动当中，而邻近村落的亲朋好友、也借这样的好时机相聚，共同交流民俗文化。在蚂拐舞展演当天，也同时举行很多的竞技活动，这就需要村民们精诚合作、共同完成各种工作。[①]所以，壮族蚂拐舞的表演，既可以提高村民自我组织和自我管理的能力，也可以加强本民族村寨之间的团结合作。从而有利于促进民族的团结，增强民族的凝聚力。[②]

蚂拐舞能在壮族村寨演绎上百年，完全是缘于壮族民众对村落传统社会历史文化认同感的强烈需求，它利用蚂拐舞礼仪表现来叙述村落的社会文化发展史，从而传递并继承了村落的优良传统，以实现整理村落传统历史文化资料、汇聚村落人文认同感的正能量，重塑村落传承文明的目的。在健身娱乐缺乏的壮族村寨生活中，每年一次的壮族蚂拐舞的仪式展演，不管是参加者或者是观看者，都沉浸于仪式表演的狂欢之中，在精神情感上和心理上都得到满足的同时，也对历史人物情感的归属形成了至关重要的影响。而蚂拐舞的仪式表演都是依据约定俗成的程式与规范来演绎礼仪的象征性意义，人在仪式演绎过程中接受仪式潜在规则的制约，对规范社会、教育族人、整合与调适乡村社会秩序，都在一定程度上产生潜移默化的影响。由此可见，在蚂拐舞表象背后，隐藏着乡村民众对蚂拐舞文化的深刻认同。在文化认同的支撑下，村民们年年举办蚂拐舞，代代传承蚂拐舞传统文化。[③]

4. 具有艺术与审美的价值

艺术是人的认知、社会情感、理念、意志等综合活动的有机产物，能够充分表达人类现实生活和精神世界的形象。为了表达这些深深存在内心的最强烈的感情世界和思想，人们就不断地选择了这种叫作艺术的更敏锐、更细致的语言，以身体运动的形式来表达和展现艺术的美感。由于蚂拐舞历史之悠久，是壮民族留下的一笔宝贵财富。它宣扬“舞蹈动作来源于自然”“舞蹈动作来自生活”这一主题。壮族蚂拐舞是中国传统体育文化与传统民间艺术的结合体，具有很高的艺术性与观赏性。蚂拐舞从艺人的服装、展演的器物到舞蹈的基本内容和舞蹈的基本动作，无不展示着壮族人民手工艺水平和现代艺术创作才能。例如，蚂拐舞中女性表演者所穿戴的服壮和头饰等均为当地壮族的手工刺绣品，反映了当地壮族妇女对艺术审美的追求；在蚂拐舞的仪式过程和跳蚂拐舞的十五种舞蹈步骤中，均伴随着铜鼓、皮鼓、锣、钹、镲、唢呐等少数民族乐器的吹打，充分展现了壮族民间的器乐制作技艺；蚂拐舞的仪式用具，如蚂拐轿、蚂拐棺、长幡、大彩旗、

---

①韦丽春. 壮族蚂拐舞的文化本源与体育文化价值研究[D]. 北京体育大学硕士学位论文，2016，12.

②廖明君. 中国节日志. 蚂拐节[M]. 北京：光明日报出版社，2014：131

③韦丽春. 壮族蚂拐舞的文化本源与体育文化价值研究[D]. 北京体育大学硕士学位论文，2016，12.

小彩旗、傩面具等，均展现了壮族民间的艺术信仰；在跳蚂拐舞时所用的道具，如犁耙、纺纱机、鱼网、鱼篓等，展现了壮族人民劳动生产工具的制作艺术等，[①]装饰和舞蹈所用的器物，是对壮族人民精神外化的物态表达，也反映了在壮族农耕文明条件下民众的社会和文化生活以及审美理念。蚂拐舞的十五种舞蹈，动作原始古朴、粗犷有力、节奏适中，特别是蹲裆跳、蛙跳、蟹步以及蚂拐拳，都具有动作粗犷、阳刚之美。而女舞者跳的模拟插秧、薅秧的动作则给人以健康优美的感觉，展现出动作美、形体美、器乐美等，蚂拐舞充分展现了壮族民众的艺术审美价值。[②]

5. 具有教育与文化传承的价值

壮族蚂拐舞也可以实现对生产生活技能的教化。在红水河流域的壮族先民往往利用宗教祭祀、信仰崇拜、节日庆典、民风民俗等活动，把社会各方面的科学知识用肢体动作， 以音乐舞蹈的形式传递给年轻一代，从而使其得到了教育。由于在新中国成立前壮族还没有独立的文字和行之有效的教育机构，所以民族的历史、民族的价值和伦理观念等都需要靠口传身教。因此，日常的传统体育活动和载歌载舞也就变成了主要的教育方式。蚂拐舞是壮族人民生产、生活历程的叙事诗，是抒发壮族人民情怀的精神产品，许多舞蹈动作都是壮族人民生产、生活实践的重现。比如打渔捞虾舞、纺纱织布舞等。[③]这些舞蹈地域特色鲜明、民族特色突出、生产生活气息浓厚、格调欢快、生动活泼、风趣幽默、节拍强烈、强劲刚健，充分展示了稻作民族一年四季里最重要的农事活动。蚂拐舞让年轻一代在跳这些舞蹈的同时，也在不同程度地接受了有关生产、生活技能的教育。

壮族蚂拐舞同时还具备着继承和发扬中华民族传统优秀文化的重要价值。蚂拐舞健身操在音乐的选择上、舞蹈动作的编排上、服饰的穿戴上，都深刻反映了壮族的传统民间习俗风貌、日常生活情趣，赋予了蚂拐舞健身操极强的民族特色和欣赏价值。在跳蚂拐舞时，表演者伴随着鼓声响起，依次演绎各个段落的舞蹈。尽管这些舞蹈一直都是壮族优秀传统民俗文化中的主要组成部分，但若不是借助类似于蚂拐节这样的传统民俗文化活动来传承，可能会慢慢地淡化乃至消失。[④]正是通过了蚂拐舞这项运动的外在展示，丰富而多样的民族传统文化才得以保存与展现，通过蚂拐舞的世代传承，民族传统文化也找到了其世代传承的载体。[⑤]壮族地区悠久的地域文化历史和扎实的群众实践基础，为蚂拐舞今后的生存与发展创

①韦丽春，彭丹梅，罗英梅．红水河流域壮族蚂拐舞的体育文化社会功能及资源开发[J]．河北体育学院学报，2008，22(1)：90-91.

②韦丽春．壮族蚂拐舞的文化本源与体育文化价值研究[D]．北京体育大学硕士学位论文，2016，12.

③朱波涌，孙庆彬．壮族蚂拐舞的体育文化价值及其社会功能[J]．体育研究与教育，2014，29(1)：73-75.

④韦丽春．壮族蚂拐舞的文化本源与体育文化价值研究[D]．北京体育大学硕士学位论文，2016，12.

⑤朱波涌，孙庆彬．壮族蚂拐舞的体育文化价值及其社会功能[J]．体育研究与教育，2014，29(1)：73-75

造了更为广阔的舞台和更具潜力的发展空间。因此，蚂拐舞将是弘扬壮族传统民俗文化的重要载体。

壮族蚂拐舞同时具备体育本质的自然属性和社会属性。壮族蚂拐舞活动是由壮族祭司依据不同祭祀需求，依照传统仪式所进行的一种肢体运动，它既能满足壮族民众对于文化图腾祭祀的精神需要；也能满足人们对于躯体健康和生活不断追求的需要，既能满足人类对于消遣玩乐的精神需要，又能满足人与人之间互动交流和相互交往的精神需要，同时还能满足壮族人民对于美化生活的精神需要。在壮族传统蚂拐舞的仪式过程中，人们的肢体一直处在连续的、不间断的、长时间的运动状态之中，不仅达到很强的身心锻炼与健体价值、心理安慰与情感宣泄价值、民族凝聚力与民族文化认同价值、教育与文化传承的价值、艺术兴赏与审美价值等，而且也对于振奋民族精神和发扬中华民族传统体育文化，都有着积极的意义和促进作用。又由于壮族蚂拐舞兼有民族文化娱乐和体育健身的特殊属性，故而也具备了壮族传统体育舞蹈的美称。

四、壮族蚂拐舞健身养生操的创编及实践

蚂拐舞主要流行于红水河流域的天峨、东兰、南丹等地。每年的正月初二开始至二月初二结束。举办蚂拐舞活动习俗主要是通过对蚂拐的崇拜和祭祀，以祈求风调雨顺、五谷丰收、六畜兴旺。壮族的蚂拐节于2006年已列为国家非物质文化遗产保护名录，蚂拐舞被列为广西非物质文化遗产保护名录。学校体育是身体教育、素质教育、艺术教育和文化教育的综合过程。因此蚂拐舞健身养生操在学校的开展具有广阔的前景。①

壮族蚂拐舞动作的基本元素有蛙跳、两跳一停五点步、点地画弧撩腿跳、髋部的左右摇摆等。动作古朴、粗犷、舞步沉稳、较多地模拟蚂拐动作。本节试图把壮族蚂拐舞原生态动作的基本元素与现代健身操动作的基本元素相结合，创编出壮族蚂拐舞健身养生操并在学校中开展。其目的一是探寻壮族蚂拐舞的健身养生价值。二是借此平台将在高校公共体育健美操选项课上推广。这样不仅可以丰富体育课程内容，而且也使壮族蚂拐舞在学校得以传承、保护与发展。②

（一）壮族蚂拐舞健身养生操的创编

1. 壮族蚂拐舞健身养生操创编的原则

（1）原生性与现代性相结合的原则

壮族蚂拐舞是一种原生性的祭祀舞蹈，其舞蹈形式主要有：求神祭祀的舞蹈、征战的舞蹈、以及表现农民劳作生活的舞蹈。这些舞蹈手上的动作采用较原始的

①韦丽春．壮族蚂拐舞的文化本源与体育文化价值研究[D]．北京体育大学硕士学位论文，2016，12.

②杨志晓，秦贺．壮族群舞《蛙神祭》创作理念分析[J]．艺术探索，2015，6：50-52.

双手屈肘上举，五指张开，手掌心朝前的动作，根据舞蹈动作的变化，双手也根据需要做相应的改变；如双手屈肘下举，五指张开，手掌心朝后等。在跳蚂拐舞健身操时不但需要体现健、力、美的身体行为动作特征，也要选用健美舒展、有力度感的身体动作姿态。如在创编古代军队出战的舞蹈时，作者就把蚂拐拳的肢体动作加以适当调整，融入了现代搏击操的动作元素，包括弓步、马步、弹腿、踢腿等动作。总之，在创编原生态壮族蚂拐舞健身养生操时，既不要偏离这种原生态农业生产劳动舞蹈的基本动作特征，又不要偏离现代健身操特有的健、力、美的基本特征。

（2）健身养生性与娱乐性相结合的原则

在我国，民族健身养生操也同样反映着特定的中华民族文化，通过对中华民族文化的继承与发扬，以达到强身健体的基本目的。并根据其民族健身活动以及社会生活中所具备的基本属性逐步形成一些新兴项目。特别需要注意和说明的一点就是，这项活动的策划和实践都要围绕着最好的达到体育锻炼的终极目标而展开。在创编壮族蚂拐舞健身养生操时，应以体操的操化动作为主，配合蚂拐舞的蛙跳、两跳一停五点步、画弧撩腿点地跳，再加上手上的动作协调配合，使得身体各部位的肌肉、韧带、关节以及内脏器官得到全方位的锻炼和提高，同时还需要注意它的娱乐性，让练习者得到健身养生和身心娱悦。①

（3）科学性与健康性相结合的原则

在壮族蚂拐舞健身养生操的创编时，把蚂拐舞的动作融入健身操的动作中，创编出合理的运动负荷。依据每分钟脉搏（心率）跳动次数作为运动强度评价的标准，运动者的平均心率达到本人最高心率的60%至80%为健身区域标准。关于最高心率的计算，美国科学家Hirofumi Tanaka等通过分析总结出计算最高心率的公式。即：最高心率＝208-0.7*年龄。②壮族蚂拐舞健身养生操的创编目的是有利于广大的大、中、小学生身心的健康发展。因此，在内容设计上，通过进行特定的动作，使得人体全身的肌肉以及关节获得放松，通过活动达到全面锻炼的目的，在锻炼之后使得人的身体发展水平得以全面提高。在身体动作部位、路线、方位、运动幅度、律动等方面的设计上，要编排出有利于人体全面锻炼的基本操化动作。通过基本的舞蹈步伐组合的变化以及手上动作的变化，大大提高了训练者身体的灵敏性和协调性。唯有如此，才能增强对壮族蚂拐舞健身养生操创编作品的科学性与健康性。③

2. 壮族蚂拐舞健身养生操创编动作素材的选择

---

①韦丽春. 壮族蚂拐舞健身操的创编及实践研究[J]. 体育科技，2017，38，(04)：76-78.

②王步标，华明. 运动生理学[M]. 北京：高等教育出版社，2008：349-350.

③韦丽春. 壮族蚂拐舞的文化本源与体育文化价值研究[D]. 北京体育大学硕士学位论文，2016，12.

将壮族蚂拐舞动作的精华，包括原生态壮族蚂拐舞的半蹲蛙跳、两步一停五点地跳、点地画弧撩腿跳、立蛙“之”字行走、髋部的左右摆动的舞蹈动作元素融入健身操的技术中。并根据健身操的运动规律和特性进行创编。进而致使其不仅具备着健身操的基本属性，而且还具有壮族蚂拐舞舞蹈动作的影子。通过开展这项活动，不仅能够达到强身健身的目的，而且还能够体现出相应的民族文化，促进蚂拐舞舞蹈的全面发展。壮族蚂拐舞当中的技术动作与健身操的技术动作有很多相同之处。他们的技术动作都包含着各种各样的基本技术，比如包括落地技术、缓冲技术以及弹动技术等。因此，在进行壮族蚂拐舞健身养生操的设计时，特别注重对于舞蹈各个动作的编排，使得其体育的本质属性得到充分体现，这也使得壮族蚂拐舞健身养生操和民族舞蹈所具有的不同特点能够对比出来。通过进行规划和设计，使其同时具备两者的基本属性，即既能够实现健身的目的，又能弘扬与传承民族传统文化。①

3. 壮族蚂拐舞健身养生操创编套路的结构

蚂拐舞健身养生操的基本套路结构，是依据传统蚂拐舞舞蹈的十五个舞段，

分三个部分进行。第一部分是体现祭祀的舞蹈。内容主要表现壮族人们敬拜蚂拐神，保佑氏族健康和平安。第二部分是征战的舞蹈，内容主要表现蚂拐神的英雄气概。第三部分是反映农民劳动与生产生活的舞蹈，内容主要以蚂拐以及模拟农耕劳动和日常生活的动作。在这三部分中都加入了健美操的基本技术动作，使其更适合在学校开展，也极大地充实了体育课的教学内容。②

4. 壮族蚂拐舞健身养生操创编套路音乐的选择

音乐是舞蹈的灵魂，音乐代表着声音层面上的舞蹈艺术，音乐可以让艺术内涵得到更具体的表达和呈现。通过借助于特定的音乐，将舞蹈的灵魂进一步地展示出来，借助声音给予人一种与众不同的感受。音乐有着特定的节奏以及旋律，使得舞蹈更加具有节奏感，从而最大限度地提升健身操的感染力，最终使得健身操所具有的艺术价值也得到极大的提升。因此，要选用适合的乐曲运用到蚂拐舞健身养生操中，使舞蹈动作与音乐融为一体。由于原生态的壮族蚂拐舞是采用皮鼓、铜鼓、锣、镲、唢呐等器具合奏的旋律而起舞。③因此，在选择壮族蚂拐舞健身养生操的音乐时也尽量选择带有这些器乐特点的乐曲，使其具备鲜明的音乐主题思想，也使其艺术的表现形式具有自身鲜明的、系统的特点和整体的艺术表达方式。如果说参与练习者仅仅是由于蚂拐舞健身养生操的动作而构成了对壮族蚂拐舞健身养生操锻炼的原始冲动，那么音乐则为蚂拐舞健身养生操注入了灵魂，

---

①韦丽春．壮族蚂拐舞健身操的创编及实践研究[J]．体育科技，2017，38，(04)：76-78.

②韦丽春．壮族蚂拐舞健身操的创编及实践研究[J]．体育科技，2017，38，(04)：76-78.

③王香洁，钟桂萍．体育表演舞创作探究[J]．体育文化导刊，2015，(3)：195-197.

并使内心的激情呐喊出来。而如果只是由动作形成了对壮族蚂拐舞健身养生操运动的原始冲动而购买行为，乐曲则给壮族蚂拐舞健身养生操运动注入了灵性，从而将心中的激情呐喊表达出来。旋律优美、节奏强劲、民族特色鲜明的音乐，让壮族蚂拐舞健身养生操动作充满了活力并且富有生命力和感染力，能有效增强壮族蚂拐舞健身养生操的艺术价值。壮族蚂拐舞健身养生操所使用的音乐是带有民族元素的音乐，曲调欢快、节奏和健身操的音乐相似。以四个八拍为一小节，音乐节奏每10秒在24~26 拍之间。

（二）壮族蚂拐舞健身养生操的实践

1. 拍摄录像

根据原生态壮族蚂拐舞的形式与特点，以蛙跳，屈膝半蹲跳、二步跳五点地以及点地画弧撩腿跳为基本元素，按照蚂拐舞的舞蹈程序于2016年6月创编了一套蚂拐舞健身养生操。并由高校健美操队的学生演练，拍摄成录像。

2. 教学实践

2017年9月1日至10月15日：壮族蚂拐舞健身养生操在高校公共体育课健美操选项班上进行教学实践，选用2016级公共体育课健美操选项班的学生，共2个班105名女生。利用体育课6周12个学时进行传授，音乐的速度节奏为26拍/10秒，与大众健美操的速度节奏一致，所需时间为4分钟。学生动作熟练掌握后进行展演。[①]

3. 运动负荷的测量

测量时间、地点与方法。测量时间：2017年10月8日下午3点在河池学院体育馆第一次测量。测量方法：首先连续测量3次学生安静时的脉搏，每次30秒。由教师控制测量时间，学生自己测量脉搏，取其平均脉搏为安静时脉搏。其次测量学生表演蚂拐舞健身养生操结束后即刻脉搏，测量时间为10秒，由教师控制测量时间，学生自己测量脉搏。第三，把测量脉搏次数换算成一分钟的脉搏次数。[②]

采用SPSS18.0软件对所测量到的数据进行统计，通过配对t检验，安静脉搏30秒两次测量结果的相关系数为0.924，双侧检验P=0.471>0.05，该检验t值是负值，第二次测量安静脉搏比第一次有所提高，配对样本无显著性差异，可以认为两次测量结果相同一致性较好。即刻脉搏10秒两次测量结果的相关系数为0.873，双侧检验P=0.865>0.05，该检验t值是负值，第二次测量即刻脉搏比第一次有所提高，配对样本无显著性差异，可以认为两次测量结果相同一致性较好。测量结果的一致性符合统计学的标准。[③]

---

①韦丽春.壮族蚂拐舞健身操的创编及实践研究[J].体育科技,2017,38,(04):76-78.

②韦丽春.壮族蚂拐舞健身操的创编及实践研究[J].体育科技,2017,38,(04):76-78.

③韦丽春.壮族蚂拐舞健身操的创编及实践研究[J].体育科技,2017,38,(04):76-78.

（三）壮族蚂拐舞健身养生操的创编与实践效果的评价

为了了解学生对所创编的壮族蚂拐舞健身养生操的兴趣、结构以及教学效果，本文设计了一份调查问卷，共三部分10道题。内容涉及学生对壮族蚂拐舞健身养生操的兴趣、蚂拐舞健身养生操创编的结构、蚂拐舞健身养生操的价值评价（包括健身价值、健心价值、美学价值、娱乐价值、文化传承价值、民族凝聚力）等。[①]

问卷的效度分析选用了专家评析的方法。2017年9月，对河池学院、天峨县纳洞村的有关健美操专家、民族体育学专家、运动生理学专家以及蚂拐舞传承人9人进行专家访谈调查，并对问卷的效度进行检验。

本次问卷的信度检验是根据实际情况采取了二次发放问卷，与第一次发放的问卷间隔一周，对参加蚂拐舞健身养生操的105名学生进行重测，用相关系数法计算出问卷的信度。检验所有的题目，总的信度是 r=0.943，各项选题信度见以上表格。R系数为0.7～0.9之间，说明信度相当好。总问卷信度为0.943，说明了本研究的问卷可靠性较高。问卷调查结果的信度符合统计学的标准。

利用SPSS18.0软件，对所获得原始问卷的数据进行录入，并进行常规统计学处理得出结论。为了确保统计结果计算无误，对计算机部分统计结果进行了重复运算，保证了问卷结果的可靠性。

1.壮族蚂拐舞健身养生操兴趣的评价

（1）学生对壮族蚂拐舞健身养生操兴趣的评价

从表10可以看出，在参加壮族蚂拐舞健身养生操学习的学生中， 有80%的学生对壮族蚂拐舞健身养生操感兴趣，15%的学生感觉一般，4%的同学不感兴趣。总体来说，能够使学生的身体与心里得到愉悦，能够提高学生上体育课的兴趣，壮族蚂拐舞健身养生操的教学非常受到学生的认可和喜爱。

（2）专家对壮族蚂拐舞健身养生操兴趣的评价

通过访谈了解到：专家观看了壮族蚂拐舞健身养生操的教学视频后，对壮族蚂拐舞健身养生操非常感兴趣。

2.壮族蚂拐舞健身养生操创编的效果评价

（1）学生对壮族蚂拐舞健身养生操创编的效果评价

（2）专家对壮族蚂拐舞健身养生操创编的效果评价

通过访谈了解到：专家观看了壮族蚂拐舞健身养生操的教学视频后认为：所创编的壮族蚂拐舞健身养生操运用了大量原生态壮族蚂拐舞舞蹈的基本动作元素，并体现出鲜明的民族特色和动律感。同时融合了健美操项目的最基本的技术动作和技能，体现了健、力、美的基本特征。此套壮族蚂拐舞健身养生操动作既刚劲

---

①韦丽春.壮族蚂拐舞健身操的创编及实践研究[J].体育科技，2017，38，(04)：76-78.

有力，又风趣诙谐，是一项充满了民族地域特色的民族健身养生操，具有较高的锻炼价值与推广价值。[①]

（3）壮族蚂拐舞健身操养生健身的效果评价

为了了解学生练习壮族蚂拐舞健身养生操对人体生理刺激的程度，本研究对学生安静时的脉搏和表演壮族蚂拐舞健身养生操结束后即刻的脉搏进行测量。

从表12的统计情况看，壮族蚂拐舞健身养生操运动时需要承受一定的运动负荷。经测试：安静时学生的平均脉搏为77次/ min，在表演结束后即刻的平均脉搏为150次/ min，舞者的脉搏数最高可达168次/ min。据有资料显示：运动量的大小如果以心率衡量，一般认为120次/ min以下的运动量为小强度运动量，120~150 次/ min的运动量为中等强度运动量，150~180 次/ min的运动量为大强度运动量。[②]因此，练习壮族蚂拐舞健身养生操身体要承受一定的运动强度和运动负荷，而且使用了大腿、躯干、臂、肩等身体大肌肉群。在壮族蚂拐舞的整个舞蹈过程中，人们的身体活动始终处于连续的、持久的、不间断的运动状态，舞蹈中的一些跳跃的动作对发展上肢和下肢的力量和腰腹的力量都有非常明显的改善。因此，具有很高的健身养生价值，它不仅可以锻炼和提高练习者的各种身体素质，而且也能培养人的坚强的意志品质等。

3. 壮族蚂拐舞健身养生操的价值评价

（1）学生对壮族蚂拐舞健身养生操的价值评价

（2）专家对壮族蚂拐舞健身养生操价值的评价

通过访谈了解到：专家观看了壮族蚂拐舞健身养生操的教学视频后认为，所创编的壮族蚂拐舞健身养生操具有健身、健心、养生、美学、娱乐、传承以及民族凝聚力等当代的价值，可以作为健美操课程资源进行开发。

蛙跳、两跳一停五点步、点地画弧撩腿跳、髋部的左右摇摆等均是壮族蚂拐舞动作的最基本元素。舞蹈动作原始、古朴、粗犷、舞步沉稳、较多地模仿蚂拐动作。这类舞蹈表演动作，因其表演时间长、运动量较大，要求必须具备较高的身体素和较好的腿部力量才能够完成，因此具有体育的自然属性。又由于壮族蚂拐舞活动是村民自发组织、有目的、有秩序的民间活动。是通过人的肢体活动将其历史文化记忆完整地、充分地体现出来，并代表着特定的社会元素，这些传统文化的出现和存在，使得传统文化得到较好的传承。因此，也具有体育的社会属性。笔者通过田野调查、理论研究以及实践研究、所创编的这套蚂拐舞健身养生操具有健康性与健身性、民族性与地域性、表演性与观赏性及娱心性与娱乐性等特点，是一套充满了壮族地域特色的民族健身养生操，也是民族体育与艺术完美

①韦丽春．壮族蚂拐舞健身操的创编及实践研究[J]．体育科技，2017，38，(04)：76-78.

②韦丽春．壮族蚂拐舞健身操的创编及实践研究[J]．体育科技，2017，38，(04)：76-78.

融合的民间舞蹈，符合学生的生理和心理特点。经实验并测量参与者的心率，结果可以证明，在壮族蚂拐舞健身养生操练习中人们的身体活动不仅始终处于连续的、持久的、不间断的运动状态，而且还需要承受相应的运动强度、运动持续的时间和运动负荷，并需要有大肌肉群参与运动，一些跳跃的动作对于发展上下肢的力量和腰腹力量都有显著改善和提高。它不仅可以锻炼和提高练习者的各种身体素质，而且也能培养人坚强的意志品质等。[①]

五、壮族蚂拐舞的传承与保护

党和国家政府一直采取着重视民族风俗习惯和民族宗教信仰等优良传统的政策措施，并始终注重对中华民族文明的保存和弘扬。壮族蚂拐节于2006年成功申报国家非物质文化遗产，而蚂拐舞也成为广西非物质文化遗产。向宝业成为蚂拐舞文化传承人。根据有关规定，被列入我国非物质文化遗产保护名单中的我国标志性传统节日的单位（或村庄），都有负责对传统的节庆民俗文化加以保存和弘扬，由国家政府划拨一定的经费给予支持，[②]地方各级文化管理机关则负责给予帮助和指导。

（一）壮族蚂拐舞活动传承与保护的现状

1. 壮族蚂拐舞活动地域的物态现状

目前，红水河流域壮族蚂拐舞活动的基础设施和娱乐工具损毁严重。红水河两岸的壮族地区，历史上曾建有约二百至三百多座蚂拐亭。但在“大跃进”和“文革”时期，遭到了人为损毁，只有少数的蚂拐亭能够保存下来。此外，伴随着蚂拐舞活动全过程中的重要娱乐用具——铜鼓，也曾在这种运动中受到过重大破坏。而即使传承至现在的铜鼓，也因为年久失修，加之民间铸造技术日渐失传等原因，现在的数量也越来越少。如果这个情况延续下去，将对蚂拐节等庆典活动的正常进行带来巨大打击。由于群众重视程度不足，传承前景堪忧。[③]改革开放之后，蚂拐舞活动也在红水河流域进行了修复和举办。但由于现代文明逐渐渗入和城镇化的出现，又由于受汉族文化的影响较深，人们已慢慢缺乏了对本民族文化活动和传承人的浓厚兴趣。而且， 部分颇有造诣的文化活动主持人也由于年事已高而逐渐淡出文化舞台，也有的随之谢世，部分技艺也因传承人生存的困难或找不到继任者而无法传承下去。[④]

①韦丽春．壮族蚂拐舞健身操的创编及实践研究[J]．体育科技，2017，38，(04)：76-78.

②覃彩銮．壮族节日文化的重构与创新[J]．广西民族研究，2012，(04)：66-72.

③谌世龙．传承保护视角下河池非物质文化遗产旅游产品化研究[J]．河池学院学报，2011．31(02)：31(02)：69-75.

④谢琼；程道品．红水河流域壮族蚂拐节文化的保护与传承[J]．边疆经济与文化，2010，(01)：75-76.

2. 壮族蚂拐舞的发展与变迁

其一，蚂拐舞的形成与发展，大致经历了形成—兴盛—衰退—再发展壮大的过程。形成时期的蚂拐舞活动，大多是以活埋蚂拐的祭礼仪式为主，如蚂拐舞蹈中的皮鼓舞蹈、蚂拐降生舞蹈、敬蚂拐舞蹈、献铜鼓舞蹈等，这是这一时期的代表性舞蹈。后来，蚂拐舞蹈活动逐步发展到了文化兴盛时期，并逐步地由简单的图腾崇拜演变成了一种文化和风俗融合的社会活动。而最鼎盛时期的蚂拐舞是人们通过跳蚂拐舞，既祭祀了蚂拐图腾，也可以自娱自乐。[①]蚂拐舞的再发展时期是1981年，我国政府斥巨资组织完成了我国民族民间舞集成工程，以保存一些濒于失散的民族民间舞蹈，这一行动也使濒于失散的壮族蚂拐舞舞蹈群得到了新生，并进行了很好的发掘、整理与保护。

其二， 壮族蚂拐舞已不只是壮族的民俗社会活动，而是中华民族优良传统社会文化的重要组成部分，它也必将会受到更多人的重视。而当地人民政府也积极抓住了这种良好机遇，加强了保护和弘扬壮族蚂拐舞传统文化的工作力度，对节日期间的各项活动的礼仪、具体内容和程式等项目都已开展了一系列收集和编制，有的项目已写入各县县志；各地文化部门对本地区所流传的有关蚂拐诗、蚂拐舞等，还组织相关专业人员到乡村各地开展采写，部分作品已写入自制编印的《歌谣集》中； 部分地区政府有意识、有目的、有规划地开展“乡土文化进校园教育活动”。[②]另外一些舞蹈工作者，也对原生态的蚂拐舞进行了创编，搬上了舞台。如近几年来，广西本地的舞蹈艺人以及部分全国知名的民族舞蹈艺人，都认真钻研了蚂拐舞，并不断发扬蚂拐舞，创编了许多以蚂拐舞为素材的民族舞剧及创作艺术作品。如：壮族舞蹈《鼓魂》《蛙乐》《蚂拐》等。改革开放之后，尽管有蚂拐舞活动在红水河流域地区的壮族村寨中相继得以复兴和开展。同时，也迎来了日本政府、法国、澳大利亚、印度、泰州等地中外壮学研究专业人员的浓厚兴趣，他们还专程前往中国红水河流域地区的东兰、天峨、南丹等地开展了蚂拐舞活动的历史文化考查。一些舞蹈工作者和专家也对蚂拐舞进行了改编和创作。不过，从目前情况来看，蚂拐舞活动也仍然面临重大危机，原汁原味的蚂拐舞文化受到影响、变异和流失，造成这一现象出现的主要原因有多方面。所以，要对蚂拐舞民俗文化进行合理的继承。[③]

（二）壮族蚂拐舞活动传承与保护的困境

1. 受市场化的影响，蚂拐舞活动面临着传承的环境问题

①胡玲梅．瑶族“长鼓舞”的传承与发展[J]．湖南科技学院学报，2005，26(08)：263-264.

②贺剑武，高艳玲．民族地区非物质文化遗产开发式保护研究[J]．广西地方志，2010，(01)：43-45.

③肖庆华，桑圣毅．文化消费视野下贵州民族民间文化传承与发展[J]．贵州社会科学，2012，(04)：133-136.

在非市场化的经济时代，以及壮族地区本身对于其自身文化有一套完整的传承体系，原汁原味的民俗文化能够较为完整地保存下来。目前我国民族地区所倡导的“文化搭台，经贸唱戏”的发展思路，①把民俗文化作为发展当地经济的重要手段。对于民俗文化的保护、传承与发展来说有不同程度的破坏性。

2. 受人口流动的影响，蚂拐舞活动面临着传承的主体问题

其一，以口传心授是民俗传统文化主要的传承方式，是通过传承者一代一代传下来的。由于老一辈人的逐渐离逝，再加上部分颇有造诣的活动主持人也相继离逝，或由于年事已高而逐渐淡出舞台，这些技术都无法获得有效延续。②其二，年轻一代人由于掌握了科学技术之后，所认识到的蚂拐的生存习性以及和稻作的相互关系之后，他们对蚂拐神的信仰也在逐步淡化，至使带有传统运动属性的蚂拐舞活动也逐渐被现代运动所取代。其三，受市场经济的影响以及城镇化的快速发展，促使大部分青壮年转移到民工潮流中，导致参与活动的青年人就更少了，

这也造成了使扎根于村落的蚂拐舞活动的主体渐渐流失，也正面临着消失的危机。③

3. 受外来文化的冲击，蚂拐舞活动面临着传承的机制问题

从20世纪80年代起，尤其是邓小平南方谈话以来，中国市场经济得以快速发展，现代化媒体也逐步深入到了农村的不同角落，中国陷入了急剧的经济社会转型期，这一转变也是中国社会价值结构转变和政治制度变革的结合体，并深刻地影响着中国经济社会发展的不同层面。④千百年以来，壮族蚂拐舞活动的传承主要是通过蚂拐头或德高望重的老人以及乡规民约自上而下地传承，这十分吻合壮族传统农业社会。⑤但由于中国经济社会发展和现代化的加速，外国文化冲击着本地传统文化和人类文化传统的审美观，使得人民对蚂拐舞活动的兴致愈来愈淡。⑥年轻一代对外来文化充满好奇和渴望，而对于本民族文化的认同感逐渐降低。而文化认同是文化传承与发展的前提，只有首先对本民族的文化有认同感，才会去接

①钱应华，杨海晨．融水苗族拉鼓节的渊源、现状及发展对策研究[J]．体育研究与教育，2012，27(06)：70-73.

②贺剑武，高艳玲．民族地区非物质文化遗产开发式保护研究[J]．广西地方志，2010，(01)：43-45.

③黄宗峰，韦丽春．城镇化进程中红水河流域民俗体育文化的变迁与发展研究[J]．赤峰学院学报（自然科学版），2011，27(04)：113-115.

④杨海晨；沈柳红；赵芳；周少军．民族传统体育的变迁与传承研究——以广西南丹那地村板鞋运动为个案[J]．体育科学，2010，12.

⑤钱应华，杨海晨．融水苗族拉鼓节的渊源、现状及发展对策研究[J]．体育研究与教育，2012，27(06)：70-73.

⑥钱应华，杨海晨．广西融水芒哥坡会的体育人类学分析[J]．广西师范大学学报（哲学社会科学版），2014，02.

纳、传承与发展这种民族文化。[①]

4. 因铜鼓的流失以及蚂拐亭遭到损坏，蚂拐舞活动面临着传承载体的问题

在蚂拐舞活动期间，所有的仪式和舞蹈都是在铜鼓伴奏下进行。因为铜鼓中有节律的音响可以引发人类在精神上和肉体上的奇特反应，使其错误认为铜鼓里面蕴藏着一种超自然的能力，因而从心理对它产生了强烈的膜拜和敬仰的心理依赖。[②]“文革”时期，由于当地政府大炼钢铁，全国各地铜鼓文化都经历了浩劫，导致许多村寨缺失铜鼓。而铜鼓是壮族蚂拐舞活动中不可缺少的器物，无论是祭祀还是庆典都要将铜鼓作为礼器和乐器来使用，而且铜鼓还是与神灵沟通的中介，没有了铜鼓，壮族蚂拐舞活动就没有灵性和灵气。

（三）壮族蚂拐舞活动传承与保护的路径

1. 加强对蚂拐舞活动盛行的壮族村寨生态环境的保护

进一步做好对蚂拐舞活动盛行的红水江流域壮族村落自然环境的保存工作，使环境的自然性、原始性和真实感得以较好保存，从而免受人为的损害。由于蚂拐舞活动和自身所形成的自然环境共生并存，永远无法脱离，而如果离开了它的自然环境，也就将只留下空洞的外壳，没有生命意义可言。所以，对蚂拐舞活动的保存保护，必须对其生存环境的保护。由于蚂拐舞活动是形成于稻作民族的重要文化产物，它的存在与发展将永远无法离开壮族独特的自然环境。对蚂拐舞蹈活动进行开发的前提，是确保文化空间和环境的真实性和完整性，并进行整体保护。[③]唯有如此，人们方可真正理解到蚂拐舞的人文含义，并从中去感受与享受壮族先民对动物——蛙的敬畏、对自然环境的维护以及它所倡导的人与自然的和谐共处观念。从而具备了发展民族生态旅游事业的优越条件。

2. 关注“ 活态传承”人的培养，将壮族蚂拐舞的健身养生性与学校体育进行互动发展

蚂拐舞活动维持和发展的最有效表现形式就是“活态传承”。由于活态传承的主体是人，所以，对传承人的培养是关系到蚂拐舞活动得以持续发展的最主要原因。由于经济全球化、现代性、城镇化等发展的加快，壮族蚂拐舞赖以生存的自然环境也出现了很大的改变，致使蚂拐舞蹈艺人队伍后继乏人。所以，培养蚂拐舞新一代的骨干演员也是刻不容缓的工作。现如今能演出蚂拐舞的老演员已越来越少，并且大都年事已高。假如我们不能及时培养出新的骨干演员，当这些老演

①钱应华，杨海晨．融水苗族拉鼓节的渊源、现状及发展对策研究[J]．体育研究与教育，2012，27(06)：70-73.

②张萍，王溯，张亚莉．白裤瑶的“铜鼓崇拜”与民族传统体育的发展——基于体育人类学的视角[J]．桂林航天工业学院学报，2013，09.

③贺剑武，高艳玲．民族地区非物质文化遗产开发式保护研究[J]．广西地方志，2010，(01)：43-45.

员逐渐远离我们时，也便是传统蚂拐舞逐渐失传之时，到那时，再谈什么传统蚂拐舞就已无意义的了。世界体育运动发展的经历也在证明，世界大多数运动艺术类项目，都是在经历进入高等院校、形成校园运动资源的过程中，逐渐形成并丰富自身的运动理论和方式，从而借助校园运动方式在整个社会中更好地流传开来。[①] 蚂拐舞不仅具有体育的自然属性和社会属性，而且蚂拐舞活动还具有鲜明的民族性、地方性、保健性、养生性、娱乐性、艺术性等特点，适合在校园中开展，可在经过教材化处理之后作为广大乡村小学最重要的体育教学资源，并以此促进校园体育运动的有效发展，从而反映出这一民族传统体育文化教育的现代价值。若把蚂拐舞活动内容在进行了课程化处理后融入学校的体育教学之后，就不仅能够使广大中小学生继承蚂拐舞传统文化教育精髓，还可以给学校体育的有效发展带来新鲜血液，因为这样就必然得到了既充实学校的体育活动内涵，又推动了蚂拐舞文化发展的双重效益，从而达到了二者相互促进发展，同时能够更好地培养年轻的健身蚂拐舞文化的接班人。

与此同时，学校培养了专门的师资，并将蚂拐舞传承人和其他民间艺术家们聘用到学校担任老师，把相关蚂拐舞的所有活动流程都以教育教学形式进行，让更多的学生了解、学习和掌握。[②]根据当前学生运动教育课程、学生兴趣小组等活动组织的形式，如可以进行传播蚂拐舞的套路和蚂拐拳的课程。主要立足当前中小学生身体素质下降的现实，通过开展有趣味性质的课程，在激发中小学生运动兴趣与活力的基础上，通过传授蚂拐舞的套路，以达到蚂拐舞传播和中小学生身体素质不断提高的双赢。

3. 加强壮族蚂拐舞活动普查，挖掘和整理，正确认识壮族蚂拐舞的历史文化价值和体育养生文化价值

蚂拐舞是古代壮族祖先崇拜蚂拐图腾以及祭祀活动的主要物证，它不仅仅是今天人类深入研究古代壮族社会历史文化发展的主要资料，而且还具有极为重要的社会历史与文学价值。一方面，蚂拐舞虽然来源于古代壮族祖先的蚂拐图腾信仰及其有关的祭祀活动，带有一定的迷信色彩。但它本身确实是一件不可多得的、壮族人民独自拥有的历史文化和民间艺术瑰宝。而这个瑰宝，经过两千多年传承到现在并展示在人们的眼前，本身就是一种神奇力量。它的存在，是人们不断继承和发扬壮族民间体育舞蹈以及民间艺术文化的重要基础，[③]对传播和弘扬中华民族文化产生了至关重要的意义。另一方面，由于它和铜鼓的形成有关联，对深入研究铜鼓文化艺术也同样有着十分重要的现实意义，对深入研究红水江流域壮族

①秦琴，杨晓艇．南丰傩舞的体育渊源及其发展[J]．南昌大学学报（人文社会科学版），2009，40(04)：142-145.

②刘昊，王定宣，刘中强．麒麟舞研究[J]．体育文化导刊，2015，(06)：49-51.

③李伟．广西壮族蚂拐舞的艺术价值及资源开发[J]．大众文艺，2013，(02)：41-42.

传统民俗文化的形成与蓬勃发展也会产生推进和带动作用。同样，对深入研究壮族的历史文化、民俗学、自然科学和宗教信仰等方面也有着十分重要的研究价值。所以，人们要认识到蚂拐舞艺术的重要史学价值、社会文化艺术价值，在社会工作中制订合理的战略方针，积极进行对壮族蚂拐舞传统文化的继承与弘扬。

要做好与蚂拐舞活动内容密切相关的民风民俗资料的普查，及时发现并梳理，以保证蚂拐舞内容和程式不走样、不加工，符合实际，又符合社会现实。要进一步发现蚂拐舞的重要运动元素，梳理和研究蚂拐舞的运动动作构成与运动规则，进一步研究对蚂拐舞的培训和引导方式，使得这一民族民间健身舞活动能够得到良好的、有序的、广泛地开展，并在社会发展的进程中也能进一步变革与创新。[①]不断强化蚂拐舞的民俗成分和健身成分，增强蚂拐舞的娱乐性和参与性。实现对蚂拐舞的传承。

4. 加强对壮族蚂拐舞活动的相关器具的传承与保护

加强继承和保护蚂拐舞活动的相关面具、道具等制作工艺技术，这就要求政府部门予以高度重视，将设立有关蚂拐舞道具制作的兴趣培训班及培训小组，由老艺术家传授器具制作的技术，让道具制作逐渐趋向专业性，这也是延续传统道具制作技术的重要途径。一是原生态的保护。许多少数民族地区在使用铜鼓之前都要进行一次规模盛大的祭鼓典礼，而在有些地区，真正被搬上舞台演出的也只是场面显得更为宏伟的铜鼓和敲铜鼓。而铜鼓通常是被收藏于不为人知的一个黑暗的角落之中。二是动态的保护，因为我们所主张的对铜鼓文化的保存就是一个动态的保护，因为在中国经济社会飞速发展的今天，铜鼓文化又与中国其他许多传统文化一样，无可回避地处于着保护和发展之间的冲突之中，所以如果说我们要保护的只是一个相对静止的铜鼓文化，那么它就迟早会与许多已经消失的传统文化一样，只能从博物馆中能够发现它的踪迹。[②]

5. 打造独具特色的以壮族蚂拐舞为重点的民间体育舞蹈项目并与旅游业有效结合

其一， 要抓住民族旅游观光发展的大好时机，进一步凸显了地域性特点，并注重与民族生态的观光旅游、民俗节庆活动有机地结合。

其二，发掘、探究蚂拐舞蹈活动中所积淀的人文历史和文化内涵，从而让海内外的游客们在进行蚂拐舞活动之时，不但能够很直接地欣赏其现成的文化表现形式，同时还能够更深刻地了解其文化底蕴、经济基础、社会历史和人文科学含量，并从中感受到非常宝贵的旅游文化价值以及人文社会价值。

---

①徐宏．非物质文化遗产视角下贵州苗族体育舞蹈“水鼓舞”的渊源、价值与传承发展研究[J]．贵州师范大学学报(社会科学版)，2014，(06)：69-74.

②韦丹凤．广西活态铜鼓文化研究[D]．广西民族大学硕士学位论文，2011，04.

其三，由于社会主义市场的发展、民众日常生活水平的提升，以及紧凑的工作节奏、严酷的生存竞争，使得人类向往着回归自然、返璞归真。因此，旅游成为人们休闲娱乐、释放压力、广交朋友的必然选择。人们可以在民俗节庆活动和民族传统风貌的游览中，把传统民俗文化运动作为观赏节目，放松心情。因此，将壮族蚂拐舞体育资源的开发与利用和体育文化旅游紧密结合，不仅能够带动当地经济社会的发展，同时还能够使之得以宣传与普及，从而增加了其社会影响程度，使壮族蚂拐舞运动得以健康持久和有效地的发展。

第二节　传统节庆活动中的传统体育养生文化研究——以仫佬族依饭节为例

随着传统节日的法定化，民俗文化的发展与弘扬也提到了议事日程上。[①]我国有56个民族，各民族都有着丰富的民族文化、民俗文化和传统节日文化。如纳西族的节日：三朵节、春节、清明、端午、中秋、火把节等 ；东乡族的圣纪节、泼水节、开斋节、尝新节等；基诺族的节日有： 打铁节、火把节等 。仫佬族是全国较少民族之一，本节主要针对仫佬族依饭节活动中的传统体育养生文化进行研究，具有一定的代表性。[②]

一、仫佬族依饭节的形成和发展

仫佬族是世居广西、贵州的少数民族，主要聚居于广西罗城仫佬族自治县，宜州、柳城、忻城等地也有少部散居。在漫长的历史发展过程中，仫佬族与汉族、壮族、苗族等兄弟民族共同劳作、共同生活，创造了灿烂的历史与极具特色的传统体育养生文化。罗城仫佬族主要的传统节日有：依饭节、春社节、祭婆王节、安龙节、走坡节、仫佬年、保苗节等，其中最隆重的节日是依饭节。“依饭”在仫佬族人民中是“感恩、庆丰收”之意，是仫佬族人民祈求来年风调雨顺、五谷丰登、人丁平安、六畜兴旺美好愿望的载体，是仫佬族人民特有的传统节日，至今已有五百多年的历史。[③]

（一）仫佬族依饭节的形成传说

虽然仫佬族聚居区多为山地，但勤劳的仫佬人在这些高耸的山脉间开辟了一块又一块的开阔平地。这些平地土地开阔、平整、四周水量充沛，为仫佬族的农

①潘伊荷．小城镇居民参加传统节日民俗体育活动的调查与思考[D]．江西师范大学硕士学位论文，2008,05-01.

②韦丽春．仫佬族传统体育文化研究[M]．北京：人民日报出版社，2018.

③韦雅青．在社会视角下试探依饭节中仫佬族传统体育的作用[J]．体育世界（下旬刊），2013,(11)：71-73.

业生产提供了极大便利。作为农耕民族的仫佬族，尤其擅长种植水稻，在历史上就有广泛的记载。为了庆祝种植当年的风调雨顺与五谷丰登，仫佬人会在秋收农闲时举行一些祭祀天地、感恩祖先的活动，随着时间的发展，这些祭祀活动逐渐演化成固定的节庆活动，最终发展成今日具有仫佬族民族特色的依饭节。在依饭节祭祀典礼中，谷穗、芋头、红薯等作物是最主要的传统祭品。在挑选祭品时，要选择那些长而饱满的谷穗，芋头和红薯蒸熟后要捏成牛的形状。此外，还要在“牛身”上插上四根香梗作为“牛腿”，插上两支竹签作为“牛角”。插上麻线作为“牛尾”。在依饭节最后仪式结束后，祭品被各家各户领回家，放在家中的香案上供奉，以求保佑来年风调雨顺，家庭平安。[①]有关仫佬族依饭节的形成来源，在仫佬族民间有许多传说，其中最具广泛性的两个传说与仫佬族作为农耕民族祈求风调雨顺、五谷丰登的信仰有着直接关系。

1. 罗义与罗英的传说

在远古时候，仫佬族的先人住在山谷之中，这里草木茂盛，水草肥美，仫佬族先人在此地开发出了许多田地。但遗憾的是，每次五谷还没有收获便被附近野兽损毁了。于是众人就推选头领罗义去抓野兽。罗义不负众望，轻而易举就捕捉到了野兽。但他刚抓完这边的野兽，那边的野兽又来作祟，气的罗义一脚踩崩了半个山头。在这个时候，有名智者向罗义献策，他告诉罗义，金狮是众兽之王，只要驯服了金狮，其他野兽自然就不敢再来破坏。一日，罗义在打猎途中捡到了两枚凤凰卵，于是回家便让母鸡孵化。不久之后母鸡孵出了两只火凤，罗义和女儿罗英精心把火凤养大。此后每当火凤看到百鸟损毁庄稼，就昂头鸣叫，百鸟听后立即飞回山林。但是，百鸟虽然已治，仍还有百兽。罗义得知立冬是金狮的生日，金狮会在生日前的一日下山猎食，为自己的生日准备食材。于是在立冬的前日，罗义带上两只火凤和弓弩在金狮必经之地埋伏起来。等到日落西山，罗义看到三只金狮正在追三只野兔，于是当机立断，三只利箭向着金狮劲射袭来，准确无误地射中了三只金狮的前腿，金狮于是跪地求饶。罗义没有为难三只金狮，让它们日夜看守村民的庄稼。沧海桑田，三只金狮就化成了石狮。这也就是仫佬族“三狮追兔”的来源。而罗义射向三只金狮的利箭变成了三条大河，两只火凤则立在山的一边，日夜监视着金狮，久而久之，也化成了今日的凤凰山。仫佬族先人在耕地时基本都是用钉锄翻地的，极为不便。罗义看到村民的困难后，就上山捕捉了一头母牛来让其代替村民锄地，可是没等到将母牛驯服，伟大的罗义就去世了。但是，他的女儿罗英继承了其志向，在立冬这日开始驯牛。母牛野性难驯，向山里跑去。罗英顺着蹄印寻至山中，忽闻一阵牛叫传来，发现那只母牛的牛蹄被石缝夹住，痛的它眼泪直流。罗英想将石头推开，却发现此石就好像与大地合

①雷晓臻．仫佬族依饭节文化的传承及其演变[J]．广西民族大学学报，2009，(03)：172-173.

为一体，怎么也推不开。罗英只好找了些青草喂牛，唱歌为牛解闷，并把想让牛为村民耕地的想法融进到歌声中。不知不觉，石缝竟然慢慢裂开，罗英立刻将牛腿拽了出来。母牛非常感谢罗英，于是跟随她回到村庄为村民耕地。次年冬日，母牛剩下了十二只牛犊，长大后被罗英分给了各个村寨，用于耕作。在罗义罗英父女驯服金狮、母牛后，仫佬族人民又学会了驯服其他飞禽走兽，又逐渐学会了牛耕，从此过上了丰衣足食的美好生活。此后，仫佬族人民为了纪念罗义罗英父女的功德，每年立冬就会团聚在一起，唱歌祭祀，于是这一天就被称为依饭节。

2. 白马娘娘的传说

在远古仫佬人居住之地，许多野兽损毁庄稼，伤害人畜，给仫佬人带来了严重灾难。尤其是百兽之王金狮更是凶猛无比。正当仫佬人听天由命之时，从远方来了一位名叫白马娘娘的神仙。白马娘娘有着天神之力，准备杀掉金狮为民除害。当金狮扑向白马娘娘时，白马娘娘迅速朝其射出一箭，金狮当场毙命，白马娘娘把死去的金狮扛下山，村民们将白马娘娘迎回村中，设宴款待她。白马娘娘与村民们载歌载舞，共同庆祝这个伟大胜利。白马娘娘把金狮口中的谷穗交给仫佬人，仫佬人从此不觉谷种。随后又用芋头、红薯捏出了神牛替仫佬人耕地。她还教仫佬村寨的青年们各种防身武技，防范各种凶猛的野兽。白马娘娘在离开前请来了各路神仙替仫佬人消灾避难。从此之后，仫佬村寨可谓是年年风调雨顺、六畜平安。仫佬人为了纪念白马娘娘的功德，并祈求来年的好收成，每隔几年都要举办依饭节。①

第一个传说中的罗姓可以说是仫佬族的大姓，罗城是罗姓宗族居住之地，因此把罗氏父女视为仫佬人的先祖是能够理解的。此外，传说中的罗义驯狮护农与罗英驯牛犁地有着浓厚的农耕文明色彩。第二个传说中的白马娘娘时至今日依然受到仫佬人的尊崇，许多仫佬族村寨都建有供奉白马娘娘的庙宇，依饭节祭祀活动中许多部分都有白马娘娘有着紧密联系。譬如，金谷穗、红薯与芋头制成的水牛，这些在今天的依饭节祭祀活动中仍然是最为主要的祭品，若缺少这些祭品，那么依饭节的祭祀活动就不完整了，也就失去了原有的意义。言而总之，从上述连个传说故事中我们可以明确看出仫佬族依饭节的形成起源与农业生产活动之间存在着密切的关系，这表明出仫佬族作为一个农耕稻作民族，希望依靠神仙之力来保佑粮食丰收与家庭平安的愿望是极为强烈的。从一定角度来审视，仫佬族依饭节其本质就是仫佬人对生存状态与生活方式的一种自我表现。②

（二）仫佬族依饭节的流变与发展

1. “依饭”名称的解读

①包玉堂. 仫佬族民间故事[M]. 桂林：漓江出版社，1982，9.

②韦丽春. 仫佬族传统体育文化研究[M]. 北京：人民日报出版社，2018.

对于仫佬族而言，绝大多数仫佬人都有过依饭节的传统，但也有少数人没有过依饭节的传统。譬如位于罗城的潘姓仫佬人就从来没有过过依饭节。在有依饭节传统的仫佬族人群中，不同地区、不同宗族的仫佬人对依饭节的称呼也有所差异。罗城的谢、吴二姓，将依饭节称为“做依饭”（仫佬语）。银姓则把依饭节称为“做地台”（仫佬语）。生活在宜州部分地区的仫佬族人把依饭节称为“喜乐愿”（仫佬语）。生活在忻城县的仫佬族人则把依饭节称为“庆香火”（仫佬语）。虽然各地区仫佬人对依饭节的称呼有所差异，但在依饭节中的各种祭祀活动却是相同的，最为核心的就是依饭节上的“道场”。那么到底“依饭”二字该做何种解读呢？笔者在多年的实地考察中始终没有找到最为准确的答案。其意思每个仫佬人都明白，“依饭”的主要目的就是为了庆祝丰收、祈求平安。但“依饭”二字仅从字面意思来看，为何不将其称为“依食”或“依菜”呢？笔者在考察调研中询问了一些依饭师公，但他们也无法明确说出缘由。而一些仫佬族老人告诉笔者，“依饭”的“依”，其实是仫佬语的音译，本意就是“美好”。“饭”其本意就是“稻米”，也就是稻米丰收了，人们在一起庆祝丰收。笔者据此查阅多部资料，发现仫佬语中的“美好”与“依”的读音有一定关系，但“稻米”的读音却与“饭”毫无关联。[①]一些村民告诉笔者，“饭”应该与仫佬语中的“道场”有所联系，“依饭”其实指的就是仫佬人在美好的道场中进行的法事活动，由此可见依饭节在仫佬人的眼中是有多么神圣，但“道场”在仫佬语中的读音仍与“饭”没有太大关系。银姓仫佬人把依饭道场称为“做地台”，在仫佬语中，“地台”的读音倒是与“道场”有所关系，但依然没有解释明白“依饭”的含义。从这里就可以看出，“依饭”二字是仫佬语经过汉语音译的观点显然无法成立。一些仫佬族村民认为“依”指的是“依靠”，取自依靠神仙赐福保佑丰收。也有一些仫佬族村民认为依饭节就是“喜乐愿”（仫佬语），“喜”与仫佬语中的“戏”的读音相似，“乐”与仫佬语中的“傩”的读音相似，因此将其唤为这个名称，主要目的在于仫佬人为了向神灵感恩，在节庆中通过傩戏来取悦众神。从客观角度来分析，这些解释基本都属于引申之意，而且并不知道这些解释是仫佬人自己流传的观点，还是受到外来学者的影响，仫佬人对此也不能做出很好解答，基本都认为是从家中的长者处听到的，但只要一回到“依饭”的字面问题，便没有人能够详致解答。整理上述观点，还是银姓仫佬人把“依饭节”称为“做地台”能够解释得通，这是因为“地台”的意译就是“道场”之意。在一些民俗学者看来，做“道场”就是举办“地台”。在他们的理解中，地为阴，台为阳，女为阴，男为阳，地台就是讲授男女阴阳的场所。并且，依饭祭祀活动不仅是还原的道场，而且还是在祭祀先祖的过程中传授男女生育知识的一个重要场合，对仫佬族人口的繁衍非常重视。由此

①苏沙宁．仫佬族依饭节及其祭祀音乐概论[J]．天津音乐学院学报，2005，(03)：165-166．

可见，该观点主要关注的是依饭祭祀中人丁兴旺的护佑作用，但依然与“依饭”二字并无太大联系，仍没有详致解释出“依饭”的实际意思。

2. 依饭节的发展

事实上，因为仫佬族在历史发展的过程中并没有本民族的文字，所以相关史料对依饭节的记载比较少，而正史中更是基本没有涉及，我们同样不能从史料中得知仫佬族先人为什么把此节日称为“依饭”的原因。但是，仫佬族各大宗族的族谱中却有着一些有关依饭祭祀的相关内容。譬如，在仫佬吴氏族谱中就记载了依饭节的另一种起源传说，也就是祭奠宋朝时的仫佬族民族英雄梁善与吴辅。在这部分内容中，明确介绍了做依饭的时间为亥年、卯年与未年，并且指出了祭祀目的不仅仅是为了祭奠梁善与吴辅两位英雄，同时也是为了祈求人畜平安与年年有余。迄今为止，梁善与吴辅两位神君的传说依然在仫佬族聚居区流传，在现如今的仫佬族依饭节祭祀活动中，两位神君是必须要请到的重要神灵。公元1767年，吴氏族人在重新修订《依饭薄》时，开篇就提到了此书立于康熙四十九年（1710年），这是否也就说明此书的编撰时间为康熙四十九年（1710年），距今已有三百多年的历史。此外，此书在文中也描述了宋时徽宗年间封梁善与吴辅为神君的典故，这是否也能证明依饭节的奇缘还能追溯到宋朝呢？一些学者对这段文献进行了相关学术考证，认为此书中所描述的并不是徽宗时期，而应是宋理宗赵昀的统治时期。《依饭薄》此书立书于康熙四十九年（1710年），可以说远远早于广西地方志的成书时间，这也就说明祭祀梁善与吴辅而为神君的风俗传袭已久。通过广西地方志我们可以看到，梁善与吴辅都是在宋真宗年间的一次抗击蛮族入侵战役中牺牲的，这也就是说梁善与吴辅是在真宗时期牺牲的，而理宗时期就已开始建庙祭祀。诚然，这种祭祀仅仅只是封建王朝对梁善、吴辅殉国的利用，笔者对此事本身不进行任何评价，我们所需关注的只是这种祭祀风俗的形成时间。即便不考虑真宗时期，仅从理宗时期计算的话，仫佬族的祭祀风俗也已持续了近八百余年的历史。

除此之外，在仫佬族吴氏族谱的记载中，其始祖于明成化年间迁徙到大梧村，每逢亥年、卯年获未年，就要“迎驾”于二位神君。在吴氏族人看来，唯有这样做了，子孙后代才能繁荣昌盛、万事兴隆。但是遗憾的是，这份族谱依然没有出现“依饭”的字眼，那么这种“迎驾”仪式是否又能算作依饭祭祀活动的萌芽呢？在笔者的理解中，这种仪式可以算作依饭祭祀活动的初生形态，那么从成化年间计算的话，仫佬族依饭节的持续时间至今已有将近五百多年的历史了。

从成化年到康熙年这近二百年中，因为受到外来宗教尤其是道教的影响，依饭祭祀活动渐渐正式形成。“依饭”二字必定是首代依饭师公在祭祀仪式中创造而来的，至于他为何要选择这二字来当作自己创立的道法门派，今日我们早已无从得知。笔者在田野调研中发现，梁氏道班、银氏道班从首代传承至今都已有十四、五代，如果将每代算作二十五年，依饭祭祀活动的形成距今也已存在了三百多年的历史。此推论基本与康熙四十九年（1710年）成书的《依饭薄》在时间上对得上。20世纪80年代出版了一部有关仫佬族的简史，其中记载了一段清末仫佬族谢氏所立的族碑。在碑文中，我们可以看到谢氏祖宗每逢辰年、戌年、丑年、未年的清明节，都要祭祀梁善与吴辅二位神君，即每三年敬一次依饭公爷。[①]由此可见，依饭祭祀活动在百年前的仫佬族聚居区就已经极为流行了，依饭祭祀活动的形成与道教尤其数梅山道教在仫佬族聚居区的传播有着异常紧密的联系。事实上，梅山道教是一种巫术色彩浓厚的道教教派，其神祇体系受到传统道教的影响，因诞生于湖南的梅山而得名。在一些学者看来，广义理解中的梅山指的是湘中的雪峰山东部地区，狭义理解的梅山指的是雪峰山东部的北段。从南北朝时期开始，梅山就是瑶族祖先的生活地区，梅山教派最初兴起于瑶族之中，自身带有鲜明的瑶族民俗特点。自隋、唐、五代十国起，为了躲避中原战乱，不少瑶族先人逐渐迁往到偏远的岭南地区，尤其是元明时期，大量的瑶族民众陆续南迁，不断进入到广西腹地。由此，在瑶族先民的迁徙过程中，梅山教派也随之在岭南各少数民族中广泛流传。时至今日，岭南地区信仰梅山教的仍有许多少数民族，譬如仫佬族、瑶族、壮族、苗族等。在仫佬族聚居区附近，也有着一些瑶族村庄，由此可见仫佬人与瑶族人的日常来往是有多么密切，彼此之间都会吸收对方的民族文化。在上文中所叙述的仅仅只是对依饭节形成历史背景的考察，依饭祭祀活动与梅山教最为直接的联系在祭祀唱本内容中就有明确的指向。譬如，在依饭祭祀唱本的开头，就有着“梅山你掌管”的句子。此外，在整个活动过程中涉及“梅山”的部分竟多达二十几处，并且依饭祭祀活动中的手法与步决都受到梅山教或多或少的影响。笔者在与梁氏、谢氏的依饭师公交谈中得知，梁氏、谢氏两大道班的祖师爷都是吴氏，吴氏在凤鸣山学道之后，回到仫佬族村寨中联系本地的民间信仰创造出依饭祭祀活动。但究竟凤鸣山在何处，梁氏、谢氏的依饭师公也不能解释得清。笔者查阅诸多资料后，发现所谓的凤鸣山有多处，但与道教相关的仅仅只有两处。与此同时，在查阅依饭祭祀唱本的相关内容后，发现提及祖师爷吴氏的地方有多处，但却对凤鸣山没有任何记载，所以并不知吴氏学道之处究竟是否是上处两处。但是可以确定的是，吴氏学道后创建依饭祭祀活动之时，必定结合了本地的民族信仰文化，并经过长久的融合，才逐渐形成了今时今日人们所看到的仫佬族依饭祭祀活动。

仫佬族依饭节在仫佬族聚居区已存在了三四百年的历史，尽管各聚居区的节庆内容、节庆形式基本相同，但各姓氏宗族的仫佬人的节庆时间却存在一定差异。即便是一个村寨中不同宗族，抑或是同一宗族的不同“冬”，节庆时间也不尽相

①赖锐民.广西仫佬族依饭节(傩愿戏)[J].中化艺术论丛,2009,(10):123-124.

同。在一般情况下，基本是每三至四年举办一次祭祀活动，举办时间也有所差异。吴氏宗族一般是在亥年、卯年、未年立冬后的第一个末日举行祭祀活动；谢氏宗族一般是在辰年、戌年、丑年、未年的立冬当天举行祭祀活动；银氏宗族一般是在亥年、卯年、未年、己年、酉年、丑年、申年、子年、辰年的立冬后吉日举行祭祀活动；罗氏宗族则是在闰年的立冬当日举行祭祀活动。对于仫佬族依饭节而言，其作为同一民族、内容形式又基本相似的祭祀活动，为何会因地域与宗族的差异而导致节庆时间不同呢？除了各聚居区的现实差异以外，还有一个重要原因，就是为了能够方便附近的亲朋好友都能前来共庆佳节，因此选择错开时间来举行活动。诚然，这些节庆时间基本都是由仫佬族先人在首次举行依饭祭祀活动时定下的，时至今日，因为地理环境、生活条件、社会经济等各方面的改变，各宗族也并非就完全依据此时间举行，在一些时候，往往是政府出资让某宗族在特定时间举办，那么该宗族就在这个时间举办依饭节。但需要强调的是，吴氏宗族依然还是坚持传统的时间来举行仫佬族依饭祭祀活动。[①]

从现实角度来看，由于具体情况存在差异，仫佬族依饭节的举行时间也会有所不同，但大部分都是一天一夜。而且之前还有长达三、四天的，现在这么长时间的已经很少出现了。自从改革开放后，仫佬族依饭节的内容在庆丰收、佑平安以及还愿等祭祀活动以外，一些仫佬族聚居区还添加了对唱、舞龙、舞狮、唱戏等活动。[②]若是政府领导组织，有时还会增加拔河、排球、游泳等体育竞赛，抑或是一些经贸交流、体育文化节等，仫佬族依饭节已然成为一个集体育、祭祀、文化、经贸于一体大型体育文化活动。已存在数百年的仫佬族依饭节之所以能够发展至今，主要原因就在于其强大的生命气息与浓厚的文化特点。立足于地域文化与民族体育的仫佬族依饭节，与其各种民族文化融合在一起，蕴藏着深厚的仫佬族体育文化精华，其不仅是仫佬族传统体育文化的典型代表，同时也是仫佬族传统体育文化的主要象征。

二、喜庆赐福礼仪中的仫佬族传统体育养生文化活动

对于仫佬族依饭节而言，其包含着诸多富有喜庆赐福礼仪的传统民俗活动，主要流程有依饭节开节仪式、传统文体节目表演、仫佬族原生态依饭节展演、仫佬族风味宴餐、走破、仫佬山歌对唱、仫佬族山水画鉴赏、仫佬族盆景根艺展览、依饭节美食文化节等。在这之中，富有浓厚仫佬族原生态特色的传统体育养生文化表演让四面八方的游客感受到了别样的仫佬族风情。竹球、竹连球、草球、烽火球等传统体育文化项目则是趣味横生。除此之外，舞草龙、舞狮、抢花炮、武

①韦丽春. 仫佬族传统体育文化研究[M]. 北京：亿日报出版社，2018，06.

②胡晶莹. 仫佬族传统依饭节与仪式舞蹈[J]. 歌海，2009，(03)：154-155.

术、打灰包、群龙抢珠、上刀山、过火海、马革竞技、抢粽粑、抢青、斗鸡、抢亲、赛犁、夺粮袋、夺龙珠等一系列精彩纷呈的传统民俗活动也逐一亮相。在依饭节活动当日，主舞台前方布置一条长达百米的大道，意为“丰收的康庄大道”，村民与游客从大道上逐一走过，接受仫佬族人民视为最高欢迎待遇的稻花、谷穗祝福。舞台中央则摆放着仫佬族人文之母——白马娘娘的雕塑，舞台后方悬挂着仫佬族历史上的先贤与神祇的面具。仫佬族村民依次上台敬献贡品，台下的舞狮队与舞草龙队开始穿梭在人群中，借此赞颂仫佬族人先人的艰苦创业与泽荫后世子孙的恩德。仫佬族人民用节庆祭祖的形式来表达自己对先祖的感恩之情。在开节仪式之后，举行的是富有仫佬族民族特色的舞蹈表演，主要分为“依饭古韵”“仫佬神韵”“走坡美韵”等内容，目的在于宣传仫佬族各个历史时期的文化与风情，全场舞蹈均体现出浓厚的仫佬族舞韵与原生态之美。①在走坡活动中，一段段仫佬山歌对唱表达出仫佬人的情感诉求。走坡是一种在依饭节上专攻仫佬族青年男女进行社交的传统民俗活动，因而又将其唤为“后生节”。走坡拥有浓厚的仫佬族文化内涵与悠久的历史，它集物质文化与精神文化于一体，可以说反映了仫佬人的一种特殊情感审美诉求。在对唱中，仫佬族青年男女由陌生到相识，由相识到相爱。②

除此之外，仫佬族依饭节上具有民族特点的还有抢糍粑、夺龙珠、抢花炮等传统体育养生文化活动。抢糍粑是仫佬族传统体育养生文化活动中最为重要的一项运动，比赛开始前，在场中部放置一个装着三角粽子的陶缸、三个箩筐、竹编而成的小捞绞、若干蒸熟的粽子以及一个判罚用的木鱼。距陶缸四至六米等边之

处各放置一个小筐。参加者三人为一组，三组共九名选手，取长长久久之意。赛制采取男女混合对抗接力的形式。在仫佬族依饭节上，三角粽子是一种吉祥之物，在活动中抢得越多，获得的分数也就越高，得到的“福气”也就越多。仫佬人通过抢糍粑这种传统体育养生文化活动，表达出仫佬族人民团结协作、勇于攀登的民族精神。

在仫佬族依饭节上，最为重要的便是具有原生态特色的依饭节表演了。表演活动一般由梁氏、谢氏两家道班的依饭师公一同主持。在祭坛上，摆满了各种神像、面具、花纸以及贡品，红薯、芋头制成的水牛、金色的谷穗也必不可少，整个活动遵从仫佬族流传数百年的民俗进行。诚然，因为活动时间有限，许多环节都是点到为止，没有过多地对其描述。

仫佬族依饭节上的各种传统体育养生文化活动与民俗表演，集中表现出仫佬

①雷晓臻．仫佬族依饭节文化的传承及其演变[J]．广西民族大学学报，2009，(03)：172-173．

②黄敏珍．从文化人类学的角度看仫佬族“走坡”习俗的变身迁[J]．广西广播电视大学学报，2008，(02)：113-114．

族人民重情、勇敢、不屈不挠、勤劳朴实的民族性格，不仅展示了优秀的仫佬族传统体育文化，同时也抒发出仫佬族人民创建和谐仫佬家园的美好心愿。仫佬族依饭节的节日旗帜与节日徽记在设计上也极为考究，既蕴含了仫佬族的传统信仰，也展示了当代仫佬族的时代风貌。旗帜、徽记的整体构局由金鸡、谷穗、牛角、花带等构成，色彩以金色为主，体现了仫佬族浓厚的民族风情与瑰丽的山乡风景。金鸡作为仫佬族的图腾，表现出了一个高贵之美，仫佬人将其视为追求光明、奋发有为的象征，以金鸡作为图案展示了仫佬人勤劳、向上的精神面貌。而仫佬族作为稻作民族，因此将谷穗当作构图之一。[①]此外，牛角、花带等饰物也寓意着仫佬族依饭节是祭祖、庆丰收以及向神灵还愿的传统节日，不仅是仫佬族民俗长久积淀的结晶，同时也是仫佬族民众展示自身民族艺术与传统体育养生文化的重要节日。花带代表了友谊与团结，象征着仫佬人与其他兄弟民族的交流沟通，以节交友。圆形代表了团圆和世界，寓意仫佬族依饭节名扬中华、名扬世界的国际化理念，也隐含着庆祝依饭节的举办成功之意。一些当代著名的仫佬族人文学者为近些年的依饭节撰写了大量文章，向人们展示出历史悠久的仫佬族依饭信仰文化与丰富多彩的传统体育文化，歌颂了白马娘娘的恩德，表达出仫佬人包容、重情、有为、自强不息的民族性格。在仫佬族依饭节上，能歌善舞的仫佬人通过多姿多彩的体育活动与文化活动，向来自各地的宾客展示了仫佬族崭新的时代特点。

仫佬族依饭节的主旨在于突出仫佬族喜庆赐福礼仪中的传统民俗活动，强调大众参与，注重民族品牌文化与旅游、经济的三位一体。仫佬族依饭节是仫佬族所创建出的仫佬族文化品牌，重点突出“原生态、民族风、文化韵”的特点，立足于仫佬族悠久的历史、浓厚的民族风情、魅力的自然环境以及别样的传统体育文化之上，以山为形、以水为体、以传统体育文化与民族文化为魂，借助于依饭节打造了极富特色的原生态文化旅游节庆品牌。

综上所述，仫佬族传统体育养生项目是从仫佬族民族文化中凸显与剥离出来的民族体育养生文化形式， 它是仫佬族传统养生文化重要组成部分， 仫佬族依饭节是仫佬族弘扬仫佬族民族文化的精华所在，同时传统民俗活动也是仫佬族依饭节的精髓。仫佬族依饭节上的各种民俗活动对于促进仫佬族山乡的社会经济发展，展示仫佬族人民奋发向上的民族精神以及扩大仫佬族旅游产业来说具有重要意义。与此同时，在弘扬仫佬族优秀传统体育养生文化、扩大仫佬族山乡的对外交流以及提升仫佬族产业知名度等方面，这些丰富多彩的民俗活动也起到了积极影响。[②]

①胡晶莹．仫佬族传统依饭节与仪式舞蹈[J]．歌海，2009，(03)：154-155．

②韦丽春．仫佬族传统体育文化研究[M]．北京：人民日报出版社，2018．

三、仫佬族依饭节活动中的传统体育养生文化特征与信仰功能

在仫佬族聚居区特殊的地理环境与民风风俗的影响下，造就了丰富多彩、形式各异的传统体育养生文化与信仰文化，集中表现出仫佬人对自然的热爱、对生活的向往以及对神灵的敬畏，可以说是仫佬族民族智慧的象征。因此，仫佬族依饭节节庆活动中的体育养生文化与信仰文化必定会在现代化进程与全民健身活动中发挥积极的作用。

（一）仫佬族依饭节活动中的传统体育养生文化特征

1. 节庆活动中的兼容性特征

仫佬族依饭节节庆活动有着色彩斑斓、具有浓郁民族特色的传统体育养生文化活动，使仫佬族传统体育养生文化有了生存的价值，仫佬族依饭节节庆活动中的兼容性特点使仫佬族传统体育养生文化具备了在民族间进行交流的可行性。仫佬族依饭节上的传统体育养生文化丰富多彩，形式多样，将体育、音乐、舞蹈兼容为一体。譬如，仫佬族的传统舞蹈白马舞就是为了纪念白马娘娘而跳，舞蹈动作刚健明快，重视武艺与节奏。而花灯舞则借鉴了依饭师公表演时的“手法”与“步决”，表现出顺手顺脚，与音乐结合的特点。[①]尽管这些仫佬族舞蹈在名称上有所差异，但其实质都是在音乐与舞蹈中完成体育动作，在强身愉心的同时，也实现了竞技、健身以及娱乐的和谐统一。

1. 节庆活动中的观赏性特征

仫佬族依饭节节庆活动本身就是一门艺术，拥有强烈的视觉观赏性，这也正是仫佬族传统体育养生文化的魅力所在。譬如依饭节上的一些传统民俗运动，其动作节奏强烈，表现方式刚猛与轻柔并存，注重内心情感的传达，使人在动静结合中体会到美感与视觉冲击。[②]

2. 节庆活动中的参与性特征

仫佬族依饭节节庆活动中的传统体育养生项目与其他少数民族传统体育养生项目的主要区别就在于，其往往是伴随着依饭节的开展而进行，使其拥有更为广泛的参与性与生命活力。在这种结合下，仫佬族传统体育养生文化的形式必然更加健康，内容也更加丰富。譬如仫佬族的夺粮袋、夺龙珠等活动，男女老少全都参与，其乐融融。[③]

---

①霍红．西部少数民族传统体育的现状与走向[M]．成都：四川大学出版社，2007：12-13.

②牛爱军，虞定海．非物质文化遗产保护视野下的民族传统体育发展[J]．武汉体育学院学报，2008，42(01)：90-93.

③韦丽春．仫佬族传统体育文化研究[M]．北京：人民日报出版社，2018，06.

（四）节庆活动中的互动性特征

仫佬族依饭节节庆活动是仫佬族定期举办的活动，信仰色彩浓重，将体育运动融入这种民族节庆活动中，不仅为节庆增添了喜悦气氛，对于民族祖先的生存方式也是一种尊重和怀念。仫佬族传统体育养生文化活动作为文化符号，促进了仫佬族传统体育与仫佬族传统文化的融合。仫佬族传统文化丰富多彩，将体育运动融入其中，仫佬族文化以不同的方式呈现出来，这种节日与体育活动的互动，使得仫佬族依饭节节庆活动的文化内涵更为丰富。

3. 节庆活动中的群众性特征

仫佬族依饭节节庆活动具有百年历史，是一种源起民间，又扎根于民间为仫佬族群众喜闻乐见的传统体育养生文化盛会，具有较强的群众性特点。一方面，从参与对象角度来看，在时代发展之下，打破了以前较少人参加节庆的局面，现如今，无论男女老少都可自由参与到节庆活动中，在欢呼声与敲击声下，共享依饭佳节带来的快乐，感受团结的仫佬族精神。由于对参与者并无严格限制，因此体现了广泛的群众性特点。另一方面，依饭节庆中的一些体育养生活动强调集体活动与团结协作，不仅让参与者感受团队配合的乐趣，也让参与者体会到民族团结的力量，使仫佬族产生极强的向心力及凝聚力，正是因为群众性特点，仫佬族依饭节节庆活动的生命才不会枯竭，并永葆生机。

（二）仫佬族依饭节活动中的信仰功能

1. 依饭节唱本中的信仰文化

对于节庆唱本而言，其可谓是了解仫佬族依饭节文化内涵最为关键的有效载体。因为仫佬族在历史上并没有自己的文字，不能用文字记录的形式有效记述自己民族的文化，所以诸多仫佬族传说、典故、民俗只能借助于依饭祭祀、节庆活动由依饭师公通过唱经的方式代代相传。但是，这种传承方式有着明显的弊端，常常会因环境、时间以及个体的改变而出现变化，所以许多传说、典故、民俗只能探寻到它们目前的生存状况，而对于它们的流变过程却只能在稀少的线索中推测，这即是缺乏文本记述所造成的难题。可以这样说，在依饭节庆唱本诞生之前，依饭节庆活动极有可能就已经存在了，只是那时的名称可能另有其他。这个活动的规模可能很大，也可能很小，由于缺乏文字记载，我们仅仅只能依靠推测，但这种推测并非是毫无根据的，而是建立在科学的基础上，这主要有赖于至今存世的节庆唱本。毕竟来说，当时的祖师在编写节庆唱本时不可能信手拈来，他必定要紧密联系仫佬人的生活条件、民族文化、伦理道德、信仰文化以及民族特点等多方面因素。所以，能够保存到今时今日的依饭节庆唱本可以说是我们打开仫佬族人民心扉的一个核心要素。在笔者的理解中，依饭节庆唱本之所以非常重要，并不是因为其文字资料的身份，能够让学者们在今日有所依据，而更为关键的是，这些文字资料是由仫佬族人民自己编写的，尽管节庆唱本是祖师外出学成回乡后联系本地的民族文化而编成的，受到了外来宗教尤其是梅山教派的影响，但毕竟这些节庆唱本是仫佬族人民首次用文字来记录仫佬族、记录仫佬族的先祖、记录仫佬族的兄弟姐妹、记录仫佬族的文化，其并非是以旁观者的角度来记录的，而是直接用自己的心来记录脚下的这片沃土，因此更为真实与客观，更能体现出仫佬人的现实生活与文化内涵。笔者在多年的整理中，收集到了近七本依饭节庆唱本，其中最为重要的便是《依饭疏文》，此书的主要内容就是依饭师公在节庆活动中抄写在疏文上的内容，在抄写的过程中只需将依饭节庆的时间、地点、会首等名称修改即可。除此之外，依饭节庆唱本中的一些内容已然具备了剧本的初级特征，在节庆唱词以外，该出现身体动作的地方都会有旁白提示，譬如何处该走罡步了，何处该祭拜了，所有动作都会逐一提示。在依饭节庆的过程中，既存在唱、念与对白互动，同时也拥有诸多情节性的故事段落。对于语言而言，节庆唱本除了用到一些土语之外，还用到了许多仫佬语。①对于文字而言，由于仫佬族自身并无特定的文字，节庆唱本除了采用汉字之外，还套用了许多仫佬人自己所创的土字，譬如把“水牛”写成“牵”。节庆唱本所包含的内容极为丰富，我们据此能推测到仫佬族的社会、经济、文化的发展历程。尽管仫佬族的形成时间迄今为止尚未有明确定论，但可以确定的是其必定晚于广西几个人数较多的世居民族。在仫佬族的发展过程中，仫佬族的传统体育养生文化也随之发展而起，这也就决定了仫佬族传统体育养生文化的发展必然会受到广西其他民族传统体育养生文化的影响。与此同时，仫佬人始终都以敞开胸怀的姿态积极汲取兄弟民族的传统体育文化，在不断消化中，最终形成了具有仫佬族特色的体育养生文化形态。

依饭节庆唱本中的诸多内容就体现出了信仰文化的特点。

2. 依饭节庆中的多元信仰融合

在依饭节庆活动中，最为重要的便是祭祀活动了。依饭师公在祭祀过程中请、送的神灵超过了三十多位。在这些护佑仫佬族人民的神灵中，有仫佬族人民的祖神，譬如灶君、吴氏老爷等；有仫佬族人民的保护神，譬如城隍老爷、白马娘娘、梁、吴二位神君等；有西南少数民族共有的神灵，譬如婆王；有仫佬族人民的自然之神，譬如雷公、雨师等；有仫佬族人民的创世神，譬如盘古、伏羲、女娲等。此外还有许多仫佬族人民的道教神灵与佛教神灵，大都与汉族相同，在此不再一一赘述。从依饭师公所请、送的各路神灵可看出，仫佬族的信仰文化是多元性的，拥有多神崇拜的特点。随着汉族文化在仫佬族聚居区的影响不断加深，道教、汉传佛教等宗教逐渐被仫佬族人民所接受，仫佬人联系自己的实际生活情况，把这些外来宗教与自己的原始宗教融合在一起，发展出一种集道、佛、自然崇拜于一

①韦丽春．仫佬族传统体育文化研究[M]．北京：人民日报出版社，2018，06.

体的民间多元信仰文化。[①]而且随着时代的不断发展，道教、汉传佛教逐渐占据了主要位置，原始宗教则退居于次要位置，并且二者又在不断吸收与融合，由此使仫佬族的传统宗教信仰表现出多元性的特点。除此之外，仫佬族依饭节节庆活动中的祭祀活动还结合了本地的巫教信仰文化。

3. 依饭节庆中的信仰功能

因为受到道教、汉传佛教的长期影响，仫佬族依饭节节庆活动中呈现出与道教信仰中强调道法自然、天人合一以及伦理道德一致的思想内容，而且与佛教所提倡的因果报应、生死轮回等内容也有着紧密联系。正是因为仫佬族本土信仰与道教、佛教的积极融合，才使得仫佬族依饭节节庆活动体现出了更为积极的功能。譬如借助于道德教化来规范仫佬族人民的行为，借助于社会秩序整合来凝聚仫佬族人民的凝聚力，借助于狂欢宣泄来放松仫佬族人民的身心，借助于内心调适来使仫佬族人民的内心达到和谐等。

首先，是道德教化的功能。虽然仫佬族依饭节节庆活动与儒、释、道这三种天生的“伦理性宗教”有所差异，其不具备典型的“仁爱”道理，也没有高深的“普渡众生”或“清静无为”，但仫佬族依饭节节庆活动的主旨仍是教化仫佬族人民团结友爱、和谐向善。仫佬族依饭节节庆活动中所体现出的“善”之信仰，并不像汉地信仰中所体现的道德伦理拥有形而上的神圣性、庄严性，它仅仅只是借助于活动过程中的唱本把各种有血有肉的英雄、忠良一一唱念出来。更为朴实地把仫佬族传统文化中的和睦住人、积德行善、安分守己等伦理道德一一阐述了出来。这些伦理道德思想在潜移默化中影响着仫佬族人民生活的方方面面，从而也就担负起对仫佬族人民进行道德教化的功能。在古代社会，仫佬族人民最初接受到的教育便是道德启蒙，而且还是由依饭师公在庙会中传授的，本身带有较浓厚的封建伦理道德说教色彩，内容较为单一化，大多是从封建伦理出发，劝诫人们要多行善积德，以求得获得功名利禄与荣华富贵。随着社会的不断发展，旧时依饭节节庆活动的教化功能早已无法适用于现代社会，显然与时代要求所脱节。

鉴于此，仫佬人除了继续借助于依饭节庆活动传播仫佬族的传统文化外，还有目的性地添加了许多教育子女的内容，譬如一些具有团结性质的体育养生活动，从而使仫佬族传统养生文化在新的时代发展中获得了全新解读，集中表现出依饭节节庆活动的道德教化功能。改革开放之后，仫佬族人民在原有基础上对依饭节节庆活动的道德教化进行了改善，从传统的封建道德说教转变为与目前生活相适应的精神文明教育，具有十分重要的现实意义。现如今，从仫佬族青年文盲率低于全国平均水平，受过高等教育的人数居五十五个少数民族前列可看出，仫佬族社会拥有着浓厚的尊师重教风气。此外，依饭节庆活动中的“粗话”部分同样拥

①黄兴球．仫佬族银姓宗族及其婚姻圈[J]．思想战线，2003，(03)：112-113.

有道德教化的功能，这些内容并非是粗俗不堪，而是借助于神灵来对仫佬族青少年进行性启蒙教育，使仫佬族青少年在愉悦的氛围中感受到“性”的严肃性，同时也为他们树立了正确看待此事的思想，认识到自己对民族繁衍所应肩负的重要责任。另外，借助于神灵进行教化，还能够避免父母与子女探讨此事的尴尬。在依饭节节庆活动中将伦理道德灌输于仫佬族人民，就相当于通过祖先的口吻来进行道德教化，这种形式更有利于规范仫佬族人民的道德行为。依饭节节庆活动的道德教化功能的特点就在于，它能借助于带有宗教色彩的信仰将是非善恶传输给仫佬族人民，要求每一个仫佬人必须遵守一定的社会道德与伦理。依饭节节庆活动所宣扬的伦理道德思想对仫佬族人们具有显著的约束功能，节庆活动中的许多内容都涉及善恶有报的思想，许多仫佬人都会基于可能而来的善恶报应而弃恶从善，以此趋利避害。[①]与普通社会、学校、家庭的道德教育不同的是，依饭节节庆活动这种带有宗教色彩的道德教化更具约束力与实效性。它通过祖先的口吻要求仫佬人要依据道德规范为人处事，这对于仫佬族人民社会道德的提高来说具有一定的积极作用。此外，它也能够营造出一个诚实守信、团结互助、和谐融洽的社会环境。

其次，是社会秩序整合的功能。法律与道德可谓是规范社会秩序的两大有力工具。法律的规范功能是以国家为依靠的，一些时候离不开强制手段。而道德的规范功能主要是以社会成员的内心约束力唯一靠的。道德能力的高低，取决于社会成员内心约束力的高低，而构建内心约束力的有效方法就是形成一定的信仰。通过信仰构建来实现约束社会成员行为与形成和谐社会秩序，这基本是所有民族都会采用的方法。仫佬族依饭节节庆活动中蕴含着丰富的民族传统伦理道德思想，这些伦理道德思想是以社会和谐为价值追求的。依饭节节庆活动所纪念的诸多先贤、英雄，大多是吃苦耐劳的象征。这些先贤与英雄不仅有德行，而且忠勇俱全，能够保境安民，能够孝敬老人，譬如梁善与吴辅两位神君。仫佬族人民把这些拥有良好品德、为民服务的先贤奉为神灵加以信仰，就体现了仫佬人对伦理道德规范的认可。这些建立在民间活动上的道德约束显然比普通说教更加有效。在一般情况下，学校、家长对孩子们的教育总是以反复说教为主，但实际效果并不怎么理想。依饭节节庆活动并不会直接告诉孩子该做什么，不该做什么，而是通过各种体育与祭祀活动使他们明白做什么的价值与后果。此外，依饭节节庆活动还是仫佬人孝道思想得到展示的重要途径。在依饭节节庆活动过程中，仫佬族人们在依饭祭祀中膜拜祖先与神灵，把仫佬族传统的孝道思想融入进每个仫佬人的心灵深处。与此同时，依饭节节庆持续过程中的走亲访友活动也使仫佬人的人际关系得到了进一步密切，人与人之间变得更为和谐，社会也就更加稳定。言而总之，

①韦丽春．仫佬族传统体育文化研究[M]．北京：人民日报出版社，2018.

仫佬族依饭节节庆活动通过社会秩序的整合功能，在振奋民族精神与增强民族凝聚力的同时，也在潜移默化中增进了民族自豪感。

再次，是狂欢宣泄的功能。在依饭节节庆活动中，有许许多多人参与的传统体育养生文化活动，譬如群龙争珠、抢花炮。在这些传统体育养生文化活动中，仫佬族人民的笑声、欢呼声可以说是不绝于耳，场面活跃热闹。仫佬人在这些运动中不仅消解了之前祭祀活动的严肃压抑，也消解了人与人的隔阂，每个仫佬人既是节庆的观众又是体育比赛的参与者。仫佬族人民在纵情欢笑与运动中释放了自己。正如国学大师梁漱溟所认为的那样，宣泄与狂欢的本质就是这个世界的一种特殊形态，这是每个个体参与世界的再生。仫佬族依饭节节庆活动通过让每个仫佬人都能参与进来的方式，使其由最初单一的祭祀活动变成了一场仫佬族的狂欢盛宴，正如法国思想家涂尔在其著作中所认为的那样，个体从仪式活动中得到了舒适，当个体在履行仪式职责后重新回到日常生活中，勇气与热情得到了强化，这既是由于个体与至高的能量建立了联系，同时也是因为个体度过了一段自由、随意的生活，体力也随之得到恢复。从深层角度来分析，仫佬族依饭节节庆活动在仫佬人的日常生活中扮演了“调节”的角色，它能够使人们长期累积的各种负面情绪与疲劳得到释放，能够对日常仫佬人的辛苦劳作、单调生活与压抑心理起到调节作用。虽然仫佬人在大多时候都未曾发现这种心理。言而总之，仫佬族依饭节节庆活动是一个能够让每个参与者都能尽情释放自己的体育养生文化盛宴，人们在节庆中奔跑、跳跃、欢唱、载歌载舞，在肌肉颤动与梦幻空间中使自己得到放松。

然后，是心理调适的功能。个体的和谐是社会和谐的前提所在，但个体和谐并不仅仅指的是人际关系方面的和谐，更为关键的是个体内心的和谐。个体内心的和谐能够使人产生愉悦与安宁之感，能够让人体会到幸福与价值所在。当个体真正体会到幸福与价值所在时，才会对生命与生活更加珍惜，才能做到与人为善，才能与社会融为一体，最终实现整个世界的和谐。而内心欠缺和谐就会使个体的精神时刻处于痛苦的煎熬之中，个体会感到压抑、抑郁、焦虑，甚而出现偏激、行为过激等暴力行为，这对社会而言必然会产生负面影响。与狂欢宣泄功能的短暂性有所差异的是，心理调适功能就是个体维系自身内心和谐的主要方式，它具有长期性的特点。[①]在社会生活中，每个人都会遇到各种各样额困难，若缺乏必要的心理素质与抗压能力，在面对这些磨难时就会束手无策。从古时到当代，人类的能力与技术几乎不存在与自然之力相抗衡的可能，所以人类为了生存下去，往往会创造出许多超越自然的力量来加以信奉。譬如，仫佬族先人在天旱无雨时就

①郝国栋，石文．非物质文件遗产视域下贵州少数民族传统体育文化的保护与传承[J]．贵州民族研究，2011，(02)：58-61.

会祭拜雨师，虽然这些祭祀活动并不能改变人们的悲惨命运，但却能给予人们一丝丝微小希望。正如美国哲学家桑塔亚那所理解的那样，尽管祈祷并没有带来实质性事物，但却培养了人的一些精神。它不能下雨，但能在雨降之前培养出一种希望，培养出一种心情来应付各种结果，也就是展开了一种愿景，在之中人类的成功会据其被限定的存在与有条件的价值表现出来。仫佬族依饭节节庆活动作为一种体育文化狂欢，其主要目的不是改变现实生活中的苦难，而是通过各种体育养生文化活动告诉人们怎样承受的问题，使仫佬人能够内心平和，幸福安详地生活在社会上。从这里就可以看出，仫佬族依饭节节庆活动起到了心理调适的功能，能够促进人们的内心和谐。

最后，是生态保护的功能。仫佬族依饭节节庆活动中所表现出的生态智慧极为引人关注。节庆活动中的许多体育养生文化运动都透露出大自然中的各种生物或非生物都是存在灵性的，人们要爱护与尊重它们，不可为了自己的发展随意破坏它们，要明白“取之有度”的道理，尽最大可能保护自然的平衡，使人与自然真正和谐相处。正是基于这种观念以及对仫佬山乡的热爱，几乎每个仫佬族村寨都有自己的神山，神山上的所有生物都受到神灵庇护，任何人都不能私自上山砍伐或盗猎。所以，仫佬族村寨的自然环境保护往往比政府的行政划分更为有效。可以这样说，仫佬族依饭节节庆活动使仫佬人对自然的热爱之心得到了激发，由此使仫佬族聚居区良好地做到了人与自然的和谐相处。

四、祭祖祈福礼仪中的仫佬族依饭舞与道教文化

仫佬族处于我国南方地理位置相对偏僻、交通相对阻塞的地方，所以仫佬族人民与外界的沟通和交流就相对较少，他们习惯把希望寄托在一种神秘的世界里，以寻求心灵上的安慰。道教是中国土生土长的宗教，承载了各民族的宗教信仰和民间信仰，是一种具有鲜明民族性和历史性的宗教。[①]道教文化与养生文化有着密不可分的联系，而仫佬族舞蹈与道教文化之间同样有着密不可分的联系，它们相互融合，相互影响。仫佬族依饭节的祭祀活动中表演的“依饭舞”就是道教文化的最佳体现。

（一）“依饭舞”概述

“依饭节”是仫佬族传统的祭祀活动。在“依饭节”仪式上表演的舞蹈统称“依饭舞”。“依饭舞”的形式主要分为单人、双人和三人舞蹈，不同形式的舞蹈穿插在仪式的礼仪行为和念白之中进行展示。[②]其中最为典型的单人表演是第五项《唱神》中的“引光神”舞段，“引光”是“依饭节”仪式所请来第一位神灵，由

①黄小明，苏水莲，廖梦华．仫佬族依饭节舞蹈与道教文化的关系——广西罗城仫佬族民间

②胡晶莹等．仫佬族传统“依饭节”与仪式舞蹈[J]．歌海，2009，(03)：88-91.

他再去请并引导众神降临此地。这段舞蹈表现了“引光”上路、请圣、入堂等敬请神灵的过程。“白马姑娘”“鲁班”“牛哥”是连续出现在《唱神》中的舞段，舞蹈内容表现了多位神灵高超的神功以及对百姓的护爱之心。第六项《合兵》中的“血祭”舞段是仪式的高潮和最重要的部分，这段舞蹈是一段单人舞，由单人在地面一长方形竹席上进行表演，舞蹈动作与仪式的内容密切相关。这些舞蹈部分都属于祭祀舞蹈。以“白马姑娘”“鲁班”“牛哥”舞段为代表，但这三个舞段也存在区别，白马姑娘与哥哥双人习武、鲁班砍树、架桥等动作大多来自日常生活，而“牛哥”舞段是全场唯一出现的表演者在松散、自由的节奏中全身呈现微微颤动的舞蹈动作形态，与其他舞段有着明显的区别。这类舞有着强烈的生活气息和观赏性，以及始终保持着和舞蹈表演仪式整体的紧密联系。

仫佬族的所有民族传统习俗与传说，都会由我们一代又一代人经由传统仪式以及口口相传才得以保存和流传下来。这些内容既包括自然信息也包括社会信息两大类，而在形式上又可分为用语言表达和用肢体行动表达两部分。仫佬族“依饭节”祭祀仪式是由多种内容构成的，其中主要组成部分就是由师公头戴面具表演的“依饭舞”。[①]然而，除了师公通过舞蹈的方式来传达“神灵”的旨意或取悦“神灵”之外，同时还需要考虑百姓的视觉需求能否得到满足，其娱乐自身的目的能否得到实现，这也是为什么在中国的祭祀仪式中会包含有大量乐舞活动的原因之所在。“依饭节”仪式包含七个程序，每一个程序中都有依饭舞贯穿其中，其中“唱神”“合兵”两个程序舞蹈性非常强烈，也是全部仪式的主要核心部分。

（二）“依饭舞”的典型动作与舞蹈风格

1.“依饭舞”的典型动作

“依饭舞”中最具有特色的动作形态要数“罡步”了。在道教中，有“步罡踏斗”一说，其中“罡”就是指位于北斗七星勺柄上的魁星，“斗”即指北斗星，“北斗七星”是信徒崇拜的自然神之一。道士在地面上铺上画有二十八星宿的“罡单”，以青云为履，跟随着道教的乐曲按照星宿曲折的路线在“罡单”上行走，走出来的路线被称为“履迹”，行走方式主要分为“礼拜星宿”“神飞九重天”“召遣神灵”等。这是一种强调“履迹”的舞步，在中国的巫舞中不乏其见，多半寄予神秘意义。这也是道教法师平日习练功法的一种基本步法，后成为师公做“依饭舞”时使用的基本动作与步态。在“依饭节”“安坛”仪式中所表现出的主要形式有“朝圣罡”和“三步罡”。

其一，“朝圣罡”的基本动作是师公右手拿着三炷香，左手拿着一面纸做的小彩旗，从祠堂门外起舞至供台方向。其基本步法是：在第一拍时，先迈右脚，大

---

①陈闯．洪泽湖渔鼓祭祀舞蹈田野调查——江苏省泗洪县半城镇穆墩岛“敬大王”仪式[J]．黄河之声，2017,(13):110-111.

约迈出30厘米，与此同时双臂向后摆动，当第二拍时，左脚跟上右脚，第三拍时，双臂向前摆动，并竖立划圆，第四拍时，保持左手在上、右手在下的姿势鞠躬作揖。四拍结束后，身体直立，双臂自然垂落在身体两侧，整个过程中动作要庄重、扎实，用以表示对神灵的敬畏。

其二，“三步罡”的基本动作是师公右手持小彩旗以类似于四颗北斗星排列的图案为行走路线。其基本步法是：师公从“禄存星君”（即“天玑星”）的位置开始，当第一拍时，右脚划一弧线在身体左前方的“贪狼星君”（即“天枢星”）的位置落下，此时右脚支撑左脚屈膝并离开地面，同时左臂自然垂落在身体左侧，右手持小彩旗在身体的右侧画“8”字的前半圆，第二拍时，左脚落在“巨门星君”（即“天璇星”）后方，重心在左脚上，右脚放松，右手持小彩旗划“8”字后半圆，第三拍时，右脚从左前方“文曲星君”（即“天权宫”）位置收回，左脚保持在原地，左臂向前摆动，右臂向后摆动，第四拍时，左脚跟上右脚，双臂自然回落至身体两侧。此套动作跟随锣鼓伴奏反复进行，伴奏结束，则动作停止。

通过对四把镇中寨屯村“依饭舞”中的“罡步”进行考察，并根据罗城县博物馆拍摄的视频录像和文献资料的描述，针对“罡步”动作的功能、风格及形态目前是否发生变化这一问题，可以这样理解：这种源于道教法师平日习练功法的基本步法，一旦融入“依饭节”仪式中，其“敛伏鬼神”、引领“神兵”“神将”降临的主要功能没有发生改变。正如师公粱殿甫所说：“走这个步（罡步）是为了带着‘神兵’跟你走，像发号施令一样的，如果你的步伐错了，‘神兵’跟不上你就带不来‘神兵’了”。“现在跳的动作与原来我们学的一样，祖传就一直是这样跳。祖传下来的东西你是不能变化的，你变化就变味了。如果说到变化，就是年轻人视力好一点，动作就会利索一点，老人家就要慢一点，像我爸九十多岁的老人家就不能很快地旋转了。”

2.“依饭舞”的舞蹈风格

“依饭舞”的舞蹈风格主要有两个方面：其一，脚实身飘。“罡步”动作相对比较简单，属于内刚外柔型。内刚，指师公在做“罡步”时动作力量需气息下沉，脚下踩实，步步稳健，而上身却随步伐飘动。特别是在“三人舞”配合中，更凸显肢体转动时的轻盈与灵活，游刃有余，掌控自如，这种功夫并非一朝一夕就能练好的。但在做下蹲动作时，又突出动作沉甸甸的下坠感。从总体上讲，师公作舞时脚下步伐稳健、刚柔并蓄，上肢动作张弛有致、庄严肃穆，既透出对神灵的尊敬和虔诚之情，还将古朴、圆润、浑厚的民族舞蹈风格体现得淋漓尽致。其二，程式规范。在中国传统文化中，人们将自己长期坚持的传统思想和生活习惯作为指导他们生活的最高原则。传统文化是一种经过长期历史沉淀后形成的对人的思维意识、价值观念、审美情趣、道德风尚等产生影响的文化形态，并且被整个民族所接受和认同。“依饭舞”这种仫佬族的传统舞蹈就是在长期的历史沉淀后而形成的一种独特的文化形态，因此它的舞蹈动作有着严格的程式规范。对于这种固有的程式规范，师公不得擅自改动，否则就是对神灵的不敬，同时在“双人舞”和“三人舞”中还会导致场面的混乱而影响祭祀整体的庄严和肃穆。[①]因此在师公教授“依饭舞”的过程中十分谨慎小心，极力避免出现步伐不准确的情况，致使“罡步”在多年的传承过程中功能及形态没有发生变化。当然，导致没有发生变化的原因还包括信仰、禁忌、环境及心理等诸多因素。

（三）“依饭舞”中蕴含的道教文化

道教对中国古代民俗的影响广泛而深刻，在依饭节整个的祭祀礼仪过程中，无论是供奉的神灵，还是进行的法事，其中都蕴含着浓厚的道教文化。而作为依饭节重要组成部分的“依饭舞”来说，其表演所用到的服装、道具以及舞蹈动作中都将道教文化的精髓融合在其中。师公头上戴的帽子上绣的有“日”“月”及八卦图案，身上穿的衣服是过膝的道袍，使用的法器是七星剑、长柄大刀、狗头拐杖等。可见，仫佬族舞蹈中所蕴含的道教文化无处不在。从审美的角度上来看，[②]“依饭舞”的特点主要有三个方面，即崇尚自然的和谐、遵循“五行”“八卦”、以圆为美。

第一，崇尚自然的和谐。“依饭舞”的内在审美意识就体现在自然和谐之中。

自古以来，道家都倡导道法自然和无为自化，推崇人与自然的和谐共处。“道法自然”体现了老子对自然和谐的追求，“素朴而天下莫能与之争美”体现了庄子以自然为美的理念。在道家文化中，倡导人和天是同根的，人们必须适应自然界、运用自然界法则，求得人与自然的和谐统一，从而求得"天人合一"的思想状态。[③]“依饭舞”简约的步法就是对道教这一宗旨的最佳体现。从形式上来说，“依饭舞”摆脱了传统的束缚和繁琐，在简约之中流露出自然之美。在每一个完整的“依饭舞”段落中，师公脚下步伐及上肢动作并无太大的变化，“依饭舞”追求的不是繁琐的华丽，而是简约的和谐，用简单、自然的肢体动作将深刻的内涵表现出来，用朴实、单一的“罡步”来表达对神灵的崇拜与敬仰。例如“三步罡”，就是将舞蹈化与生活化相结合、抽象与具体相结合的方式来对祭祀的主题进行阐述。再如立圆、平圆、“8”字圆的身体运动轨迹始终贯穿于“依饭节”的舞蹈当中。这些简约的圆形线条所组合成的动作形态，似在太极阴阳流动的世界中以朴素的自然之美进入人神交融的境界。总之，“依饭舞”以其精简、准确的主体动作呈现出道法“自然”的观念。

第二，遵循“五行”“八卦”。在“合兵”仪式中，师公在祭坛前地面铺放的

①胡晶莹等. 仫佬族传统“依饭节”与仪式舞蹈[J]. 歌海，2009，(03)：88-91.

②韦丽春. 仫佬族传统体育文化研究[M]. 北京：人民日报出版社，2018.

③毛贵凤. 文震亨与李渔造园思想比较研究[D]. 苏州大学硕士学位论文，2020，06.

草席上，左手紧紧抓住一只活公鸡，右手捏住鸡冠，用悬空的鸡头按东南西北中五个方位写“超生度命”四个字，随后，按照从东北向西南的方向用地滚翻的方式进行翻筋斗，到西南方向时会从鸡脖子上拔下一撮毛压放在草席下，此时会听到公鸡的一声大叫，然后再以相同的速度分别从西南至东北、东南至西北、西北至东南、南北至中、北南至中五个方位进行相同的动作。在“依饭舞”中，翻筋斗这个动作有特殊的含义，表示镇压鬼怪、驱除邪恶，而东西南北中这五个方向代表了五行俱全、吉祥如意之意，这与道教中所谓的五行恰有契合之意。[①]而南北对称代表乾坤，东西对称象征八卦，由此可见“依饭舞”与八卦之间也有着千丝万缕的联系。

第三，以圆为本。在老子看来，“道”是万物之源，所有的天地万物都是由“道”所生的，[②]这个观念就是“圆”的概念的形象化解释。在“唱神”中，“白马姑娘”舞是由两位师公进行表演的，这是“依饭节”祭祀仪式中的主要舞蹈之一。其中一位师公用粉色长布缠头装扮成武功高强的“白马姑娘”，手持长柄刀，另一位师公手持长柄斧扮演“白马姑娘”的哥哥，该舞表现的是“白马姑娘”与哥哥练武时的情景。在前四拍时，两位师公一同抬脚朝同一个方向走去，并各自使用法器道具在身体前画“立圆”。在第五拍时，哥哥做180度转身，两人一同将右臂伸直、左臂弯曲，将道具在圆心下方进行碰击，后三拍时则保持静止的姿态，随后两人按原路线返回，继续做相同的动作，如此重复进行动作，直到唱段结束。该舞动作形态平稳大方，两人持法器相互作舞交换位置，始终处于或对峙或和谐的圆形路线中，呈现出流畅圆润的构图特征。在“合兵”中，是由三位师公共同表演的，也体现出了“圆”的概念。三位师公分别持铙、钹、单面鼓表演，节奏由慢至快，脚下“罡步”路线略显复杂，但基本上都在“8”字形上进行变换。三人行走的路线相互交织，每一次再相遇之前都先走一个下弧线，在他们相

遇的时候，身体到达弧线的最高点，在太极外圆及内圆路线上进行立圆运动，并由这些立圆运动轨迹构成一个球体而不断地反复。三人脚下按照严谨的“罡步”井然有序地舞动，随着鼓点节奏的加速，[③]师公的肢体动作及手中的道具形成眼花缭乱的视觉效果，极富艺术感染力。除“唱神”“合兵”两段舞蹈之外，在其他舞蹈中出现的“朝圣罡”都是以立圆为主进行的上肢运动。而出现的“三步罡”是上肢运动在反向交替的情况下同时完成的两个“8”字构图。这些“圆”形动作形似“八卦”图，将有形的物质及无形的意识呈现在“八卦”整体和谐状态中，并引导着师公肢体的运动轨迹。而且在整个“依饭舞”过程中很多动作都是由“圆”与“八卦”图形演化而来，它似泉眼涌水，生出无穷的生机，充分表现出道教的

①李燕宁．仫佬族的宗教民俗[J]．经济与社会发展，2003，(12)：141-143.

②朱忠树．生态旅游的哲学思考[D]．南华大学硕士学位论文，2013，05.

③陈闯．洪泽湖渔鼓舞的历史流变及传承保护研究[D]．南京师范大学硕士学位论文，2017，12.

延续。

“依饭舞”的表演动作简单、质朴，在仫佬族文化长期的历史沉淀以及与其他民族文化习俗的融合过程中，依饭舞显示出仫佬民族的特色，成为仫佬族珍贵的文化遗产。但是在考察过程中也发现随着时代的变迁，由于师公在传承过程中对舞蹈动作自身的文化含义并没有十分明确，并且没有刻意地进行传承，仅仅只是以口口相传的方式将动作传授下去，以至于后人并不能充分了解舞蹈动作背后的深刻含义。另外，又因为没有可供参考的文字资料，因而导致后人对“依饭舞”中的某些动作的来源和功能都不太了解。综上所述，为了让“依饭舞”能够得到传承与发展，对于“依饭舞”的研究与保护已经迫在眉睫。

五、仫佬族依饭节中传统体育养生文化的保护、传承与发展

（一）仫佬族依饭节的传承谱系

仫佬族依饭节在历史长河中逐渐形成了与众不同的特点，发展成仫佬人祭祖还愿的传统佳节，寄托着勤劳勇敢的仫佬人庆祝丰收与盼望风调雨顺的美好愿望。但是，随着现代化发展速度的不断加快以及外来文化的日益冲击，仫佬族青少年对依饭节的认识已开始出现淡化的趋势。尤其是随着老一代依饭节掌事者的相继离世，使得仫佬族依饭节的传承、保护问题变得更为紧迫。

笔者经过多年的田野调查发现，目前仫佬族最为活跃的依饭道班仍有梁氏、谢氏以及银氏三家。据相关资料可看出，迄今为止梁氏道班已传承了十四代，分别为仁凤、仁表、仁宇、仁显、法昌、法兴、仁东、仁中、仁通、仁贤、仁珍、天才、殿甫、成德。在依饭节庆唱本《师公对唱》的段落中，要请到的师公有仁凤、仁教、仁表、仁显、仁禄、仁应、仁吉、仁旺、仁扬、仁坤、仁通等。[①]从上述名单可看出，存在着许多能够对得上的名字。梁天才十五岁跟随父亲学艺，长大后就成为梁氏十二代师公。两天才的两个儿子殿辉与殿甫从小就接触依饭仪式，改革开放后与父亲一同做依饭与其他活动。在这个时期，梁殿辉的儿子成德也开始学习父亲、祖父的手艺，随之参加各种依饭活动，至此后，梁氏祖孙三代所代表的梁家道班开始声名远扬。银氏道班至今为止则传承了十五代，分别为道言，道琳，贞，如谦，兴税，道炉，道瑕，道宝，道日，如衡，良恂，安阁，应政，景辉，联湘。现如今，银氏道班主要以银联湘师公为代表，银联湘师公在活动中负责说唱与表演，其余任务则交给学徒完成。而对于谢氏道班的传承谱系来说，笔者曾咨询过许多谢氏师公，但他们也不能准确说明本家的传承谱系。在长久的文献寻找中，笔者发现了一份谢氏道班的传承谱系，分别为道昌、道隆、道中、

①黎学锐，黎炼. 广西国家级非物质文化遗产系列丛书——仫佬族依饭节[M]. 北京：北京科学技术出版社，2013，32-33.

道斌、法琼、忠厚。2008年北京奥运会前夕，梁氏师公梁殿甫被授予了“依饭节传承人”的光荣称号。[①]在调研中，笔者发现该称号其实是一个极为敏感的话题，这并非只是一个荣誉称号，而且也代表了正统地位的问题。我国有关政策规定，获得非物质文化遗产项目传承人称号的，根据其称号范围，政府每年补助2000～10000元不等。尽管不多，但对于西南少数民族地区的农民来说已经是笔“巨款”了。尤其是若获得该称号，就意味着自己代表着该领域的正统地位，此后就会有更多机会参与政府举行的文化活动。银氏道班的银联湘师公就对将此荣誉称号授予梁殿甫并将梁氏道班列为仫佬族依饭节主要传承道班就存在异议。此前银联湘师公在接受媒体采访时就向记者表达出对能否成为仫佬族依饭节传承人还是非常介意的。而谢氏师公梁成德则对该荣誉称号也有不同看法，但毕竟梁氏与谢氏同出一脉，在维护自身权威性时还是坚定地站在了一起。此外，尽管笔者没有近距离观看银氏道班做依饭的机会，但还是通过影像与文献资料对其有所初步了解。银氏道班与梁氏、谢氏道班在主持依饭活动有着显著的差异。银氏师公没有遵从固定的形成，许多时候都是自己的个人发挥，而梁氏师公与谢氏师公则完全按照固定程序来进行，除了短暂的与观众互动环节可以自由发挥以外，其他环节的内容在唱本上则写得清清楚楚。从现实角度来审视，相关部门对梁氏道班与谢氏道班更为认可，在一般情况下，正式场合都会请这两家前去表演。虽然每个师公都希望获得这个荣誉称号，都希望自己能够成为正统的依饭节传承人，但毕竟名额只有一个，不可能让每个师公都成为传承人。尽管在对谁应获得传承人身份这个问题上存在分歧，甚至有时会出现一些不同程度的争执，但不可否认的是，该荣誉称号的设立也让仫佬族依饭师公明白了自己所做工作的重要价值，他们不再是以往村民认识中的迷信角色，而是传承仫佬族传统文化与传统体育文化的民间守望者。[②]

（二）依饭节中传统体育养生文化的传承、保护与发展现状

在笔者多年的田野调查中，曾多次与仫佬族依饭师公进行交谈，但基本每次谈到依饭节的传承与保护时，他们都表达出艰难的思想。正如一位依饭师公告诉笔者的那样，“这门手艺并不能糊口”。现如今，做依饭的师公平均年龄为四十岁，四十岁以下的基本没有，已经出现了断代危机。在以往，传统的依饭仪式都是依饭师公传给下一代，有子嗣的传给子嗣，没子嗣的传给近亲家的子嗣，但现在即便依饭师公想把这门手艺传给孩子，孩子也没有动力去学。鉴于当前愈来愈严重的生活压力，许多仫佬族青年宁愿去城市打工也不愿跟随父辈学习这种“无用”技艺。对于这种情况，许多师公都发出这样的感叹：“这门手艺只有我们这一代学

①韦丽春．仫佬族传统体育文化研究[M]．北京：人民日报出版社，2018．

②韦丽春．仫佬族传统体育文化研究[M]．北京：人民日报出版社，2018．

会了，但是如果我们不在了呢，是否就要试穿了?”从这里就可看出，根据目前的社会情况，要想借助于民间的力量去对仫佬族依饭节进行传承保护，可以说基本是行不通的。鉴于仫佬族依饭节的传承困境，从2005年开始，为了挽救濒临消亡的仫佬族依饭节，各仫佬族聚居区均制定出符合自己现实情况的保护计划。第一，更加深入细致地完成文化普查任务，理清掌握仫佬族依饭节的产生于历史发展过程；第二，更加深入细致地完成研究工作，把普查所获资料进行详细归类与划分；第三，将个别重点村寨当作主要保护目标，从而有利于依饭节在民间的健康发展；第四，创建以仫佬族人民为主要活动主体的保护组织，督促他们对依饭节进行传承、保护与发展。[①]经过政府与民间长期的不懈努力，仫佬族依饭节最终入选进国家非物质文化遗产名录之中。此后，仫佬族依饭节受到了海内外的广泛关注。仫佬族聚居区有针对性地把仫佬族依饭节上升到民族文化品牌的位置，使其由原本个别几个宗族的传统节日转变为全体仫佬族的体育文化盛宴，

许多之前没有过依饭节传统的仫佬族宗族也逐渐加入这个民族节日中，并为之自豪。[②]为了传承、保护、发展仫佬族依饭节，打造出具有仫佬族民族特色的体育养生文化旅游品牌，许多仫佬族聚居区都举办了各种类型的依饭文化节活动，依饭文化节把传统与现代紧密融合在一起，把体育养生文化与旅游有机结合在一起，宣传、打造出了一个蕴含民族特点、现代特点、体育养生特点、艺术特点以及国际特点的当代体育养生文化节庆活动。

（三）依饭节传承、保护与发展过程中的关系处理

笔者在与仫佬族自治县文化管理部门的工作者交谈后得知，目前仫佬族依饭节的传承保护现状的确处于一种比较危急的状态。虽然依饭节三年举办一次，但民间真正能够按时做的地方却寥寥无几。现如今，依饭节主要通过“上传下”的方式得以传承，但仫佬族青年大都不愿意学。目前较具可行性的方法就是实现政府与民间的合力，共同推动依饭节的健康发展。当前，许多仫佬族聚居区都开设了仫佬族非物质文化遗产传习基地，集依饭节传习、仫佬族传统体育传习、仫佬族刺绣传习于一体。面对当前仫佬族依饭节传承保护后继无人的情况，要改善依饭节的生存环境，政府与民间还有诸多问题亟待解决[③]。在笔者看来，为了能够使依饭节得到更为有效的传承、保护与发展，应首先处理好如下几方面关系。

首先，要处理好开发、利用与保护三者间的关系。依饭节作为一项非物质文化遗产，当前面临着开发、利用与保护等方面的问题。依饭节作为仫佬族传统文化的民族精华，对其进行科学合理的开发、利用与保护，对保护仫佬族传统民族

①陈黎明．依饭节：仫佬民族的生命轨迹[J]．当代广西，2010，(02)：54-55.

②谢美琳．大梧屯依饭节考察报告[J]．人间，2016，227(32)：66-67.

③佟宇嘉，王奎正．仫佬族“依饭节”文化内涵探析[J]．武汉纺织大学学报，2012，(01)：80-82.

文化来说具有积极价值。在对依饭节开发、利用与保护时，要把握好尺度，莫要将本身具有民族特色的依饭节改变为与其他文化相同的节庆，从而丧失了原本的韵味。同时也不能为了保护而去保护，如果只是教条式地保护依饭节，不注意及时改变保护方式，那么保护就有可能变成破坏。在合理保护的基础上，应当研究如何对依饭节进行科学有效的利用。适当地开发与保护通合力利用之间是紧密联系的，能够促进依饭节更好地传承发展下去。所以，要处理好开发、利用与保护三者之间的关系，强调依饭节保护的真实性，在合理保护的基础上科学利用，避免出现误解或滥用的现象，尽最大可能使依饭节在社会上得到应有的尊重。[①]

其次，要处理好政府与大众的关系。仫佬族依饭节所面临的生存危机决定了政府在传承保护中所扮演的重要角色。对于政府而言，其能够充分调动各方面资源投入到依饭节传承保护过程中，譬如组织有关专家出谋划策、向社会征求建议等，这些都需要政府出面解决。[②]离开了政府的行政支持，依饭节的传承保护就无从谈起，严重的话就有可能走向消亡。但政府也不能以简单粗暴的行政手段来对依饭节的传承保护进行过度干预，应充分尊重依饭节的特点与规律，遵循这些规律特点制定出合理的传承保护方案，避免出现“保护反而破坏”的现象。政府要明确好自身的引导角色，社会大众才是真正意义上的传承保护主体。政府应积极引导与保障仫佬族人民投入到传承保护工作中，不断提升仫佬族人民对依饭节的文化自觉与保护思想，尊重仫佬族人民的意愿，处理好传承保护与现代文明发展的关系，避免出现“为了保护而保护”的形式主义。

再次，是处理好原生态保护与时代发展的关系。对仫佬族依饭节进行保护，上的理解是对其最具价值的内容进行保护，这不仅是因为它是遥远过去的一种再现，同时也是因为它象征着仫佬族在历史上的一段记忆，体现出浓厚的民族特点。

因此，保护依饭节必须要强调原生态保护，保留住最为原始的内容。但是，随着时代的飞速发展，一切文化形式也必然会紧跟时代发展而出现改变，这就需要我们在保护的过程中紧随时代潮流，不断与时俱进。第一，要进一步了解相关文献与实证考察资料，对依饭节的历史与现实境遇进行深入研究，并通过信息技术吧依饭节的原始面貌记录下来；第二，要让依饭节遵循自己的发展规律而去发展，不应人为阻止或改变其发展进程；第三，在保护中使人们认识到原生态保护依饭节的意义，认识到它对丰富仫佬族人民的生产生活与审美心理的积极影响。

最后，是处理好社会价值与经济价值的关系。将体育文化资源与旅游资源紧密结合在一起，创建出独特的体育文化旅游，不仅是现代旅游业最具时代气息的

①李鹏．作物与象征：从依饭节看仫佬族的人群关系与社会结构[J]．北方民族大学学报，2015，(03)：20-24.

②郑培凯．口传心授与文化传承[M]．南宁：广西师范大学出版社，2016：101-102.

魅力所在，同时也是实现仫佬族社会价值与经济价值紧密结合的一个途径。仫佬族依饭文化节的成功举办，就已经证明了这条道路是正确的。同时，把丰富多彩的民族传统体育文化融入旅游业中，能更好地提升体育文化旅游的内涵，从而使旅游业获得更大发展。①仫佬族依饭文化节正是以节庆旅游为主体，与仫佬族传统体育文化资源紧密结合，创造出了具有民族风情的仫佬族体育文化旅游环境，让更多国内外游客领略到不一样的仫佬族文化。在兴办依饭文化节之时，应注意处理好依饭节的社会价值与经济价值相结合的问题，不能顾此失彼。②

综上所述，传承、保护、发展好仫佬族依饭节，对强化仫佬族的民族凝聚力与民族认同感，弘扬优秀的仫佬族传统体育文化，促进仫佬族聚居区的传统文化建设、体育文化建设以及和谐社会建设，具有十分重要的现实价值。与此同时，仫佬族依饭节作为仫佬族独具特色的节庆活动，对其进行传承、保护与发展来说，既是满足仫佬族人民的精神生活需要，同时也是满足仫佬族人民追寻民族之根与民族之魂、弘扬民族精神的需要。希望每一位仫佬族同胞都能够引起关注，共同来努力。

第三节　传统体育养生文化与健康促进现状研究——以广西壮族自治区桂西北为例

一、桂西北概况

（一）桂西北的概念及地理位置

桂西北，顾名思义是指广西西北部的区域。因其属非行政区划分，故对其范围和界限存在不同认识。按照人们的习惯用法，桂西北包括行政区划分中的河池市全部，柳州市辖的三江、融安和融水县与河池市毗邻的部分地区，以及百色市与河池市相接壤的部分地区。桂西北的概念虽没有严格的区域界限，但河池市作为其主体却是不争的事实。③

区域的概念可理解为客观存在的主观反映。④它既有客观存在的地域差异为基础，又因人认识上的差异而具有一定的主观性。但这并不意味着人们可以按照自己的主观愿望随意划分。为此，关于“桂西北”的概念，一方面是一个具有空间意义的地理方位和范围概念，另一方面是少数民族在分布和文化方面具有相对紧

①韦雅青．在社会视角下试探依饭节中仫佬族传统体育的作用[J]．体育世界，2013,(11):71-73.

②卢纯．仫佬族的祖先观念与祭祀仪式——以依饭节仪式为例[J]．歌海，2012,(06):85-88.

③朱青松．广西水族桐子镖运动的传承与发展[D]．北京体育大学硕士学位论文，2018,01.

④陈群元．城市群协调发展研究[D]．东北师范大学博士学位论文，2009,05.

密联系的区域。①基于以上因素，本书中我们将“桂西北”的概念界定为：桂西北地域是指广西西北部，以河池市11个县（市、区）为主，包括与河池市接壤的柳州市三江侗族自治县、融水苗族自治县、融安县，以及与河池毗邻的百色市的凌云县、乐业县等16个县市，面积约4.82万平方公里的区域。②

（二）桂西北长寿带的概念及地理位置

对于如何确定长寿之乡，联合国有相关的规定，长寿地区的长寿标准是每百万人口中要有75位以上的百岁老人。据资料统计，2017年5月，入选全球8大长寿之乡中，中国有5个（中国新疆的和田、广西的巴马、江苏的如皋、广东的蕉岭、海南三亚的南山）；桂西北的巴马瑶族自治县共有94名百岁老人，平均每10万人口中就有 33 位百岁老人，远远超过世界平均水平，且是全球唯一百岁老人呈上升趋势的长寿区，居世界八大长寿之乡首位。据2017年的资料数据统计，中国的77个长寿之乡中，广西有26个，其中桂西北有8个（凌云、东兰、巴马、凤山、大化、天峨、宜州、乐业）。从桂西北长寿之乡的区域分布看已构成了桂西北长寿带。其中，红水河流域的东兰、巴马、凤山、大化、都安、宜州等长寿带已被列入广西重点旅游区。③

有史料记载，嘉庆十五年（1810年）十一月初十日，广西巡抚钱楷兴奋地给皇帝写了个奏折，报告了一件天下奇闻：“兹据宜山县知县周冕禀报：该县永定土司境内寿民蓝祥生于康熙八年（1669年）正月，届今嘉庆十五年一百四十二岁。现存曾孙二人、元孙一人侍养。”[1] 嘉庆皇帝看到广西巡抚钱楷的奏折非常高兴，

于是在嘉庆十五年十二月十六日发出一道谕旨：“寿民蓝祥加恩赏给六品顶戴，并特办颁御制诗章及匾额外，著礼部查照旧例加等拟赏具奏，以示惠锡敦宠至意。”嘉庆十六年正月，广西巡抚钱楷接到谕旨后，又给嘉庆皇帝写了一个奏片：“臣于正月十五日钦奉谕旨：赏给宜山县寿民蓝祥六品顶戴，并颁到御制诗章、御笔匾额。臣当即发交藩司转发该地方官，传唤寿民传旨给赏，以仰副皇上锡福引年至意。”据载，嘉庆十八年，蓝祥不疾而终，享年146岁这些史料说明，桂西北一带长寿现象在古代早已形成。④

（三）桂西北的自然资源

1. 水能资源

①朱青松. 广西水族桐子镖运动的传承与发展[D]. 北京体育大学硕士学位论文，2018，01.

②韦丽春. 桂西北长寿带少数民族宗教祭祀舞蹈中的体育养生文化审视[J]. 体育研究与教育，2015，30(06)：78-81.

③韦丽春. 桂西北长寿带少数民族宗教祭祀舞蹈中的体育养生文化审视[J]. 体育研究与教育，2015，30(06)：78-81.

④韦丽春，郎耀秀，凌光明. 桂西北少数民族体育史[M]. 南宁：广西民族出版社，2013.

桂西北境内水资源丰富。河池是中国水电之乡，河流地形落差大，全市水能资源蕴藏量达1200多万千瓦，占广西水能资源的60%以上，全市已建、在建电站118座，装机900万千瓦。国家西部大开发的十大标志性工程和“西电东送”的战略项目之一——龙滩水电站就在河池天峨县境内。[①]

2. 矿产资源

桂西北地处环太平洋金属成矿带，属南岭成矿带的一部分，是世界罕见的多金属群生富矿区， 有矿种较齐全，共生、伴生矿种多，已探明的有锡、锑、锌、铟、铜、铁、金、银、锰、砷等 43个矿种200多处。[②]其中，河池的锡储量占全国的三分之一，是中国的“锡都”，铟储量名列世界第一，锑和铅锌储量占全国第二。

3. 生态资源

桂西北地处云贵高原向东南盆地过渡地带，海拔的大尺度悬殊差异，形成了地理的多样性，气候的多样性，生物的多样性。境内横跨罗城县、环江县和柳州的融水县的九万大山，是长江与珠江流域分水岭，生物资源异常丰富，是中国亚热带地区仅次于西双版纳、生物种类最丰富的地区之一，被誉为广西“母亲”河的红水河全长659公里，流经河池境内长458.6公里，占总长的70%。红水河流域继桂林、北海之后，是广西三大国际旅游目的地之一。目前全地区森林覆盖率达60%，气候宜人，其中以河池的巴马、东兰、凤山为主的盘阳河流域是著名的长寿带，巴马县于1991年被列为世界第五个长寿之乡。

4. 文化旅游资源

河池旅游资源十分丰富，素有“革命老区”“少数民族地区”“歌仙刘三姐故乡”“世界长寿之乡”“世界铜鼓之乡”“中国观赏石之乡”“中国水电之乡”“世界喀斯特地质博物馆”等美称。[③]河池市旅游品种多、品位高、品质独特。有体现壮族风情习俗的宜州刘三姐故乡、古朴诱人的南丹白裤瑶风情、享誉世界的巴马长寿之乡、民族情蕴独特的东兰铜鼓文化等旅游精品，民族民俗风情浓郁；河池山奇、水秀、湖旷、洞幽、峡险、洼深、坝雄，有下枧河风光、龙江三峡风光、罗城怀群风光、岩滩大化水电站库区风光、环江木论喀斯特原始森林保护区及汉代古道、大化七百弄喀斯特洼地、凤山国家地质公园风景以及东巴凤红七军革命旧址等自然人文景观，多姿多彩、特色鲜明。2005年8月，凤山国家地质公园正式获得批准；2007年，宜州市获得“中国优秀旅游城市”荣誉称号；盘阳河流域（巴马、凤山、东兰、大化、都安）长寿带被列入全区六大重点旅游区；罗城仫佬

①韦丽春，郎耀秀，凌光明. 桂西北少数民族体育史[M]. 南宁：广西民族出版社，2013.

②陆克，黄锋. 抓住机遇打造河池新型有色金属产业基地[J]. 广西经济，2009，(09)：24-25.

③韦福巍，覃举东，江日青等. 民族地区新建本科院校专业建设发展策略研究——以河池学院为例[J]. 湖北科技学院学报，2013，03(3)：115-117.

族、环江毛南族、南丹白裤瑶等民俗文化拥有较大知名度。三江程阳桥侗族文化风情旅游区地跨三江县的古宜、林溪、八江、独峒、良口和老堡等六个乡镇，是国家西部地区旅游重点项目之一，也是广西桂西北旅游区的重要组成部分，并被纳入桂林—龙胜—三江—融水—柳州民族旅游黄金圈。该旅游区包括国家级文物保护单位程阳风雨桥、岜团风雨桥，自治区级文物保护单位马胖鼓楼。[①]三江侗族自治县的鼓楼、风雨桥、侗族民居吊脚楼等木制建筑艺术闻名世界，有多姿多彩的侗族风情，有源远流长的传统文化，有独具一格人文景观[②]每年吸引大量中外游客。

乐业县旅游资源非常丰富而独特，乐业县被誉为“世界天坑之都”“世界天坑博物馆”。[③]乐业大石围天坑群作为继桂林山水、北海银滩之后的广西旅游业发展新的一地域，是广西旅游发展“十一五”计划中的重点项目和开发的重点景区，乐业旅游业具有广阔而美好的发展前景。

桂西北非物质文化资源十分丰富，被列入“国家非物质文化遗产目录”的有9项：刘三姐歌谣；侗族大歌；毛南族肥套；瑶族服饰；三江侗族木构建筑营造技艺；壮族蚂拐节；仫佬族依饭节；壮族铜鼓习俗；苗族系列坡会群。

（四）桂西北的文化概况

1. 迷人的山歌文化

桂西北的文化，离不开山歌文化。山歌在桂西北有着非常肥沃的土壤，汉族有山歌，少数民族有山歌。山歌已经成为桂西北的一张名片。各民族山歌中最有代表性的是壮族的“刘三姐歌谣”和“侗族大歌”。下面主要介绍“刘三姐歌谣”。

壮族的山歌在不同区域有不同的形式，最有影响力的当属“刘三姐歌谣”。传说刘三姐生于公元703年，从小聪慧过人，能歌善唱。12岁即出口成章，妙语连珠，以歌代言，名扬壮乡。后曾到附近各地传歌，被人们尊称为“歌仙”。[④]

进入21世纪，由中国著名导演张艺谋导演的《印象·刘三姐》大型山水实景演出项目，正式向国内外演出市场推出的时间是2004年3月20日。演出将刘三姐的经典山歌、广西少数民族风情等元素创新组合，[⑤]不着痕迹地溶入山水，还原于自然，成功注释了人与自然的和谐关系，创造出天人合一的境界。[⑥]2006年5月20

①邓兰英．突出民族文化特色，推动三江旅游科学发展[J]．法制与经济（中旬刊），2011，07．07(281)：199-200.

②康日晖，凌韬．三江侗茶加工技术探究[J]．时代农机，2018，09(09)：20.

③杨秀权．乐业：世界天坑之都[J]．中国老区建设，2014，(07)：23-24.

④林娜．“一带一路”背景下刘三姐口语文化中山歌的英译研究[J]．国际公关，2019，09(09)：241-242，244.

⑤张帆．《大宋东京梦华》实景演出的文化传播研究[D]．河南大学硕士学位论文，2011，05.

⑥赵伟．《印象刘三姐》的审美历史逻辑与文化语境分析[D]．广西民族大学硕士学位论文，2008，05.

日，刘三姐歌谣经国务院批准列入第一批国家级非物质文化遗产名录。广西将刘三姐示为“壮族文化的代表”。如今壮族“三月三”歌节在广西每一年都会定时举办。[①]歌节期间，除传统的歌圩活动外，还要举办抢花炮、抛绣球、碰彩蛋等丰富多彩的文体娱乐活动。

2. 独特的节日文化

民族节日是一个综合文化现象，它产生于各民族特定的自然环境和社会环境之中，记录着该民族不同历史时期政治、经济、文化、艺术、宗教信仰等方面的特点。[②]

（1）桂西北各民族的节日文化虽然有各自的特点，但春节、清明、中元等节日对多数民族来说却是相同的。这一方面说明各民族作为中华民族大家庭中的一员，在文化方面的相通相融，另一方面也表达了各民族祈求团圆、向往美好生活以及祭奠先人的共同愿景。

（2）各民族在具有一定共性的前提下，又体现了各自的独特的节庆文化。如壮族的蚂拐节，瑶族的盘王节，毛南族的分龙节，仫佬族的依饭节、苗族的跳芦笙、水族的端节，侗族的尝新节、信苏节和鱼节。这些节日独一无二，除本民族独有，这充分反映了各民族文化、信仰的特色。

（3）少数民族节日文化与传统体育文化紧密相连。

（五）桂西北世居少数民族

桂西北世居着壮、汉、瑶、仫佬、毛南、苗、侗、水等八个主要民族，2007年末人口522.27万人。其中，壮族占人口总数的67.6%；汉族占16.1%；瑶族占9.8%；仫佬族占3.6%；毛南族占1.9%；苗族占0.6%；侗族占0.1%；水族占0.2%；其他民族占0.08%。各民族分布的特点是大杂居小聚居。其中壮族分布在每一个乡镇；瑶族主要分布在都安、巴马、大化三个瑶族自治县和南丹县的里湖、八圩瑶族乡以及其他县（市、区）的高寒山区；苗族主要分布在融水苗族自治县、都安的板岭、下坳，南丹的中堡和环江的驯乐等民族乡；[③]汉族主要分布在城镇及周围的平原地带；侗族主要分布在三江侗族自治县、罗城龙岸乡及其他县的丘陵地带；水族主要分布在南丹县和宜州市等边远乡村；仫佬族集中居住在罗城仫佬族自治县以及宜州、都安等地，全国仫佬族中，90%以上的人口集中在河池市；毛南族聚居在环江毛南族自治县的山区丘陵地带，另有少量散居于本市其他县，全国毛南族人口几乎集中在河池市。桂西北八个主要世居民族，他们都有着本民族的语言。

①蔡峰嵘．广西少数民族服饰数字化定制服务方式研究[D]．北京服装学院硕士学位论文，2013，12.

②黄钰，俸代瑜．瑶族传统节日文化[J]．广西民族研究，1994，04(04)：23-35.

③韦丽春．桂西北长寿带少数民族宗教祭祀舞蹈中的体育养生文化审视[J]．体育研究与教育，2015，30(06)：78-81.

新中国成立后，国家帮助壮族、瑶族等少数民族创造了文字。这八个勤劳而智慧的民族千百年来在这片古老的土地上辛勤地开辟、浇灌，创造了光辉的历史和灿烂的文化，各个民族的服饰、饮食、居住、节日、礼节、禁忌、生产、族规、婚姻家庭、丧葬等风俗同中有异。党中央历来十分重视民族问题。新中国成立以来，制定了一系列民族法律、法规、规章和政策，作为正确处理民族问题的准则和依据，不断促进包括桂西北在内的民族地区的平等、繁荣、进步和事业的发展。

1. 壮族

壮族是本地土著民族。据考，其先民乃是岭南古代的百越人。古百越民族支系甚多，其中西瓯越和骆越人活动的地方一直是今壮族活动之所在，故今壮族的先民当是古代百越人中的西瓯、骆越人。桂西北当时多是西瓯越人繁衍生息之地，据此，似可推断：桂西北壮族大部分乃是西瓯越人之后代。

“壮”族称谓的出现和演变，始于南宋。初时记作“僮”或“撞”。建国初期，定族称为“僮族”。1956年，国务院根据周恩来总理提议，把“僮”改为“壮”，“僮族”统称“壮族”。

(1) 语言文字

壮族有本民族的语言和文字，大部分人口兼通汉语文和其他民族的语言。机关、学校、工矿、部队等日常工作和族外交往，习惯使用汉语和汉文，边远山区多数女性老年人不通汉话，只操壮语。

壮语属于汉藏语系，壮傣语族，壮侗语支。壮语有自己的一套独立的语音系统、独特的构语方式、固定的基本词汇、完整的语法体系和特有的修辞格式。

壮语内部，分为南北两种大的方言，桂西北壮语大部分属于北部方言。但本区内各个地方又有自己的小方言，或称土语。如“蛮语”“侬语”“越语”“雅衣语”等等。这些方言之间虽略有差别，但大同小异，体现了壮语内部有很强的一致性。

作为壮语书写符号的壮文，至少具有上千年的历史。初时是利用汉字形声和偏旁，效仿汉字“六书”构字法，按形、音、意组合创造而成的“土俗方块字”。民歌、戏剧、神话、谚语、故事、道经、传说、顺口溜、巫符、帐目、契约等等都可以得到记录或创作。其特点是字形笔划繁杂，没有统一规范，各地自成体例，互不通用，不便交流。1952年，党中央、国务院根据党的民族政策和壮族人的意愿，派专家到广西调查研究，进行壮文改革试验教学。1954年会同广西民族语文队伍对河池市的壮语进行全面考察，最后确定基础方言为壮语北部方言，标准音为壮语武鸣音，基础为拉丁字母，制定出拼音型的《壮文方案》(草案)。并于

1957年11月获得国务院正式批准，[①]1958年7月9日，全国人大常委会第九十次会议通过的《广西壮族自治区人民代表大会和人民委员会组织条例》中明确规定："广西壮族自治区人民委员会在执行职务时，使用壮、汉两种语言文字"，从而使壮文成为合法的民族文字。1982年，自治区人民政府根据国家民委的批复，公布了《壮文方案》，使壮文的推广和使用出现了新的前景。

（2）风俗习惯

①服饰。旧时，壮族不分男女老少，皆著靛黑色土布衣服。其布以自产棉花为原料，自纺自织，制成布坯，再用蓝靛反复泡染，至颜色达到所需深度后，晾干平叠，置于石凳上，用木槌精心槌打，直到布面平滑闪亮，有如金属光泽，方取为衣。20世纪六十年代以来，除少数农村青壮年男子仍保留老式服饰外，多数已改着中山装、国防装、青年装或西装等制服，与汉族装束无甚区别。

②饮食。壮族地区的食物构成，到目前为止，仍以粮食为主食，以肉食、油料、蔬菜为副食，以瓜果、糖、酒之类为零杂食。居住在平原、丘陵、河谷地带的壮族，主食大米，兼食玉米薯类、麦类等杂粮；分布在石山地区的壮族，则主食玉米，兼食大米、豆类、薯类、小米、高粱、糁子等杂粮。肉类以猪肉为主，以牛、羊、鸡、犬、鸭、鹅肉以及蛋品、鱼类为辅。壮族一般没有食物禁忌，无论飞禽走兽、水中游鱼，凡能食者，皆取之为食。农村有杀"年猪"习惯，每年春节前杀一头大肥猪，"过年"时鲜食一部分，余下部分制成腊肉，留以飨客、送礼和平常食用。壮族农村食油，以猪油为主，兼食茶油、麻油、花生油和菜籽油。个别山区以火麻、黄豆、葵花籽代油。

③节日。壮族民间，节日繁多。每年除夏历十一月份外，每月都有一个以上的节日。其中普遍流行的较大节日有春节、元宵节、蚂虫另 节、二月社、三月三、牛魂节、端午节、六月六、七月七、中元节、中秋节、重阳节、冬至节、"送灶"节、除夕等。其中民族色彩最浓的是春节、蚂虫另 节、三月三、牛魂节和中元节。

2. 瑶族

自称为"挪""勉"和"紧门"的瑶族，虽然在长期的历史发展中形成了一个不可分割的人们共同体，但其来源有别。自称为"挪"的瑶族信奉密洛陀，将之当作始祖而顶礼膜拜，而自称为"勉"与"紧门"的瑶族则信奉五色龙犬——瓠。相传其为高辛王立下了汗马功劳，高辛王乃将女与之婚配。婚后3年，生12人，其中6男6女，这些女子相互婚配，发展成为现在的"勉"和"紧门"。

（1）语言文字

①郑直．民族语言传承对民族文化的重要性——以广西靖西县壮语南部方言德靖土语为例[J]．吕梁教育学院学报，2014，09(03)：114-116.

瑶族无本民族文字，但有本民族语言。瑶族语言属汉藏语系苗瑶语族瑶语支和苗语支。其主要分布在巴马、都安、大化、东兰、凤山、南丹、金城江、宜州等11个县市（区）。自称为“挪”的瑶族使用苗瑶语族苗语支语言。自称“勉”的瑶族语言属汉藏语系苗瑶语族瑶语支。自称“紧门”的瑶族语言有部分与“勉”语相通。由于瑶族居住分散，往往在同一种语言中还分有方言与次方言。瑶族有部分人通汉、壮语，所以交际十分灵活。过去无文字，永久记事只好“刻木”“结绳”“折树枝”“数石头”等。解放以后许多瑶族子女已进学校学习。小学生一般半年至一年可通汉语。

（2）风俗习惯

①服饰。自称为“挪”的瑶族男子常用服一般为唐装，即对襟开的衣服。这种衣服浅领，下摆开衩，左右下襟各缝一明袋，扣子为布带纽结而成。服装颜色分黑、蓝、白3种。男子老人服为黑色的“母扣衣”，俗称“裳家母”。这种衣服开襟独特，衣服自衣领往下至三分之二形似大襟服。自新中国成立以后，这种服装已渐消失。至于裤子式样比较简单，即宽大的裤脚裤子，老人服的颜色均为黑色。

瑶族男子服较有特色的是南丹瑶族服装。其上服为黑色的无扣浅领衣，穿时左右交叠并系上腰带，就形成了交领状。衣服的衣领、衣袖、衣襟及下摆的装饰均为浅蓝白边。南丹瑶族男子服的布料都是由瑶族妇女手工纺织，线粗布厚，耐穿暖和，瑶民十分喜爱。自称为“勉”和“紧门”的瑶族，男子衣裤一般为唐装，没有别的装饰。

瑶族妇女的服装，无论哪个支系都很有特色。自称为“挪”支系的瑶族妇女，过去上衣均为黑、蓝、白色的大襟中式衣服领。裤子式样一般与男子相同，但裤脚均绣有花边，布的颜色为黑、青、白3种。

南丹瑶族妇女服装，上衣是在一块长方形中间剪开一个圆口子，再以圆口为中心，把长方形布折叠为二，然后在应开衩的两边分别缝合一至两寸即成。其下身着百褶灰白花裙，打黑布绑腿。

自称为“勉”的瑶族妇女服，上衣为黑色左衽领服，有的也为右衽交领式。裤子以黑色为主，但不饰锦边。自称为“紧门”的瑶族妇女服，衣裤均由黑色土布制成。

自称“挪”的瑶族，男子包头式样约有七八种之多，尤以都安、大化等地最为突出。如包头式样有圈套式、前额打结式、背后交叠式、前额交叠式、后包前角式等等。女子包头式样也较多。主要有后右扎巾式、前额双角式、背后打结式、前额打结式、银牌包头式、长带缠头式等。

瑶族妇女服装除了由多种布料制成上述几种服饰类型外，其他配服装装饰的还有银牌巾、头钗、头针、大项圈、小项圈、铁丝、大项链、手镯、戒指、顶针、铜烟盒、钥匙、银针等等。

②饮食。瑶族的饮食多数以玉米、旱耦、红薯为主，但宜州、南丹等地的部分瑶族则以大米为主食。瑶族菜类有饭竹豆、黄豆、黑豆、豆角、萝卜、辣椒、白菜、南瓜、大葱、小葱、野韭菜、茄子等。肉类主要有羊、鸡、猪、鸟以及各种山兽肉。鼠肉在部分瑶族地区的肉食中占有很大比重。

自称为“挪”的瑶族中，除部分蒙姓食狗肉外，其他如蓝、罗等姓氏大多数忌食狗肉。瑶族中除“勉”与“紧门”的妇女不吸烟外，其余支系男女老少大多有吸烟习惯。无论哪个支系的瑶族大都喜欢饮酒。瑶族群众十分好客，每当客人到家，都以酒烟代茶敬客。

③节庆。瑶族节庆极多，几乎每月都有，但有的节日过去相同，叫法不一；有的叫法相似，但又有不同的特殊内容。

过新即过春节，是瑶族一年中较为隆重的节日。都安、大化、东兰、巴马、凤山、宜州、南丹等地的瑶族，在年三十晚祭祖宗完时，先给狗吃上饭与肉。狗吃完后，家人才安桌吃团圆饭。饭毕鸣炮，接着包马蹄粽和横粽放于锅中煮，并于火边守岁。一待鸡鸣，即点燃鞭炮，俗称接鸡声。年三十晚至年初五，刀、磨、火子、洗衣等均不得动，家人如何疲倦白天也不能入睡。春节期间，许多人家均有走亲戚习惯。如果是新婚男子，携带妻子到岳父岳母家拜年。

能属标即元宵节，又叫散年宵。有的把春节剩下的猪项、猪头、猪心、猪肝肠弄吃；有的杀鸡杀鸭供奉神灵与祖先；有的包粽粑煮糯饭；有的煎汤粑以度余庆佳节。

责能江即陀螺节，一般时于正月初一至初六七。每年这段时间男女老幼均参加打陀螺活动。

能新明即瑶族过清明节。清明节的到来，人们用山羊花煮水做饭，并将此饭和酒肉鞭炮带到坟头祭死者。祭毕折柳枝挂纸插于坟上，接着饮酒燃炮即返。由于折柳挂纸扫墓，故亦称扫墓为“绑柳”。

属足节是瑶族一年一度最为隆重的传统节日，常以农历五月二十九日为节日时间。今流行于都安、大化、巴马、东兰、凤山等地的瑶族地区。

能责西即七月节。具体时间于农历七月十四日，有的亦称过小年。此日一般有猪可杀猪，无猪可上街买猪肉。酒肉上桌先祭祖先，方可入席饮宴。

盘王节又称“跳盘王”，瑶族隆重的传统节日，时于农历七月初七。每年此日，瑶族人家就要备上美味佳肴到盘王庙供奉老祖，以示永不忘怀。

3. 毛南族

毛南族是一个源远流长的民族，具有悠久的历史。早在宋代，毛南名称就已出现在史籍中，这说明毛南族的先民很早以前就生息在这块土地上，它是由当地的土著民族融合外来的民族成分发展而成的。毛南族中有谭、覃、卢、蒙、韦、颜等姓氏，其中谭姓的人数最多，约占毛南族总人口的百分之八十以上。历史上毛南地区的土著居民乃是现今毛南族的主要源流。

据考证，毛南族在自己的形成过程中，与侗水语支其他各民族有着共同的渊源。毛南族先民早在宋代就已经生息在当时的环州、抚水州、镇宁州、南丹州和河池州境内，属古代“僚族（蛮僚）的一支系，并因其住地而被辱为“抚水蛮”“茅滩蛮”等，但不能排除历史上有一部分外来的其他民族与毛南族杂居同化、通婚而融合成为今天的毛南族的事实。不过，外来的其他民族终居少数，众多的土著居民乃是现代毛南族的主要来源。

（1）语言文字

毛南族有自己的语言，其语言属汉藏语系、壮侗语族、侗水语支。毛南族和壮、侗、水、布衣、仫佬语有密切的关系，[①]尤其与水语更为接近。它的结构与壮侗语诸语基本相同，都是“主语一谓语一宾语”的词序结构，修饰语一般都放在被修饰语后面，如“肉汤”直译为毛南语即成“汤肉”，“好人”则成“人好”，即平时人们所说的“倒装句”。长期以来，毛南族人民与睦邻的汉、壮族人民互相交往，互相学习，许多毛南人都会讲汉话和壮话，而杂居和睦邻毛南地区的汉、壮族人也会讲毛南话。

毛南族没有本民族的文字，但民间流传的歌本和师公唱本，曾借用汉文方块字本记录本民族和壮族的语音。

（2）风俗习惯

①服饰。旧时，毛南族的服饰简洁朴素，男女都喜欢穿青、蓝色（用蓝靛染制）土布衣裤。民国以后改穿唐装，新中国成立后穿着汉化较快。

②饮食。

毛南族聚居区按地形不同，分为半山区和大山区。在饮食方面，半山区以大米为主食，大山区则以玉米为主食，辅以高粱、小米、红薯、芋头、南瓜等。此外，毛南族还喜欢制作“毛南饭”、甜红薯、魔芋糕、“毛南三酸”等几种特殊的食品。

③节日。毛南族的节日有春节、清明、端午、中元节（即敬宗节）和八月十五。五月庙节（亦称分龙节）是毛南族特有的传统节日，分“下团庙”和“上团庙”。它没有固定的日子，是从每年的夏至之日起，按地支顺序，数到第一个

辰日（分龙日）就是“下团庙”。[②]“上团庙”比“下团庙”提前五天，即从辰日起倒数至亥日便是。现在的庙节，各家都蒸五色糯饭和粉蒸肉赠送亲戚朋友，

①梁传诚．贵州毛南族传统体育文化的发掘与传承——以黔南布依族苗族自治州卡蒲毛南族乡为个案[J]．贵州民族研究，2010，04(02)：47-50.

②谭为宜．论毛南族肥套傩祭的个性特征——兼与仫佬族依饭节比较[J]．广西科技师范学院学报，2018，04(02)：17-20.

出嫁的妇女回娘家与父母兄弟姐妹吃团圆饭，然后村上开展各类娱乐活动，男女青年多走坡对歌。

4. 仫佬族

仫佬族是我国南方的土著民族。1984年广西民族出版社出版的《民族问题基本知识》中说："据《逸周书》《淮南子》等古籍记载，[①]他们就是今天壮族、侗族、仫佬族、毛南族、水族等民族的祖先"。根据史籍记载及当代学者论著，得出结论：仫佬族先民源我国南方古代的百越族群，秦汉时被称为西瓯、骆越部落，两晋到隋唐期间，时而被称为"木佬"，时而被称为"僚伶"。

（1）语言文字

仫佬族有本民族语言，无本民族文字，通用汉文。由于仫佬人与汉、壮人长期共处，并互相通婚，多数仫佬人都能懂或能操汉语或壮语，但本民族人对话都操仫佬语。仫佬语属汉藏语系，壮侗语族，侗水语支，许多基本词汇与壮、侗、水、毛南等民族语言相近或相同，[②]同属我国南方古越语发展演变而成。

（2）风俗习惯

①服饰。仫佬族人民前著简朴，服色尚青。新中国成立前男女都穿自种、自纺、自织、自染的土布。这种布织成后，先用蓝靛反复浸染，其后用牛胶水过浆再浸染，染成后颜色青带褚红，笔挺鲜亮。

新中国成立后，仫佬族服饰变化很大。除喜庆节日偶尔可见一些老年妇女穿戴旧式民族服饰外，平日穿戴与当地壮、汉族人民已无区别，各种质地、各色款式的衣饰都有。青年妇女剪发、烫发已相当普遍。

②饮食。仫佬人的饮食，以大米为主，玉米次之，辅以红薯、芋头、荞麦、糁子、高粱、大麦、小麦及豆类。仫佬人对肉食一般无禁忌。

③节日。仫佬族的节日，除农历十一月份外，月月都有。一般节日活动与当地汉、壮族大同小异，但也有特点。

春社：以立春后第五个戊日为社日。当天同一社王管辖下的村寨联合杀猪祭社，新生男孩也要买猪头、染红蛋向社王报丁，求保孩子平安成长。家家包"冬叶粽"，每只包两三斤糯米。娶有新媳妇的要接回过社，次日新媳妇回娘家，男方最少要送五六担粽粑，多的达十几担，每担一十个。

婆王诞：农历三月初三，全村杀猪联合供婆王，家家包三角粽，并特制一部分细而长的小三角粽，中间串根禾杆芯吊起，五、六只结为一束，上供婆王，庆婆王生日。

依饭节：亦称喜乐愿，这是仫佬族最独特最盛大的节日。每三或四年举行一

①韦文宣．壮族历史简介[J]．历史教学，1982，11(11)：41-44.

②岳雪莲．仫佬族流动人口与流出地社会变迁研究[D]．中南民族大学博士学位论文，2011，05.

次，由各姓氏、各“冬”自定日期。当天，全村宰猪杀鸡，包三角粽，蒸糯米饭，用红薯、芋头做成黄牛、水牛模型，用红纸扎糯谷穗，并备素菜、荤菜各十二种，请道师办道场，祭祀祖先和依饭公爷以及各路神灵，然后把牛模型、谷穗束等分给各户置于香火上，全村大会餐，狂欢两天两夜才告结束。

5. 苗族

苗族先民最早生活在我国长江中下游和黄河下游一带。[①]现在聚居在桂西北的苗族，是分为两路进入该地区的。其中自称为“仡雄”的苗族是在苗族起义领袖吴八月、石柳邓领导的苗族人民起义失败后，于乾隆五十九年至嘉庆二年（1795—1797年）逃入桂西北的都安、金城江等县（区），大约于民国初年有一部分“仡雄”才开始移居南丹县。[②]而自称为“仡磨”或“挪磨”的苗族大约在明末清初进入南丹西北部地区的中堡。其主要姓氏为陈、岑、莫、王、马等，他们迁徙到此后，人口较少，故分别改随当地人姓氏。

（1）语言文字

苗族语言属汉藏语系苗瑶语族苗语支。苗语支里又分为湘西方言和黔东方言两种。聚居在驯乐和中堡的苗族属黔东方言，[③]其中驯乐属南部土语，中堡属南部次土语；聚居在都安、金城江、南丹的大厂、车河的苗族属湘西方言西部土语。新中国成立以后，国家有关部门曾在贵州苗族地区进行语言调查，并创制苗族文字，但至今苗文还未在上述这些苗族地区推行。

（2）风俗习惯

①服饰。由于苗族分布的区域比较分散，其服饰也出现了各种差别。考其历史，早就有用色彩来区别族称，如红苗、黑苗等。从较原始的服装看，既有上衣为无领大袖筒，裤子为宽裤脚的，也有将丈余长布包头和穿黑色长袍的；既有衣着与壮汉族相同的便装，也有穿着自己用土布做成的衣裙。

②饮食。苗族一般以大米和玉米为主食，杂粮有小米、高粱、荞麦、红薯等。凡住在缺水和山区地带的苗族群众，大都以玉米和别的杂粮为主，而住在水源充足或是丘陵地带的苗族则多以大米为主食。

（3）节庆。苗族有自己的传统节日，但节日带有区域性，即这一地方与那一地方有差异，且杂居于壮、汉、瑶、毛南等民族之间，其节日又有所不同。主要有以下几种节日：苗年、春节、吃新节、祭祖节、跳芦笙等。

6. 水族

在考察其祖先的来源时，他们大多都说从贵州迁来。如南丹六寨的龙马、瑶

①石朝江．论苗族家庭的类型与发展[J]．贵州民族学院学报（社会科学版），1993，12（03）：39-43

②唐笛．湖南泸溪达力寨苗语研究[D]．湖南师范大学硕士学位论文，2019，06.

③唐笛．湖南泸溪达力寨苗语研究[D]．湖南师范大学硕士学位论文，2019，06.

寨的塘浪（现为八圩瑶族乡）水族老人说，他们早先是为生活出路等原因才于四五十年前从贵州三都的周覃、九阡等地迁来。现在水族一般以潘、蒙、石、韦、吴、杨等姓为主，这与史籍记载的情况基本一致。

（1）语言文字

水族的语言属汉藏语系壮侗语族侗水语支。“水书”是水族古老的文字，其文字主要有如下三类：一是似古汉字。水书似古汉字的情况比较多。虽然水族的这些文字在不同的鬼师中写法有部分差异，但是他们大家之间还是互相知道的，甚至非鬼师的个别群众也知道。二是象形字。这种水书把事物的形体描写出来，并突出它的特点。三是借声象形字。这种字是借汉字之声，在水语中找出音同和音近的词然后再用形象字描写。

（2）风俗习惯

①服饰。水族服饰一般以男子，青、壮、老年妇女较具特色。本族男子一般穿青、蓝两色的大襟长短衫、长裤、青布包头、束腰带。平时穿凉鞋，冬天穿解放鞋、布鞋、皮鞋等。青壮年妇女一般穿蓝色大襟无领半长衫、青布长裤、托肩和裤腿镶有花边。腰系青色绿花围腰。老年妇女一般穿青色无领对襟短大衣、长裤短裙。若不穿裙，则前后各系一块围腰布。[①]

②饮食。水族群众的饮食一般以大米、玉米为主粮，其他芋头、红薯、小麦等为辅。肉类有牛、猪、鸡、鸭等。有些地方的水族有“打活血”习惯。水族群众还有用火麻作油料煮菜的习惯。同时，水族群众还喜欢吃甜酒、糯米饭、粽粑、腊肉等。

③节庆。根据水族的历法，他们有自己独特的传统节日，其中最大的为“端节”。每年逢此期的亥日，就是水族的“过端节”，各地水族即按先后顺序过节。同时，节日期间还要在端坡上举行规模盛大的“赛马”会。[②]

“卯节”是水族人民的第二大节日，水语叫“借卯”，时于水历每年六月内择一“卯日”举行。节日的当天，人们衣着盛装，赶到“卯坡”载歌载舞，预祝丰收和祭祀祖先。晚上铜鼓、皮鼓冬冬不绝，人们欢声笑语，好不热闹。

7. 侗族

侗族渊源于古代百越民族中的“骆越”和“僚”人，是岭南土著民族的一支。“僚人”“伶人”中的一部分乃是侗族之先民。

（1）语言文字

侗族有自己的民族语言。侗语属汉藏语系，壮侗语族，侗水语支。[③]在一些地

①韦丽春、郎耀秀、凌光明．桂西北少数民族传统体育史[M]．南宁：广西民族出版社，2013，06.

②朱青松．广西水族桐子镖运动的传承与发展[D]．北京体育大学硕士学位论文，2018，01.

③赵晓梅．黔东南六洞地区侗寨乡土聚落建筑空间文化表达研究[D]．清华大学博士学位论文，2012，05.

方，侗语的基本词汇，吸收了不少壮语、汉语和仫佬语的成分。但就整体而言，侗族仍然保持着自己完整的语言体系。

侗族尚无本民族的文字，受过教育的人，一律使用汉字。但由于历史的原因，目前五十岁以上的老年人，尤其是女性，识字的为数寥寥，文盲占的比重很大。新中国成立以来，侗族和其他兄弟民族一道得以安居乐业，不再频繁迁徙，他们借助党的民族政策，大力发展民族教育事业，充分享受受教育的权利，逐步提高民族文化素质。

（2）风俗习惯

①服饰。旧时侗族男女皆着自织自染的侗布衣服。男装上衣为无领窄袖，对襟布扣短衣。裤子为阔头大管，宽档无兜便裤，扎以黑布腰带。脚穿千层底布鞋，白布短统袜。少女喜戴圆锥形花头帕，吊银质或玉质耳环，也有吊耳坠者。喜佩银质月牙形重叠式项圈，自上而下逐层扩宽，状如扇面。侗族素性爱美，其所用的背带、被面、枕套、帐帘等物，皆绣上图案或饰以侗锦。

②饮食。侗族不忌食，“侗不离鱼”是其民族习俗的一大特点。侗族多数以大米为主食，玉米、小米、芋头及豆薯类为辅，尤其爱食糯米，普遍喜酸嗜辣，故有“无酸非侗”之说。

侗族无论寒暑，多摆桌进餐，极少用火锅。菜类多用剪刀剪件成块，少见刀砧。这种生活方式，与当地其他民族也迥然不同。

③节日。侗族每年节日颇多，按先后次序排列，有春节、元宵节、清明节、尝新节、信苏节、中元节、中秋节、鱼节等等。其中尝新节、信苏节和鱼节是侗家特有的民族传统节日。

尝新节：每年六月初六，黎明前，人们趁黑到田里采回一些谷穗，去壳成米，掺入豆角、黄瓜以及各色野菜，加水煮成粥状。再将数枝谷穗结成“草标”，插在巫师认为当年吉利的方向所对应的那堵墙壁，作为天神、土地及各路神灵之位。然后将新米粥供奉于前，其意是五谷为天神土地所赐，人未取食，先祭神灵，以示感恩。祭罢，阖家老幼各盛其粥，对着草标肃立，憋气虔诚喝下一口，意味着享受当年劳动成果之前谢过神恩，不敢擅享。“尝新”仪式自始至终不可让外人遇见，否则对神灵不恭，奉祀无效而遭神咎。故各家各户都在黎明时分默默举行。仪式结束后，可自由进餐如常。

鱼节：时在每年老历十月十二日。届时，人们到稻田、鱼塘、江河中捞取鲜鱼，剖腹去脏，置于火上烤干。再将糯米饭填满鱼腹，用禾杆草扎鱼颈，蒸熟后祭祀祖先神祇，然后食之。鱼腹填充饭粒，表示冬季鱼腹多蛋，意味着来年鱼儿丰收。因“侗不离鱼”，故鱼儿丰收乃是侗家之大幸。所以，过鱼节的传统习俗，至今仍在流行。

二、桂西北传统体育养生文化活动现状

为方便说明，下面主要以桂西北河池市的民族传统体育养生文化活动的开展情况进行阐述。河池市地处桂西北，境内世居着壮、汉、瑶、苗贡、仫佬、毛南、侗、水8个民族。在长期的劳动生产过程中，各族人民用自己的智慧创造、提炼了诸多风格独特、民族气息浓郁的体育活动项目。它们印证着悠远的民族文化遗存，蕴含着深厚的传统文化底蕴，是桂西北少数民族传统体育养生文化的瑰宝。

（一）桂西北传统体育养生文化活动现状

1. 传统体育养生文化丰富多彩、项目琳琅满目

桂西北民族传统体育养生项目丰富多彩，多年来桂西北民委积极配合各有关部门始终把挖掘整理民族传统体育养生项目作为一项重要任务来抓，据不完全统计，目前桂西北河池市已经有128项民族体育养生项目被有关人员挖掘和整理，被载入《广西通志·体育志》的民族传统体育养生项目已多达60多项。如毛南族的同顶、同填、同拼、同背、运石锁、箍腰摔跤等。水族的赛马、人马弹弓赛、抢花煤等等。[①]同时桂西北河池市也挖掘和整理出非常丰富而又多彩的民族传统体育养生表演项目，从1984年至今已经有91项，其中，壮族32项，如升官图、背篓球、群龙夺珠、飞爪球、僚球、夫妻舂碓、划龙舟、高脚球、得努、打阳台、蚂虫另 拳、地股牛、马革阵、猎球等等；瑶族30项，如踢脚、肩推、举 重物（石头、木头）、扛重物（石头、木头） 、上刀山、丢石头、越野竞走、打猴棍等等；仫佬族13项，如竹连球、抢花炮、竹球、打沙包、打草球、夺龙珠）；毛南族10项，如同顶、同背、同填、同拼、箍腰摔跤、运石锁、马革球、抢花帽、奖顶、松傩；水族6项，如人马弹弓战、抢花灯（过火陷桩 ）、赛马、过火海、桐子镖、捞鱼乐）。在这些项目当中，挖掘整理人有韦体吉、陈爱民、王健柏、张永康、吴建兴、覃正堂、廖国安、王安全、梁祖珍、黎国茂、刘冠英、蒙国荣、覃良浩、韦美仕、谭文博等15人，韦体吉同志做出了突出贡献，一人就挖掘了狮子上刀山、抢花灯、人马弹弓赛、喇叭球、猎球、顶牛、僚球、板鞋接力、板鞋扁担舞、板鞋双刀舞、板鞋花扇舞、拔葫芦笑酒、抢粽粑、九人板鞋、运石锁、马革球、抢花帽等17个项目，其中在全区、全国少数民族运动会上获奖的项目有15项。特别是挖掘整理，推出板鞋竞速，已在国内外产生了重要的影响。[②]

2. 传统体育养生文化活动硕果累累

桂西北河池市的民族传统体育养生文化活动在全区、全国都处于领先地位。

---

①韦丽春. 桂西北少数民族传统体育活动现状及发展对策研究[J]. 吉林体育学院学报，2012，28(02)：133-136.

②朱青松. 广西水族桐子镖运动的传承与发展[D]. 北京体育大学硕士学位论文，2018，01.

一是挖掘整理了一系列少数民族传统体育养生项目。

二是在往届全区、全国少数民族传统体育运动会上成绩显著。据统计，从1982年至今共获金牌120枚，银牌138枚，铜牌144枚。[2] 如1991年举办的全国第四届少数民族传统体育运动会上，河池市参赛的6个表演项目就获得3个一等奖、3个二等奖，各占全国设奖总数1/10，而当时参赛的省级代表团就有32个之多，相比之下，河池一个市的成绩竟比一个省级代表团的平均成绩还多两倍，这在全国是首屈一指的。在1995年举办的全国第五届民运会上，河池市获得的奖牌数就占广西的1/3，再次为广西争得荣誉，为河池市增添光彩。在1998年举行的全区第九届民运会上，共设竞技赛项目28块金牌，表演赛项目8个一等奖，结果，河池市代表团夺得竞技赛10块金牌，占金牌总数的36.6%，相当于6个地级代表团平均成绩的总和，同时夺得表演项目2个一等奖，占一等奖总数的25%，相当于4个地区代表团平均成绩的总和。在2006年广西第十一届少数民族传统体育运动会中，获金牌9枚，银牌11枚，铜牌8枚，取得了奖牌总数排名第一，金牌总数排名第二的好成绩。2010年广西第十二届少数民族传统体育运动会中，获得金牌8枚、银牌13枚、铜牌6枚的好成绩，金牌、奖牌总数均排在全区15个代表团的第三位。2019年，河池市参加第十一届全国民族运动会独竹漂的比赛，获得六个项目中的五个冠军，被称为“梦之队”。这个赫然战果轰动了全广西。

三是河池市挖掘整理的民族传统体育项目已走上全国、全世界。如三人穿板鞋竞速和射弩、打陀螺已分别被采纳为全区全国竞技比赛项目。拔葫芦饮酒和抢花灯1995年在昆明参赛后被选到香港演出，博得东西方观众的赏识。三人穿板鞋先后在国家举办的成都“蓉城之秋”、北京“龙潭杯”、上海“首届少数民族大型游艺会”等大型活动中赢得专家和社会各界人士的高度评价，这个项目已被全国广泛采纳为趣味性体育推广，同时被法国、美国、加拿大、日本、泰国、澳大利亚等国家效仿，国际社会反响良好。①

3. 节日中的传统体育养生文化活动

桂西北民族传统体育养生项目常与音乐、舞蹈融为一体，多在民间传统节庆文体活动中集中开展，除具有很高的强身健体、娱乐观赏价值外，还具有很高的的历史价值、人文价值、显示着独特的功能和魅力。如板鞋竞速，是桂西北壮族民众普遍喜爱且风靡全国的民族体育养生活动。打铜鼓，在桂西北壮族、瑶族、苗族等少数民族中特别盛行，成为桂西北民族现存体育养生文化传统的活见证。射弩，是桂西北瑶族、苗族等民族中有着悠久历史。抢花炮，是流行在桂西北侗族、壮族、仫佬族等民族中颇具浓郁特色的项目，被誉为“中国式的橄榄球”。芦

①韦丽春．桂西北少数民族传统体育活动现状及发展对策研究[J]．吉林体育学院学报，2012，28(02)：133-136.

笙踩堂，是侗族极具特色的亦踩亦歌亦舞的体育舞蹈。舞草龙，早已从古代的祈神驱瘟、防火、降雨活动演变成桂西北仫佬族人民喜爱的一种健身活动。其中壮族的投绣球、板鞋竞速；瑶族的射弩、打陀螺；侗族的抢花炮等等。

目前河池市民族节日共有60个，壮族有6个、瑶族有10个、仫佬族有17个、毛南族有6个、苗族有7个、水族有6、侗族有8个。每个民族节日都会开展规模大小不等的民族传统体育养生活动，这些节日中的民族传统体育养生活动充分体现了桂西北河池市少数民族群众积极参与、团结向上的精神。

4. 参加民族运动会的传统体育养生表演项目

从1984年至今，黑河中池市有91项少数民族传统体育表演项被挖掘整理，在这些表演项目中参加过全国和全区民运会的表演就有31项，并都取得了较好的成绩。其中壮族的有11项、瑶族的有5项、仫佬族的有5项、毛南族的有5项、水族的有5项。这些参赛的传统体育养生表演项目都是从桂西北河池市民族民间挖掘整理出来的，具有健身性、表演性、观赏性、竞技性以及民族性和地域性。①

5. 传统体育养生项目训练基地情况

桂西北河池市共有12个民族传统体育项目训练基地，其中高校1个，有7个项目训练基地设在县级民中（职中），有4个基地设在乡下，传统体育养生基地训练的项目主要有射弩、打陀螺、三人板鞋、高脚马、投绣球、上刀山、抢花灯、抢粽粑、竹连球、马革球、同顶、同填、同拼、抢花帽、飞爪球、地牯牛、打阳台、背篓球、猎球、僚球、喇叭球等。②

（二）桂西北开展传统体育养生文化活动存在的问题

1. 经费严重不足

由于桂西北河池市经济相对落后，对传统体育养生文化活动投入少，因此，很多项目得不到很好的开展，更得不到很好的传承。而桂西北河池市传统体育养生文化活动的发展又离不开其本身所蕴涵的丰富的民族传统资源，更离不开相应的人力资源、财力资源的支持。

2. 没有真正开展传统体育养生文化资源发掘整理与开发利用

例如，桂西北地区16个县市中，基本各自为战，逢年过节才组织开展一些传统体育养生文化项目活动，而且都是以娱乐为主，有很多地方都是农民自发组织开展传统的活动，政府不直接参与，可持续发展的规划或以此带动当地经济社会文化高质量发展，主动融入自治区“南向、北联、东融、西合”战略的思维和设

---

①韦丽春．桂西北少数民族传统体育活动现状及发展对策研究[J]．吉林体育学院学报，2012，28(02)：133-136.

②韦丽春．桂西北少数民族传统体育活动现状及发展对策研究[J]．吉林体育学院学报，2012，28(02)：133-136.

计不多，或者说基本是空白点。所以解放70年特别是改革开放40年来的创新改革新思路都是停留在传统的思想定式和故步自封的发展模式，日复一日，年复一年，桂西北16个县市大多数依然都是贫困地区，没有形成民族特色的旅游带，自然天成的传统体育养生文化资源没有得到很好的科学整合、发掘整理与开发应用，脱贫攻坚工作和乡村振兴战略任重道远，是自治区党委政府历届领导心中挥之不去的一件大事、难事。

3. 对传统体育养生文化资源开发研究比较薄弱，所见成果不多

在传统体育养生文化领域的理论研究、我国民族体育文化的研究、长寿文化的研究都取得较为成熟的成果。但对民族地区传统体育养生文化资源开发研究比较薄弱，所见的成果不多。对传统体育文化资源中养生文化资源挖掘不够，缺乏深入到区域田野微观世界进行实证调查研究，如缺乏对传统体育养生项目及各民族生活习俗、节庆民俗文化、民族宗教信仰中的传统体育养生文化资源的开发研究。更没有学者用传统体育养生文化的理论和实践来阐释长寿现象。因此，笔者认为以体育人类学、民族学、民俗学、生态学等理论为指导，以相关的理论研究成果为借鉴，对长寿现象的生态及生计背景以及各民族的社会组织和仪式、精神文化和信仰以及民俗活动中所蕴含的传统体育养生文化资源进行研究，研究其保护与传承、创新与发展的路径，以期为中国传统体育养生文化的传播与发展提供理论借鉴。

4. 传统体育养生文化的内容研究缺乏

迄今对长寿之乡所做过的研究多偏重于对自然环境、人文环境、日常生活以及医学生理因素的分析，传统体育养生文化的内容一直被置于辅助性或者参考类层次地位。笔者认为通过发掘整理其传统体育养生文化资源，从民族地区丰富的传统体育养生文化资源这一视角来研究民族地区长寿现象。这不仅从一个全新的层面对长寿现象做出新的解释和诠释，而且为观察研究民族地区甚至所有健康长寿问题增加新的视角和途径。

（三）桂西北传统体育养生活动开展的举措

1. 加大对传统体育养生文化活动的投入

各县、市、区领导要充分认识发展桂西北传统体育养生文化的重要性，把传统体育养生工作列入各级党政部门工作的重要议事日程，列入职能部门的目标管理任务，列入政府财政预算计划。每年政府要拿出一定的资金作为传统体育养生文化活动经费。

2. 上升到自治区决策层面高度重视，加大对传统体育养生项目的挖掘、整理与保护

桂西北民族地区是多民族聚居地，民族构成比较复杂，而且多是贫困地区，

弄不好会酿成民族问题。只有上升到自治区层面决策部署，出台相关政策，在财力、物力方面给予大力支持，人力权威协调，提高效率。加快桂西北民族地区传统体育养生文化资源发掘整理与开发应用，不仅助力县市贫困地区加快脱贫攻坚步伐，而且提升这些地区的经济社会高质量发展，把桂西北民族地区体育养生文化资源充分利用与发扬光大，将载入史册。

3. 成立"桂西北民族文化旅游特区"，助力脱贫攻坚和乡村振兴大踏步高质量发展

所有节日上的民众仪式都透露出宗教信仰和图腾崇拜的奇特玄妙气息，同时包含着丰富多彩的民族体育养生活动项目，如抛绣球、射弩、打陀螺、扁担舞、板鞋舞、珍珠球、舞狮、爬坡杆、上刀梯、打泥脚、划龙舟、同顶、同背、石担、石锁、射箭、鸡毛球、掷石头等，这些民族传统体育养生项目就源于他们的劳动生产和生活方式，与桂西北传统体育养生文化紧密相连，充分展示了桂西北少数民族人民的生活情趣，民族个性，具有鲜明的民族特色。①

成立"桂西北民族文化旅游特区"，把上述的传统体育养生文化项目资源科学整合，设计新的民族文化旅游线路，科学规划，让游客既要看到或亲身参与奇特的民族传统体育养生文化项目活动，又缩短旅游行程，还能低价游历一番桂西北民族传统体育养生文化活动，甚至积极参与运动，打造成为面向全国、面向东盟的桂西北民族文化旅游特区。自治区政府成立"桂西北民族文化旅游特区"的目的就是集中优势特色元素发展民族文化旅游产业，一劳永逸地解决脱贫攻坚和乡村经济问题，从而有力促进乡村振兴高质量发展。客观上积极主动融入"一带一路"建设，助力自治区实施"南向、北联、东融、西合"战略。

4. 把桂西北传统体育养生文化资源的构成要素研究列入日常工作

一是研究桂西北的生活世界与民族体育养生文化的源流嬗变，对桂西北长寿现象的历史文化背景及民族体育养生文化的产生、历史文化背景、文化内涵、项目、分布、种类及特征、价值进行研究。

二是研究桂西北传统体育养生文化资源的构成要素，从心态文化层面对桂西北民族宗教文化、图腾文化、节庆文化、生活习俗及蕴含的精神诉求进行研究。从制度文化层面对桂西北民族传统社会组织的社会功能进行研究，如"冬""油锅""社""鼓社"等的社会功能。从行为方式层面对民族地区民众的日常生活方式，特别是身体实践等进行研究。

三是研究桂西北传统体育养生文化资源的发掘整理与开发应用。分析桂西北传统体育养生文化资源的现状， 民族节庆、宗教信仰、祭祀仪式、传统社会组织、民族生活习俗等活动中的体育养生文化资源的发掘与整理，研究其保护与传

①韦丽春. 红水河流域少数民族传统体育文化研究[J]. 湖北体育科技，2007，26(06)：678-680.

承的路径。对桂西北传统体育养生文化资源的优化整合、科学保护、合理开发与应用等进行研究。对桂西北传统体育养生文化资源的开发价值、趋势、面临的问题及对策进行研究，研究其创新与发展的路径。

四是研究桂西北传统体育养生文化产业的品牌化发展以及和谐社会构建。对桂西北传统体育养生文化产业链、创意规划、个性设计、项目化经营、品牌建设、节庆等进行研究。深挖桂西北传统体育养生文化内涵的综合性旅游节庆活动，设计传统体育养生旅游项目，吸引游客亲身参与体验，形成传统体育养生旅游产业，打造全国乃至全球长寿养生文化的交流平台。对挖掘整理出的传统体育养生文化进行普及推广，制定措施，推进传统体育养生活动，使传统体育养生活动生活化、生活养生活动体育化、传统体育养生活动和生活养生活动常态化，促进人民健康、为地方构建和谐社会服务。

五是成立“桂西北传统体育养生长寿文化研究中心”。桂西北有国家级长寿之乡巴马、东兰、凤山；而都安、大化、宜州也已成功申报国家级长寿之乡，在地理位置上已形成了桂西北长寿带。其中盘阳河流域（巴马、凤山、东兰、大化、都安）长寿带被列入广西六大重点旅游区。因此成立“桂西北传统体育长寿养生文化研究中心”，对促进长寿养生文化旅游的协调发展具有重要的意义，对地方经济的发展起到积极的促进作用。

三、传统体育养生文化与全民健康的融合

为了加快城镇化和社会化的步伐，很多地方都是以牺牲环境作为代价的，都认为先发展后治理环境污染的想法，使整个地球环境都受到严重威胁。因此健康问题已成为人类面临的严峻挑战，随着人们意识的提高，人们逐渐意识到健康的重要性。二是新时期我国健康事业发展的必然要求和发展趋势，它将全民健身纳入其中。二者相互促进与融合，在当前社会发展新时期能真正为人民群众的健康生活与幸福生活谋划，切实促进全体人民群众的身心健康发展，切实提高全体人民群众的健康水平、生活质量和生活幸福感、获得感。由于人们对健康问题日益关注，因此人们对养生知识有了更加迫切的需求，所以传统体育养生文化的回归是一个志在必行的话题。

（一）传统体育养生文化对全民健康的价值

1. 传统体育养生文化对全民健康的健身价值

随着时间的推移，养生文化受到不同文化的影响，他的内容和意义被赋予了新的内容和时代烙印。①例如，传统体育中的健身气功、八段锦、太极拳等在当今

①韦丽春. 中国传统体育养生文化与全民健康的融合[A]第十一届全国体育科学大会论文摘要汇编[C]. 中国体育科学学会，2019:2.

社会中都广受好评，在我们日常生活中都可以看到人们在身体锻炼中涉及，这在促进全民健康中是一个很好的体现。传统体育养生文化对增进身体机能，提倡便捷、易学、生活化的锻炼方式，有着积极的借鉴与推广价值意义。如跳竹竿通过各种翻身、串摆、蹦跳、跃龙门等运动，使脚、腿、眼、身、手等身体的各部分都能得到很好的锻炼，有效地提高关节的柔韧性和身体的灵活性，增强血液循环和新陈代谢，提高血液中的高密度脂蛋白，对保护心肺功能大有好处。竹竿舞动作优美，跳法多样，配以民族音乐，给人以美的享受。云南傣族武术以吸收飞禽走兽的身形姿态、山林碧竹的形态来达到适应性防御、风格迥异、刚柔相济，且极富韵律感的健身养生之术。[①]“孔雀舞”一直是云南民族体育活动中一个独特的项目，起初傣族先民模仿孔雀的生活习性，时静时动，既有啄食的灵巧迅猛，又有嬉戏追逐的灵动敏捷，当“孔雀舞”通过肢体运动表达艺术主题时，其代表是云南民族舞蹈的表现形式，事实上“孔雀舞”在云南西双版纳州与德宏州的傣族聚居地，其在日常生活中体现更多的是健身娱乐功能而蓄于养生文化之中。

（1）修身养性、精神饱满是养生之根

修身养性是一个比较大的话题，传统体育养生主张动与静的相互结合，内与外的修养，通过身体的各种动作与各种的身体姿势，来锻炼人们的身体，缓解和释放人们的工作和生活压力。调节心理和保持心理健康，最终达到身心和谐的状态。

（2）乐观豁达是养生之道

开朗乐观的心态对于一个人在生活中是非常重要的，它可以让你在生活中遇到问题的时候保持一个良好的心态，不会因为问题所带来的麻烦而消极地面对世界，它可以让你拥有良好体魄，这就是传统体育养生的养生之道。当我们拥有健康的体魄和良好的心态时，我们的生活就会有高质量，不会因为自己的思想问题而影响我们健康，这也是我们中国传统的养生之道。

（3）生活有规律能有益健康

中国传统体育养生文化理论知识丰富，但必须回归到生活的点点滴滴，贯彻人的一生，让养生文化生活化。人的一生离不开衣食住行等东西，这些东西对养生产生了直接影响和作用，有规律的生活习惯，它能让我们生活在一个健康的状态下，为我们平常生活和工作提供保障，从而让我们每天的生活都是快乐相随的。《黄帝内经》中提出了“起居有常”的概念，认为健康有规律的作息机制能够使人保持身体健康，提高肌体免疫力。 起居养生含义深远，传统养生文化认为人的起居作息和自然的四季更替、每日的阴阳变化是相对应，都有一定内在规律，

①冯艳琼 程斌 吴梦天。少数民族体育养生文化助力健康中国建设研究[J]. 体育文化导刊 . 2021,(02): 70-75.

如果违反规律则有可能造成人体肌体机制的混乱，甚至导致气血失调，引发疾病。古人将一天的时间段与人体的经络器官对应，在不同时间段，适当休息能让相对应的器官得到休养。例如肝脏对应丑时，中医养生理论认为在丑时入睡能达到养肝护肝的作用；心脏对应午时，因此午间小憩能让心脏得到休养。“起居”在传统体育养生环境中的含义不仅包括作息，也包括言语、穿着、屋舍等内容，“起”强调的是起身活动，“居”指的是停止劳作。健康的生活作息机制体现了传统体育养生文化中的“动静结合”特质，强调肌体在劳作和休息之间的合理调解，对现代人的生活起居具有积极的指导意义。①

（4）健康完善的饮食有益健康

民族传统体育养生文化是一个囊括多种要素的文化体系，不仅强调体育运动对肌体的保健作用，更强调从日常生活也就是饮食起居做起，综合改善肌体健康状况。其中饮食机制是传统体育养生文化中的一个重要组成部分。中华传统医学认为，食物的种类、温度、色泽、品质等能从不同层面对人体起到滋补作用，因而科学有规律的饮食机制对肌体的调解能力十分强大，尤其是对部分慢性疾病而言。从饮食入手能从根本上提高肌体能力，加强人体抵御疾病的能力。传统体育养生文化强调饮食的规律性，饮食规律体现在时间、烹饪方法、饮食方式等多个层面。在传统中医理论中，不同的时间节点被分成阴阳属性，阴阳又对应不同的食材，选择合理的食材能有效调解身体的阴阳属性。中医阴阳学说将人的体质分为阴阳平和、偏阳体质、偏阴体质三种，将食材分为平性、寒凉和温热性，不同性质的食材对应不同的体质，偏阳体质应当多食用寒凉和平和食材，偏阴体质应当多食用温热食材，利用食材的阴阳特性来达到有目的的饮食，从而调解体内阴阳属性，达到阴阳协调的目的。传统中医中的“四时五味观”强调人们顺应季节变化而采用相对应的饮食方式，以达到养生的目的。孙思邈的《备急千金要方》是“四时五味”的主要指导思想：“春七十二日，省酸增甘以养脾气；夏七十二日，省苦增辛以养肺气；秋七十二日，省辛增酸以养肝气；冬七十二日，省咸增苦以养肾气。”“四时五味”是我国体育养生文化的重要组成部分。②

（5）控制情绪能保持健康

情绪是我们每一个人都有的，当我们面对不同事情的时候所产生的情绪也是不同的当一个人学会控制情绪的时候，那么他的身心健康肯定会有质的改变。众所周知，当我们在生活中遇到困难时候都会有消极的情绪，这种消极的情绪对我们的健康是有副作用的，它会影响我们的心情和生活质量，传统体育养生文化在

①谢孟楠，韦丽春．民族传统体育养生文化与健康促进的路径研究[J].体育科学研究，2021，25(06)：69-71.

②谢孟楠，韦丽春．民族传统体育养生文化与健康促进的路径研究[J].体育科学研究，2021，25(06)：69-71.

它的健身理念中对这种消极的情绪是一个有着引导作用的，它内容中那种动静结合，修身养性等对控制情绪都是有引导作用的。“责已者心宽，怒人者易怒”，提高个人修养做起，所以了解传统体育养生文化学会控制自己的情绪是对健康有益的。

2. 传统体育养生文化对全民健康的教育价值

国家体育总局颁布的《体育发展“十三五”规划》提出：建设健康中国、全民健身上升为国家战略，将为民族体育养生文化的发展提供新机遇，[①]传统体育养生对人们健康的教育价值就变得越来越重要。

（1）改变健康理念，提高生命质量

随着社会的快速发展，人们生活节奏的加快和生活方式的改变，生活的压力和工作压力增大，以及人们安逸的生活都会对人们的健康埋下了许许多多隐患。人们长期处于优越舒适的生活环境中，造成身体机能的运转减少，所以会使人变得更为孱弱。同时，营养过剩所造成的肥胖率升高，也衍生出诸多疾病，亚健康时时困扰人们。所谓的的“亚健康”状态就出现在我们的日常生活中，而有效避免此种情况的最佳方法就是体育锻炼。古人在养生中所提及的心理与生活卫生要求，也同样是从人体健康的角度出发，指出人要养成健康的生活习惯，提高自身的控制力，通过自己的努力来预防各种疾病。因此提高生命质量成为当前的一个话题，而传统体育养生文化注重内外兼修的思想。“外练筋骨皮，内练精气神”，的思想对当前人们的生活状态有着极好的引导作用。

（2）预防疾病，减轻家庭负担

传统养生中一直含有“治未病” 的预防思想，这也就说明世间上好的良方应当是保持人体的良好状态，防患于未然。为了保持机体的健康，必须保证机体能够抵御内外两方面的干涉，这就决定了体育养生文化的预防作用。正如先贤所认为的那样，将人的灵与肉一同融入一件事情当中，即使有两件这样的事情，体育在这之中也是最好的。充分展示出个体身体的力量与本能的感性力量，实现最为朴素的精神快乐与自由，这是体育文化的价值所在。如太极拳、舞龙舞狮、仫佬族球类活动等，能够使人调整顺应新的生活节奏，增强身心健康。富而思健，富而思寿，富而思智，富而思乐，富而思美，这不仅是一个共识，同时也是一个目标。这些传统体育养生项目非常适合老年人，健身简单灵活，运动形式比较舒畅，运动量适宜。从这方面来说，传统体育养生对加强自我调节，改善免疫力等方面都有重要作用，减轻了家庭负担。

①付雯，王然科．传统体育养生在现代体育中的角色冲突与定位研究[J]．湖北体育科技，2016，10(10)：859-861.

（二）传统体育养生文化与全民健康的契合

（1）锻炼人群的契合

“全民健身旨在提高全国各族人民的素质和身体健康水平，以青少年和儿童为重点，倡导每天运动一小时，健康生活一辈子，的健身理念”。少年强则中国强，一个民族的发展需要青少年的健康发展，全民健身虽然是一个适合普通群众的体育活动，但他又是一个更加注重青少年体育运动的体育活动。如果一个国家青少年的健康水平不高，身体和心理发展畸形式，这样的国民素质要我们拿什么去建设我们的祖国。众所周知，习近平主席在许多场合提出了“中国梦”这一话题，为了实现这个梦想，需要我们年轻人拥有更好的体魄和心态。

（2）运动方式的契合

在全民健身体育运动中，人们可以参加多种多样的体育活动项目，但是有些体育运动需要一定的运动技能和身体素质和运动场地器材等。比如，足球运动需要的技术含量和场地要求都蛮高的，这对于中老年人的要求就过高，不适合他们的运动方式。而中国传统体育的运动方式理念是一个动静结合，阴阳结合的，对于中老年人的运动是一个契合度非常高的运动理念，像武术中的太极等运动项目是一个非常好的证明。传统体育运动项目中的一些健身理念和方式方法是一种契合度非常高的在中老年人的健身活动中。

（3）健康理念的契合

由于中国竞技体育的快速发展，人们对于参加体育活动的第一理解就是为了获得更好的名次。还有一些人认为不要参加体育活动，只要自己平常生活保持健康的心态就可以，这样的健身理念肯定是存在误区的，竞技体育是为了获得更好的成绩，但全民健身是为了增强体质，提高国民健康水平的理念，从而让人们树立“健康第一，终身体育”的健身理念。传统体育要求我们每个参加体育的运动员保持一个平静的心态，树立一个“每天运动一小时”的良好理念。这种健康理念对全民健身的理念是一个完美的契合。

（三）传统体育养生文化促进全民健康的策略

全民健康在当今是一个热议的话题，当今社会经济快速发展，加强中国传统体育养生文化的宣传等措施是对全民健康的一种思想指导和理论讲解。

1. 加强推广传统体育养生文化，让养生文化走进课堂和百姓生活

“传统”两字在当今社会可能比较陌生，当代年轻人对于传统文化的理解是非常具有局限性的，年轻人更多的关注在当今社会比较流行的事物上，对于传统文化中一些精髓没有去接触和理解，特别是传统体育文化中的一些知识可能没有一点了解。那么这种情况下我们应该如何做了，应该让传统体育养生文化走进我们的教学课堂，从义务教育到高等教育都应该开设课程，而且还应该在教科书中有

着记载，在我们的考试范围中有所涉及，这样对于体育养生文化是一种大力推广，同时也对全民健康的发展提供理论依据。

2. 加强体育基础设施建设，特别是基层体育基础设施建设

现阶段中国的国情是人口多，经济发展水平差异大，农村人口多。而全民健康不应该是少数人的健康，要想实现全民健康，必须从上到下的改革，特别是对落后地区要有针对性的帮助，体育健身对场地器材的要求还是蛮高的，但体育基础设施严重不足的情况在一些农村地区是很常见的，人们参加体育健身活到的项目主要还是集中于跑步这一项，全民健康的发展是要多方面的，从它的内容和价值等方面都要求对场地设施进行完善，所以政府部门要加大对体育文化事业的投入，从最基本的方面进行保障，让人们在全民健康的道路上有基本保证。

3. 创新传统体育养生文化内容，使它贴近大众生活和实际

文化发展的源泉和动力需要不断的创新，将传统体育养生文化的内涵不断进行创新，结合现阶段我们国家体育发展现状，让传统体育养生文化不只是一个理论依据，而是在我们现实生活中有着极强的指导意义，它可以将理论依据变为一个通俗易懂的教学方法，让平常百姓也能懂得如何在生活中学会养生，从而让传统体育养生文化走进人们的生活中，让全民健康的口号能够得到最好的推广。

四、桂西北常见的传统体育养生活动项目

桂北民族传统体育养生文化活动内容丰富、形式多样、种类繁多。下面介绍比较有特色的猫狮、舞草龙和板鞋舞传统体育养生活动项目。

（一）猫狮

1. 猫狮文化的起源和发展

（1）猫狮文化的起源

猫狮属于南狮的一种，比南狮小。据记载，崇祯十一年（1638年），当时永定土司奉命调狼兵到浙江、福建、广东等沿海一带抗倭，由于壮族的狼兵个子很矮小灵活，像猫抓老鼠一样行动敏捷，善于夜间作战，作战屡战屡胜，土司官员为了给狼兵庆功，鼓志气，他从南狮表演得到启发，以猫的形象用纸糊作为狮头，以五彩锦布为狮身，狮头比南狮小，在庆功会上表演。从此，舞猫狮常常出现在各种庆祝活动当中。①

民间流传着这样一个故事，在很久以前，村民粮食得到大丰收，可是老鼠也比较猖獗，农民收粮食回来后都被老鼠糟蹋了，家猫也没办法对付老鼠，村民想尽各种办法都没办法解决鼠害问题，村民们苦不堪言。有一天，村里来了一个外地人，他对村民说他有办法解决此问题。最后，他让几个村民拿道具扮成猫的模

①韦雅青，黄宗峰．壮族猫狮文化习俗及社会功能[J]．当代体育科技， 2019,(21):0151-0152.

样，敲锣打鼓走村串巷，而其他人则拿着刀、钗、棍、棒、锄头等劳动工具在后面助威，这样做以后，村里的老鼠果然慢慢减少了，鼠患的问题得以解决。此后，村民为了不再让老鼠糟蹋粮食就经常扮成猫，敲锣打鼓在各个村子游走，这个习俗被流传了下来，就形成了现在的舞猫狮。时至今日，壮族人民仍然认为舞猫狮是驱邪避害的吉祥瑞物，每逢新春佳节和重大的活动时，壮族民间都以舞猫狮来助兴。其代表欢乐，吉祥和幸福，同时也寄托着人民群众消灾除害、保佑平安、风调雨顺、五谷丰收、求吉纳福的美好意愿。①

（2）猫狮文化的发展

广西壮族特有的民俗体育项目猫狮，在广西河池市宜州区的屏南乡、北牙乡，洛东乡以及罗城的龙岸乡、宝坛乡等地方都有分布，每年这些地方都有大大小小规模的猫狮表演。就目前而言，猫狮发展比较好的是罗城县龙岸乡的猫狮队，这个猫狮队得到了政府的大力支持，下拨一定的资金，提供相应的场地和器材，使得该猫狮队得到长期训练，成效显著。如三年一次的“罗城仫佬族依饭节”期间，龙岸猫狮队受邀进行猫狮表演，成为罗城的一张特色名片，充分展示出浓郁的原汁原味的原生态文化气息。猫狮已经被列为广西河池宜州区非物质文化遗产。它猫狮的表演与醒狮的表演完全不同，猫狮的体型比较小，一个人就可以完成全部的表演，而醒狮是需要两个人进行表演。猫狮又分为狮龙和猫龙两种，个头大一点的是狮龙，个头小一点的是猫龙。②在春节或壮族三月三等重大节日，一般都会有舞猫狮表演。在猫狮表演过程中通常穿插拳术、棍法、刀法和对练等武术表演。但猫狮必须先开场然后才到武术表演，这些表演都需要通过锣鼓指挥才能进行，时间一般长达两个小时左右。

2. 猫狮的健身养生特征

舞猫狮是将猫的动作与狮的性格进行融合，在这一基础上结合猫的神态、舞步及鼓、锣、钹等乐器的配合，在传统舞狮的基础上发展而成的一种表演形式，既有狮子的威猛雄壮，又具有猫的活泼可爱。在表演的过程中，者还舞者还要以各种不同的招式来表现南派功夫——壮拳，形态威猛、步伐轻灵，集娱乐性、观赏性、表演性于一体，非常富有阳刚之气。舞狮的过程中也需要跟鼓乐的节奏进行配合，动作与鼓声一致，随着鼓乐节拍的明朗，轻快、重点、快、慢有序的表演③，这样才能表演出一场精彩的猫狮。猫狮运动具有以下特征。

（1）娱乐性特征

猫狮是一项很受群众喜爱和追捧的娱乐的活动，具有浓厚的地方特色，它融

①韦雅青，黄宗峰．壮族猫狮文化习俗及社会功能[J]．当代体育科技， 2019,(21):0151-0152.

②王有基；黄宗峰．壮族舞猫狮的特点及其价值研究[J]．体育科技，2019,40(06):99-100.

③蒋玉泽．舞狮运动的形成与现代舞狮的特点[J]．北京体育大学报，2005(5).

合了猫的动作和狮的性格，在此基础上发展而成的一种表演形式，独具特色，是一项快被人们遗忘的民间艺术。在两个小鬼（猴子）、一个罗汉相互挑逗配合下，猫狮表演显得格外有趣，还有罗汉和猴子以自身诙谐、搞笑的特点得到大家的喜爱。逢年过节、新店开张的时候人们就会请猫狮队来表演助兴，吸引过路的群众观看，营造热闹的气氛。

（2）民族性特征

猫狮运动属于宜州的非物质文化遗产，是河池壮族所特有的一种民间狮舞表现形式，也是我国少数民族传统文化的重要组成部分，它独特的运动特点和表现形式具有非常重要的研究价值。单人猫狮只有河池地区壮族有流传，通过上百年的传承，逐渐具有了一种文化认同感或民族认同感①。在河池宜州地区，无论是民俗节日、乡民起新房，还是春节、三月三、四月八等重大节日，总是可以看到热闹的舞猫狮场面。

（3）文化性特征

猫狮在当地人民的心目中是一种祥和的象征，它的创作素材与当地流传的神话故事有关，表达了人们对吉祥如意、美好生活的追求②。它的传承过程与当地人民的生活方式和思想有着千丝万缕的联系，这些我们可以从猫狮的产生与发展历程中较容易窥见。舞猫狮在漫长的发展进程中，始终深深扎根于宜州独特的壮族文化土壤中，不管是舞猫狮所使用到的器具的制作、表现的形式、还是动作的编排、表演的手法都带有宜州独特的文化风格。尤其是狮头的制作与绘画，是否与傩面文化有一定的联系，还有待于进一步论证。

3. 猫狮的健身养生的功能

（1）聚合亲友，联结情感的功能

我国各少数民族在民俗节庆时有着走亲戚的习俗，壮族在春节走亲戚尤为重要，一般从大年初二开始到元宵节结束，每当春节时如果自己家族有亲戚舞狮时，必须邀请到自己村寨进行表演，村寨里的家家户户通知自己的亲戚过来观看表演，同时村寨里也会出海报告诉其他村寨的村民某年某月某日有猫狮到某地表演欢应过来观看。猫狮表演分两个时段，白天猫狮到各家各户去拜年“采青”，晚饭后猫狮开始“登山”表演和武术表演。当猫狮团下到村落祈福或者表演活动时，方圆十几里村寨的人们都来参观，经常就会组成一个几十人甚至数百人的团聚，欣赏壮族猫狮表演。壮族人民比较好客，凡是到村寨看表演的人都邀请进家吃饭，晚饭时家族们聚集在一起都摆上几桌火锅，叫上亲戚朋友一起饮上几杯土酒叙叙旧，谈人生谈未来，谈理想，酒过三巡后再一起去观看表演。可以说，壮族猫狮起着

①冯国超．中国传统体育[M]．北京：首都师范大学出版社，2006：348.

②吕韵钧．民间舞狮习俗与中国传统文化探微[J]．北京体育大学学报，2008(10).

聚合亲朋好友，联结感情、加深友谊的作用。壮族猫狮是人与人、群体与群体之间联结的纽带和桥梁。因为壮族猫狮的存在与发展，都与一定的人文环境和社会环境有不可分割的联系。[①]从地域环境来说，在节庆中的猫狮不仅是个人之间的行为，而是至少以一个家族或几个家族、一个村寨以上为单位进行的活动。而从社会层面来说，不论贫穷还是富裕，只要你愿意，都可以参加到这个活动中来。从文化的角度来看，这是一种文化自信、文化认同、信仰认同、的体现。[②]

（2）健身、养生的功能

壮族舞猫狮不仅是壮族人民对美好生活的精神寄托， 也是他们满足生理、心理欲望和强身健体的方式，是使壮族人民身心娱乐的一种活动方式。白天串巷入户参拜“采青”，晚上表演“登山”和拳术表演。舞狮队白天入户参拜“采青”小村寨要4到5个小时，多者要两天时间 ，晚上表演持续时间一般达两个小时左右。壮族舞狮使表演者全身各部位参与到活动中，身体承受很大的运动负荷，达到强身健体的作用，参与者身体都比较健壮，肢体比较灵活，在表演中不仅通过在舞动狮头、移动、跳跃、攀爬、武术的对打等活动中提高身体素质。表演时，伴奏进行表演。他们在舞猫狮时狮体在左右两侧不断交替，时快时慢，很有节奏。一人扮演猫狮、一人扮演罗汉、一到两人扮演猴子，另外三人敲锣、击鼓、打钹时而俯身游走，时而凌空腾跃，表演得活灵活现，可以在地面或八仙桌上进行舞猫狮表演，还可以利用人体组成多种姿态和形状来舞动进行表演。在两个小鬼（猴子）、一个罗汉的相互挑逗配合下，整个舞猫狮显得生龙活虎、栩栩如生。打击乐对舞狮起着引导作用，狮子的动作根据鼓点的快、慢、轻、重节奏的变化来进行表演，同时打鼓者也根据当时演出环境、观众需求而变换节奏，通过这些活动，达到调节观众情绪、愉悦精神的功效，使观众乐在其中。[③]能给人以精神上的享受，通过欣赏猫狮表演使人们的审美需要得到满足，精神上产生一种愉悦、美感。[④]因此， 舞猫狮具有较高的健身价值和娱乐功能。

（3）丰富体育旅游资源，促进地方经济发展的功能

壮族的猫狮具有极强的观赏价值，它通过“采青” “登山”和拳术表演加上鼓点的快、慢、轻、重节奏，在小鬼（猴子）、一个罗汉的相互挑逗配合下，整个舞猫狮显得生龙活虎，栩栩如生。“登山”，是舞狮登山即舞狮艺人爬上7至10张八仙桌上（约有10米多高）表演，同时猫在八仙桌“采青”，之后从顶层八仙桌表演至最底层，最终安全“着陆”，才能称得上是一次成功的表演。整个过程扣人心弦、精彩绝伦，已成为壮族民间艺人的一门绝技。 猫狮的表演在内容方面还有

①李志勇．黔东南苗族斗牛文化研究[D]．贵州民族学院硕士学位论文，2011，05．

②韦雅青，黄宗峰．壮族猫狮文化习俗及社会功能[J]．当代体育科技，2019，(21)：0151-0152．

③韦雅青，黄宗峰．壮族猫狮文化习俗及社会功能[J]．当代体育科技，2019，(21)：0151-0152．

④孙明洁．浅谈寓教于乐的艺术功能[J]．山西师大学报(社会科学版)，2011，38(03)：149-150．

觅偶的情节，即双狮（一雄一雌）首尾亲吻拥抱，真情演绎着壮族青年的美好爱情生活。猫狮表演时的配角有罗汉、小鬼等，所有参演艺人均跟随鼓锣乐队的伴奏节奏表演各种动作，全凭一人集体操纵，密切配合，把猫狮演活。猫狮表演中还要穿插武术内容，这也是合寨猫狮文化的重要组成部分。[①]有上堂武、白龙、双龙、关刀、钗、棍术等，整个过程最为精彩且惊险。观赏者在观看的过程中不仅能欣赏到猫狮矫健的身姿和多样的造型，同时还能感受到喜庆的音乐，各种感官都得到美的享受，具有极大的观赏价值。随着时代的发展，宜州的旅游业不断发展，把舞猫狮表演引入到旅游景区，增加宜州旅游资源，吸引外地游客来旅游，除了精彩的表演外，人们还可以将猫狮的道具做成纪念品推向市场，带动了当地的经济发展，具有良好的经济效益。[②]

（4）教育的功能

壮族的猫狮不仅具有深厚的民俗文化底蕴，为广大人民喜爱，它的各种礼节教育功能更是显现其突出的社会价值 ， 它仅是简单的动作的传承，同时把壮族的传统文化通过人们的舞猫狮行为方式表现出来，特别猫狮礼仪文化成为人们共同遵守的准则，长久以来在壮族人民发展过程中起着很好的教育作用。它包括文明礼貌、社会体育公德，也包括舞猫狮的职业道德。这些体育道德体系在民族产生与发展过程中一代相传。特别是加上武术表演，蕴含着保家卫国、相互帮助的意义。通过猫狮、小鬼（猴子）、罗汉同台表演，有利于促进壮族人民树立正确的价值观，构建和谐社会，弘扬真、善、美，以及促进壮族人民内在涵养的提升，从而培养壮族人民优秀的意志品德。[③]随着时代的发展，当今应该将舞猫狮进行创新发展，这也是继承我们中华民族优秀文化的有效方式。可以将舞猫狮引入学校，在体育课堂和课外活动中开展，让猫狮活动能在老师和学生们的创新下传承下去，促进学生对当地民族传统文化的了解。[④]

（二）舞草龙

1. 舞草龙的形成与发展

（1）舞草龙的形成

作为稻作文化产物的舞草龙，其历史文化源远流长，由于没有相关文字的记载，同时对于舞草龙相关的研究也比较少，所以从时间上很难对舞草龙的形成的时间进行界定。舞草龙大约在明朝各地举行的庙会迎神活动中兴逐渐盛行起来的，这些地区当时的龙文化底蕴深厚。到了清朝，舞草龙已经成为仫佬族民间节日活

---

①韦雅青，黄宗峰．壮族猫狮文化习俗及社会功能[J]．当代体育科技，2019，(21)：0151-0152.

②王有基；黄宗峰．壮族舞猫狮的特点及其价值研究[J]．体育科技，2019，40(06)：99-100.

③韦雅青，黄宗峰．壮族猫狮文化习俗及社会功能[J]．当代体育科技， 2019，(21)：0151-0152.

④王有基；黄宗峰．壮族舞猫狮的特点及其价值研究[J]．体育科技，2019，40(06)：99-100.

动中不可分割的一部分了。由此可见，仫佬族的舞草龙是形成与明清时期，并在那是已逐渐形成了一定的传统和规模。[①]

关于舞草龙的形成还有一个传说。据说，罗城境内最早会舞龙的是东门乡的黄泥屯和小长安乡的地州屯。黄泥屯离县城比较近，舞的是布龙。而地州屯则离县城比较远，舞的是草龙，比较新奇。有一年，地州屯将草龙舞进了城，全城老少都出来放鞭炮祝贺。由于放的鞭炮很多，导致整条龙都烧焦了，最后只将一个龙嘴扛出城去，自此在当地群众中就流传着“地州龙舞嘴”的俗话。而草龙被烧掉的那一年雨水特别好，大家都将其归功于草龙被烧了，说草龙被烧后到了“海龙王”那里，所以给仫佬族人民带来了福音。之后，每年春节舞完草龙之后村民们就会将草龙拿到河边去烧掉，把它送到“海龙王”那里，祈求“龙王”保佑一年的风调雨顺、平平安安。[②]

（2）舞草龙的发展

舞草龙活动主要分为三个环节，即“扎龙”“舞龙”和“送龙”。在扎龙时，用竹木扎出龙的支架，以禾秆草作为龙身的主要材料，全部手工制成。先扎成一条长、宽适中的草帘，在草帘的最后部分翘起三个杈杈作为龙尾，而另一端要折叠成两个高高翘起的弯角，并在外面裱糊上一层加厚纸作为龙头，用竹篾制成直径约30厘米的球形作为龙珠。近些年，舞草龙活动得到了简化，草龙的长度也精减至5节，长约15米左右，舞龙人数通常只需要5个人，他们穿着仫佬族的民族服饰，其中一人持龙珠跟随“咚咚锵、咚咚锵”的锣鼓节奏引龙起舞，锣鼓的重要作用就是点缀，草龙一系列游弋、起伏、翻滚、腾越、缠绞、穿插等动作，必须伴随着敲打锣鼓的节奏来完成。到了解放初期，由于受到“文化大革命”的影响，舞草龙的活动不得不停止，改革开放以后才又重新将其发展起来。随着社会的不断发展，舞草龙活动中所蕴含的精神内涵和艺术形象也发生了不同程度的改变，已经由最初的传统迷信活动变成了体现民族文化的体育活动项目。[③]

2. 舞草龙的文化特征

（1）文化的交融性特征

自从人类社会诞生的那一天开始，许多原始的体育活动都与艺术、舞蹈、音乐等有着不可分割的密切关系，不同的领域之间的文化形式是相互影响且相辅相成的。无论是仫佬族的舞草龙活动还是传统的舞龙运动，都是民族传统体育文化的一种载体，它们伴随着中华民族漫长的历史，不断地成长，不断地被优化，其中渗透了具有当地特色的民族思维、情感以及表达方式。集武术、舞蹈、鼓乐于

①韦丽春．仫佬族舞草龙的历史渊源及养生文化价值研究[J]．体育科技，2019，40(03)：80-84.

②韦丽春．仫佬族舞草龙的历史渊源及养生文化价值研究[J]．体育科技，2019，40(03)：80-84.

③韦丽春．仫佬族舞草龙的历史渊源及养生文化价值研究[J]．体育科技，2019，40(03)：80-84.

一体的舞草龙活动，与周边民俗文化不断地交融，从而达到共生的状态。正是通过这种方式规范着民族行为、表达着民族思维、体现着民族心理等，将文化的交融性体现得淋漓尽致。[①]

（2）地域性特征

舞草龙的形成和发展离不开地域性的生产生活，不同的地域会形成不同特色的草龙扎编工艺，其表现形式也会因为地域差异而导致不同。下面我们通过一些例子来进行说明：第一，安徽江南各县舞的草龙其龙头是用竹篾弯曲成形的，龙身是以三尺长的木棒和缠绕的稻草为原材料并以粗绳连接进行扎编的，[②]第二，上海市郊区松江叶榭镇舞的草龙其龙骨全部是由竹篾扎成圆圈构成，由稻草作为龙衣，龙身共分为七节，全长约10米左右。[③]在进行舞龙求雨时，用萧代替龙珠，配有锣鼓节奏，并在草龙的周围跟随两条长约1米的小草龙，最后仅焚烧两条跟随的小龙；第三，深圳市龙岗区南澳沿海水上居民舞的草龙其龙头是以箩筐制作，上面固定两个手电筒作为龙的眼睛，龙身是用绳子将剑草扎成一节一节的，龙尾是三叉型的，扎好后还要在龙身上插上香柱，[④]舞龙时伴随着喧天的锣鼓声和鞭炮声一路欢腾，最后到海边将草龙点燃；第五，安徽徽州许村中秋舞的草龙其龙头是用竹篾扎制而成，篾外用稻草包扎，龙骨则是由一根稻草编的粗草鞭制成，在龙骨外包扎稻草，龙身全长约30米，另外还要扎一个草球，用来引导草龙。综上所述，不同地域的草龙其扎编原材料不尽相同，长度也不相同，在舞龙时的风俗习惯也各具特色。在舞龙时，有戴照面具的陪舞者伴随身边，起到助兴的作用，最终将草龙送到河边进行焚烧

（3）规约性特征

仫佬族拥有自己的民族语言，但没有民族文字，导致仫佬族的舞草龙活动没有得到详细的文字记载，因此没有严格的传承记录，关于草龙的扎编技艺、技术套路等统统都是靠老一辈人的言传身教，从而导致舞草龙活动在不同的村寨体现出不同的传承方式和民俗规约。这种规约虽然没有明确的记录和规范，但却能够引导整个村庄的民众严格遵守这样的约定，并自觉规范自己的行为，世代更替。这些不同的民俗规约是支撑仫佬族体育文化发展的重要内容。

3. 舞草龙的健身养生活动的价值

（1）体现了民俗养生活动的深刻内涵

站在民俗的立场上来看，仫佬族民俗体育养生活动之所以能够经久不衰必然和群众的自发性和公众的认可接受程度是分不开的。凝聚力、沟通能力以及认可

①韦丽春．仫佬族舞草龙的历史渊源及养生文化价值研究[J]．体育科技，2019，40(03)：80-84.

②中华舞蹈志编辑委员会编．中华舞蹈志安徽卷[M]．上海：学林出版社，2014：86-89.

③王宏刚．新时期的民间信仰[M]．哈尔滨：黑龙江教育出版社，2013：36-41.

④邱梅珍，王俊奇．论鄱阳湖口“舞草龙”的体育形态[J]．运动，2012(15)：146-148.

程度对于参与体育养生活动的人来说是十分重要的，体现了这个人的潜力和技能。仫佬族的民俗体育养生活动大多都是多人进行的，需要相互之间的配合与交流，只有彼此之间形成默契，才能更好地将这项体育养生活动进行下去。仫佬族的民俗体育养生活动大多是象征着团结的并且具有积极意义的活动，更多的是表达了一种祈求五谷丰登、风调雨顺、生活安定的美好祝愿，常常在节日期间举办，充分体现了仫佬族民俗养生活动的人文价值，也充分体现了中国民俗养生活动的深刻内涵。

（2）彰显了民俗养生文化传承的重要意义

仫佬族民俗体育养生活动各具特色，发展至今已经逐渐成为具有群体特性的民俗体育养生活动。仫佬族传统民俗体育养生文化在传承的过程中主要依靠以下几种方式：第一，言传身教。仫佬族本就没有自己的文字，加之体育养生文化注重的是动作技法的传习，因此言传身教是仫佬族传统民俗体育养生活动传承的主要途径，特别是对于部分动作难度大、技术要求高、具有一定危险性的体育养生活动；第二，激发兴趣。兴趣是发展与传承民俗体育活动的重要基础，通过激发仫佬族人民对于民俗体育养生文化的兴趣可以从根本上加强民俗体育养生文化传承和发展的力度；第三，文化色彩。仫佬族的传统民俗体育养生活动具有很强的文化色彩，不论是从活动的仪式方面来讲，还是从体育项目的文化底蕴方面来讲，都具有极强的教化作用，不仅有利于弘扬仫佬族传统民俗体育养生活动，还有利于彰显养生文化传承的重要意义。①

（3）促进了经济水平的不断提高

仫佬族民俗体育养生活动在社会的发展过程中以及经济水平的提高过程中也在不断地经历着发展与改变，仫佬族民俗体育养生活动不仅体现了民族精神，还促进了民族交流。在如今经济全球化以及文化交流越来越强的情况下，仫佬族传统体育养生文化也逐渐被开发成为一种人文资源，对开发仫佬族的旅游产业、提高仫佬族的经济水平起到了重要的促进作用。同样，仫佬族传统民俗体育养生文化的发展也具有典型的仫佬族民族特色，目前仫佬族传统民俗体育已经被列入到经贸与商业表演，相关的体育道具销售也促进了仫佬族的经济发展，带动了周边经济。在企业看来，传统民俗体育养生活动可以在很大程度上宣传企业的品牌和文化。除此之外，还可以通过对网络的灵活运用，以及通过广告等宣传手段来对传统民俗体育养生文化进行宣传，不仅可以提高仫佬族的民族知名度，还可以促进仫佬族经济水平的不断提高。

（4）突出了历史养生文化的研究价值

仫佬族的民俗传统体育养生活动是经历了悠久的历史传承之后发展而来的

①韦丽春．仫佬族舞草龙的历史渊源及养生文化价值研究[J]．体育科技，2019，40(03)：80-84．

历史产物，每一项体育养生活动上都烙下了深刻的时代印记，每一项体育养生活动中都是对当时社会状况、自然条件、科学技术水平以及生产力发展水平的真实反映，具有很强的历史研究价值和科学价值。仫佬族传统民俗养生活动其本身就包含着丰富的历史文化信息，为后人们留下了十分宝贵的第一手研究资料，可以通过对某一项或某几项体育养生活动的研究，来深入了解过去仫佬族的生活习惯以及生活状况。这就有利于我们对少数民族传统体育的研究和了解，突出了仫佬族传统民俗体育养生活动历史文化的研究价值。只有通过对历史的研究，才能更好地继承前人的科研成果，才能更好地进行科学技术以及文化内涵的创新。[①]

（三）板鞋舞

1. 板鞋舞的起源和发展

（1）板鞋舞的起源

板鞋舞，原先称为“三人穿板鞋”，是一种民众性自娱自乐的团体舞，它的来历有多种解释。当中一种是：明代时倭寇侵扰中国沿海地区，广西田州土官瓦氏夫人领旨率“狼兵”赴江浙抗倭，瓦氏夫妇为让被称为“狼兵”的壮族士兵步履平整、脚步统一，命令每三名士兵同穿一双板鞋“齐步”行走。通过长期锻炼，士兵的整体素质得到逐渐提升，规章制度非常严明，战斗能力坚强，所向披靡，挫败倭寇，并为国立了大功。后来，在河池地区南丹县那地土州的壮族民俗活动中，也仿效了瓦氏夫妇的“同步”练兵方式，[②]在田头地角、房前屋后进行三人穿板鞋比赛的方式自娱自乐，并相袭成俗，一直流传。

（2）板鞋舞的发展

壮族板鞋舞活动在广西第五、第六、第七届少数民族传统体育运动会和全国第四、第五届少数民族运动会上演出时均受到了广大观众称赞并获奖，在全国第八、第九届少数民族运动会上也被列为主要竞赛项目，至今不变。壮族板鞋舞参加1990年在北京市举办的第四次“龙谭杯”民间艺术花会表演，并荣获优胜奖、编导奖、音乐创作奖，并由中央电视台拍摄为“综艺大观”的专题栏目向全国播出。另外，壮族板鞋舞曾入选第十一届亚运会中国文艺展演，在当时我国文艺界有较大的影响。全中国有十三个省（市）文艺团体和高校的文艺社团都前学来习板鞋舞。1990年，广西壮族自治区在全区群众文化工作大会上确定，在广西农村大力普及板鞋舞。因此，目前广西已有三十六个县市学习板鞋舞并进行展演。[③]

北京亚运会期间，板鞋舞曾被确定为进入中南海的主要表演节目，我国领导在观看后也给予了很高的评价，并认为板鞋舞充分体现了中国人民同心协力、团

①韦丽春．仫佬族舞草龙的历史渊源及养生文化价值研究[J]．体育科技，2019，40(03)：80-84.

②韦丽春．壮族板鞋舞的健身娱乐价值及文化特征[J]体育学刊，2007，(07)：69-71.

③韦丽春．壮族板鞋舞的健身娱乐价值及文化特征[J]体育学刊，2007，(07)：69-71.

结奋进、不断拼搏进取的当代精神。专家们也一致认为：板鞋舞项目思想内容全面健康，其中具有较强烈的民族性、传统性、竞技性、表演性、娱乐性、开放性、普及性等，是全民健身活动的最理想项目之一。后来相关的舞蹈专家也进行了艺术加工，使板鞋舞得到蓬勃发展，经过长时间的创新与发展，舞蹈形式已千姿百态，有板鞋花肩舞、板鞋扁担舞、板鞋双刃舞、板鞋花棍舞等十多种。

2. 板鞋舞的健身娱乐价值

（1）健身价值

板鞋舞不仅具有丰富的民俗文化内容，并且和壮族民众的社会生活紧密结合在一起， 涉及到壮族的社会生产、民俗生活与历史发展，是壮族民众生活的缩影，是生活方式与艺术形式的完美融合，能够起到锻炼身体和健美等的多重功效。而通过板鞋竞技，人们不但能够提升自身的体能、反应速度、耐力、柔韧等基本素养，同时还有助于增强身体的心肺功能。在跳板鞋舞时，舞蹈表演者动作豪迈而粗犷，充满着力量与活力。上肢的舞蹈动作也十分地丰富而且又多姿多彩，可手拿彩扇、绸带、花伞、绣球等各种漂亮的装饰品，或结合各种花样的舞姿与动作，边走边跳，舞者动作节奏感很强，手脚协调并具备相当强的艺术表现力，将舞蹈艺术和运动健身高度融合。充分体现了力量美、动作美、旋律美。经过对板鞋舞的锻炼，能够更有效地锻炼人们的相互协作能力，从而增强受练者的身体运动节律感、协调性、灵敏度等，都具有很强的锻炼与健身、健美的价值。[①]

（2）健心价值

板鞋舞的最主要特征就是自娱自乐，而随着民众物质生活水平与精神生活条件的日益提高，跳板鞋舞也慢慢成为了壮族民众在文化生活中最喜闻乐见的自娱自乐的一种舞蹈形式，而正是跳板鞋舞中透过“力度”、“速度”和“幅度”所表现出来的艺术升华和思想感情，使跳舞者在舞步完成中获得了自娱自乐与精神上的满足感。板鞋舞的舞蹈表演动作健康、粗犷，来自于在生活中、劳动中所创造、加工而成的传统舞蹈，有着快乐、开朗、风趣、充满力量、富有传统韵味的民族舞蹈特点。如邕宁县的大闹春潮，正是利用了板鞋舞和狮公舞的民间艺术表现形式，在双人板鞋上，男挑“绿担”，女打彩扇，再配合着跳板鞋舞中清脆明朗的音乐韵律，经过担秧、插秧、播秧、丢秧等艺术场景，展示了壮乡春耕的忙碌情景和你追我赶的劳作激情，也展示了壮族民众在勤劳生产中的竞技精神，还有男女老少在一起劳作中的互相情谊。另外，还在板鞋舞的舞蹈设计工作中，特别创设了民众喜闻乐见的并富有玩乐性的跳舞表演场景，不管观看者或者是表演者，人们均可以从中获得了愉悦情感的感受。板鞋舞以其特有的舞韵，以及引人发笑的

①韦丽春．壮族板鞋舞的健身娱乐价值及文化特征[J]体育学刊，2007，(07)：69-71.

剧情而受到广大观众的欢迎，起到了强身健体、娱乐身心的效果。①

（3）体育旅游开发价值

板鞋舞是壮族桂西北民族地区最具特点的一种族群舞蹈，板鞋舞的民族特色、区域性和交互参与度，是其作为文化体育旅游项目重点开发的优势。无论是观看者或亲身参加体验者，人们都能够从中真实地领悟到壮族社会文化的真谛，认识其历史文化底蕴、社会文化背景和丰富人文内涵，体会到宝贵的旅游人文价值，体味壮族风俗习惯，达到身心快乐，迎合了游客的追新、求乐、求知、求动、求奇的心情。把人文游览活动、健康娱乐活动有机地融合在一起，不但充实了游览活动内涵，同时又给游客留下了深深的民俗文化印记。在社会主义市场经济条件下，板鞋舞的艺术娱乐功能和经营价值已被充分发掘。所以，全面发掘和研究壮族板鞋舞的运动旅游价值，对运动旅游行业的发展起着关键的作用。

（四）儿童游戏

仫佬族儿童是仫佬族的未来与希望，仫佬族儿童的健康 成长愈来愈引起仫佬族与社会的广泛关注。仫佬族有许多优秀的传统儿童游戏，譬如打鸡头、凤凰护蛋、象步虎掌、凤凰护蛋、棋类游戏等。它们在具有悠久历史的同时，也传承着生活趣味与传统体育文化。在物质匮乏的年代，这些儿童游戏曾让仫佬族儿童乐此不疲，带来了许多欢乐。然而， 在21世纪的今天，仫佬族传统儿童游戏已到了边缘化的地带，手机、计算机等新兴产品几乎占据了仫佬族儿童的课余时间，对仫佬族儿童的健康成长产生了极为严重的负面影响，不利于他们的正常发展，而仫佬族传统儿童游戏却能够发挥出特殊的功能，对他们的健康成长具有积极意义。

1. 充满童趣的仫佬族儿童游戏活动

（1）打鸡头

打鸡头是仫佬族儿童经常用于锻炼臂力与学习丈量的 一项传统儿童体育游戏活动，用鸡头尺击打鸡头仔而得此名，一般活动场地选择晒谷场或较宽的草坪。打鸡头源自一种仫佬族古代游戏，由人数相等的两支队伍参赛角逐，每队轮流 进行。比赛开始时，用一根长约 40 厘米的鸡头尺，挑起一根架在地上称为“炉穴”的小洞上的木棒，这个木棒就是鸡 头仔，把鸡头仔挑得越远越好。对方则在前方不远处进行阻拦，本方主要目标就是为了接住鸡头仔，如果本方接住鸡头 仔，则判对方输。如果本方没有接住鸡头仔，对方就将鸡头 尺架于“炉穴”上，让本方将鸡头仔掷向鸡头尺，掷中者为获胜者。如果没有掷中，那么距“炉穴”30 厘米内也算获胜。如果超过 30 厘米，那么挑者就有机会击打三次鸡头仔， 看准目标将鸡头仔击向远方。从鸡头仔最后落地之处以鸡头尺丈量到“炉穴”的距离，计

①韦丽春．壮族板鞋舞的健身娱乐价值及文化特征[J]．体育学刊，2007，(07)：69-71.

算出有多少厘米，在连续多个回合的竞技中，最后距离最长的一方为获胜者。

（2）象步虎掌

象步虎掌是一项流传于罗城、柳城等仫佬族聚居区的传统儿童游戏活动，并且深受成年人喜爱。每当农闲之时，仫佬族成年人和儿童就会集中在村寨中的晒谷场上进行游戏。成年人希望在游戏中与对方比比力气、赛赛耐力，而儿童则希望在游戏中锻炼自己的身体，从而使自己的双脚犹如大象般粗壮、使自己的双手犹如猛虎般有力。象步虎掌的具体比赛方法是：在比赛前，先在地面划两道平行线，相距70厘米，即为“河”；比赛开始时两人各站一旁，双脚不可移动，并且二人掌掌相合，裁判令下后，双方各自发力使用巧劲，将对方推至移动而自己纹丝不动者为胜利，也可突然发力使对方站立不稳而移动，抑或等对方出掌时自己巧妙退让从而使对方失去平衡而移动。象步虎掌这项儿童游戏活动不仅是耐力的对抗，同时也是巧劲的较量，其不受场地设施的制约，也无需任何体育器材，将健身与娱乐集于一身，所以备受仫佬族儿童的欢迎。

（3）凤凰护蛋

每个民族都有属于自己的古老图腾，与其他民族一样，仫佬族也有着自己的专属图腾。凤凰作为仫佬族的图腾，在仫佬族人民心中有着无上的地位。现如今，仫佬族聚居区的许多地名都与凤凰有关，而凤凰的形象与符号也经常出现在仫佬族人民的日常生活中，譬如家具、服饰、建筑等，此外还产生了“凤凰护蛋”这种儿童体育游戏。凤凰护蛋又名母鸡护蛋，是一项流传于都安、柳城等仫佬族聚居区的传统儿童游戏。凤凰护蛋的具体游戏方法是：游戏开始前，在平地上画上直径约为 70 厘米的圆当作“凤凰窝”，“凤凰窝”内放置若干鸡蛋般大小的石头为“凤凰蛋”，六人为一组，一人扮演“金凤凰”，其余则为“天兵”；游戏开始后，“金凤凰”两手支撑地面，身躯呈俯卧撑姿势来保护“凤凰蛋”，“天兵”通过各种方法将“凤凰蛋”夺走，“金凤凰”手脚转圈转动尽力护蛋，若“天兵”身体的任何部位被“金凤凰”触碰，则被淘汰出场；游戏时间结束后，若“凤凰蛋”没有被完全取走，那么“金凤凰”获得胜利，如果“凤凰蛋”被悉数取尽，则“天兵”获胜。“金凤凰”与“天兵”的角色可轮流调换。凤凰护蛋能够锻炼仫佬族儿童的臂力、腰力与腿力，可舒展他们的筋骨，增强仫佬族儿童的灵巧机智。①

2. 仫佬族儿童游戏的文化特征

（1）形式多样化

仫佬族儿童游戏的形式极为多样化。现如今随着信息技术的飞速发展，新兴电子游戏的娱乐作用被无限放大，它们在某些方面的确能起到锻炼儿童的反应能

①陈韦薇，韦丽春. 仫佬族儿童游戏中的传统体育文化研究[J]. 体育科技，2021，42(01)：69-71.

力与协调能力，但却对身体锻炼并无益处。与电子游戏不同的是，仫佬族儿童 游戏能够让儿童真正活动起来，从而实现强身健体的目的仫佬族儿童游戏的形式极为丰富化，不仅有力量型，也有技巧型。譬如象步虎掌，这种集力量与技巧于一体的游戏具有愉悦身心、加强运动的作用。除此之外，仫佬族传统儿童游戏有的在室内也可进行，譬如棋类游戏，更多的则在室内活 动。这些传统儿童游戏可让儿童在增强体质健康的同时，享受到友谊，同时也展示了自己，进而更好地融入到集体中。仫佬族儿童游戏是经过历史验证的，它来源于儿童最为质朴心灵释放，有利于仫佬族儿童的健康成长。

（2）灵活多变化

仫佬族儿童游戏极具灵活多变性。游戏规则不是一成不变的，一些游戏适合多人进行，但人数不足时，儿童们也可以尝试对游戏规则进行修改。譬如打鸡头这一游戏，它可以四个人玩，也可以八个人玩，人数不足时甚至两人也可以进行。此外，仫佬族儿童游戏的时间与地点也并非是完全固定的，譬如打陀螺、滚竹环等，不仅能在室外进行，也可在室内进行，并不会对游戏效果产生影响。而在时间方面，这些游戏更没有明确的固定时间，不管是何种季节，只要愿意玩随时都可进行。在仫佬族儿童游戏中，儿童既扮演了参与者的角色，也扮演了组织者的角色，在游戏中儿童们尽情地发挥着自己的想象力，由此使这些游戏变得更具灵活多样性。

（3）成本廉价化

仫佬族儿童游戏的成本非常廉价。在当代社会，随着信 息技术的飞速发展，新兴的电子游戏已逐渐成为儿童的主要游戏活动，这些产品几乎占据了儿童们的所有闲暇时间。并且，这些电子产品不断更新换代，成本也随之增高，手机、 平板电脑、PSP的价格少则千元，多则甚至上万元。这对一个收入普通的仫佬族家庭而言，新兴电子游戏的成本远远超过家庭正常开支，已经成为家庭支出的负担，而在这些产品的不断更新中，儿童们之间的攀比心理也开始上升。与电子 游戏不同的是，仫佬族儿童游戏的成本极为廉价，所需道具非常便宜。譬如，凤凰护蛋游戏，其道具仅仅只需几个石头； 打陀螺游戏，只需要陀螺和鞭子就可；象步虎掌游戏，则不需要任何道具。仫佬族儿童游戏的成本仅在几元钱之内，这 是任何仫佬族家庭都可以负担的。几元钱就能够让儿童们解放双手，让他们活动起来，并且还能培养他们的节约思想。而对场地来说，电子游戏无法离开互联网，并且只有在较为发达的地区才能实现，偏远的少数民族村寨因为经济、地理 条件等原因使得网络安装难以进行或正在进行，因此也就不能有效开展电子游戏。而仫佬族儿童游戏与其截然相反，对场地设施的要求很低，无论是城镇还是仫佬族村寨，任何场地都可进行。

3. 仫佬族儿童游戏的教育功能

（1）促进儿童德育发展的功能

仫佬族儿童游戏具有促进儿童德育发展的功能。在当代社会，随着信息技术的飞速发展，儿童愈来愈沉迷于电子游戏当中无法自拔，他们与同伴之间的交流逐渐减少，彼此间的关系随之冷漠，道德素质也越来越令人担忧。而通过蕴含 道德教育的仫佬族儿童游戏，能够有效培养儿童的道德品质，使他们在游戏过程中培养自己的良好道德。无规矩不成方圆，仫佬族儿童游戏，譬如打陀螺、抢凳、飞彩、扯竹呼等，儿童在进行游戏的过程中必然有一套自己的规则，并且必须严格遵守，这有利于从小培养他们的规则思想，有利于儿童在未来的社会生活中遵守公德与法律。仫佬族儿童游戏许多项目都是由许多儿童一同进行的，譬如抢凳、滚竹环等游戏 需要儿童与同伴合作进行，如果要想获得胜利，大家必须共同努力，互相协作，这有利于培养儿童的团队意识与责任感，让儿童在游戏中明白胜负的决定因素，同时有利于培养高尚的道德情操，为未来发展奠定良好基础。

（2）利于儿童智力发展的功能

仫佬族儿童游戏具有利于儿童智力发展的功能。仫佬族儿童游戏并非是简单机械地体力运动，而是与儿童的智力发展有着紧密的联系。从另一个角度来看，儿童的智力发展情况又与儿童的生活环境有关，特别是心理环境。首先，在游戏的活动过程中，儿童的身体得到了锻炼，疲惫感得到了缓解，智力同样也得到了发展。除此之外，仫佬族儿童游戏自身就带有技巧性特点，强调注意力集中，譬如在打鸡头时就不能分散注意力，滚竹环就需要与同伴接力，打陀螺就需要一定的平衡力。这些游戏都离不开儿童的创造性思维与应变力，有利于促进儿童的智力发展。其次，在游戏的活动中必然会需要体能锻炼与体力消耗。在知识经济时代，教育从下一代抓起的思想可谓是深入人心，通过仫佬族儿童游戏，儿童在锻炼身体、愉悦身心的同时，也能在游戏中得到友谊与 愉悦感，这有利于学习效率的提高，有利于促进儿童智力的发展。

（3）丰富体育课程的功能

仫佬族儿童游戏具有丰富体育课程的功能。儿童体育课程的主要目的就是为了增强儿童的体质，但是，随着生活水平的不断提高，儿童普遍是家庭中的“小皇帝”“小公主”，他们从小就过着舒适的生活，没有体会过父辈的艰辛，基本 不会任何体力劳动，缺乏必要的身体锻炼，身体素质极为不佳。儿童体育课程如果能与仫佬族儿童游戏充分结合在一起，那么既能够使原本枯燥乏味的体育课程变得丰富化、多样化、趣味化，还可有效锻炼身体，激发儿童参与体育运动的热情，从被动接受发展为主动学习。譬如在儿童体育课程中，可加入一些像象步虎掌、凤凰护蛋、打上叭、打陀螺、打的篷、滚竹环等仫佬族儿童游戏内容，能够使机械单一化的体育课程变得生动有趣，提升儿童的运动热情。在儿童体育课程上添加仫佬族儿童游戏的元素，既能实现身体锻炼的目的，也能培养儿童的兴趣与自觉运动的思想。对从小生活无忧的仫佬族儿童来说，体能消耗过大的儿童体育课程难免会出现厌倦感与疲劳感，但在儿童体育课程中，添加打上叭、打陀螺、飞彩、抢凳等仫佬族儿童游戏，就可有效缓解疲劳，让体育课程变得更为生动。唯有真正实现“教”与“玩”的有机结合，儿童体育教学的目标才可在娱乐的过程中实现。

4. 仫佬族儿童游戏的社会价值

(1) 仫佬族儿童游戏蕴含的民族文化传承价值

在仫佬族传统体育文化的发展过程中，可以说并没有专门的学校教育。若只让儿童在平淡的生活中通过生活实际而向他们传授仫佬族传统文化，尽管也可以教化出仫佬族文化的继承者，但显然效率会比较低，民族发展与民族进步也比较缓慢。而仫佬族儿童游戏，特别是在依饭节上举行的众多少年儿童都可参加的儿童体育游戏，会因为两个主要因素而强化这种传承效率。首先，是参与游戏的儿童人数众多。在儿童游戏活动中，每个儿童都能通过自己的思维与行为方式来展示自己，所以每个儿童不仅是文化的接受者，也是文化的传播者。参与游戏的儿童人数多，就会提升文化的传播效果，场面壮观又可激发儿童的情感活动，使他们处在亢奋的状态。这种亢奋状态既增强了个人文化的输出，同时也提高了儿童对环境中文化的接受效果。所以，在仫佬族儿童游戏中，有利于仫佬族传统文化的传播交流，从而促进仫佬族传统文化的传承。其次，是仫佬族的原生态氛围浓厚。由于仫佬族传统体育文化从整体角度来看，还并没有从节庆、宗教等活动中完全脱离出来，所以，在历史发展过程中，仫佬族儿童游戏在最初并不是单一性的游戏，而是一种具有多样文化特点的活动形式。这个特点决定了仫佬族儿童游戏是仫佬 族传统文化中各种文化元素的集合体，由此在仫佬族儿童游戏的开展中，必然蕴含了大量的文化信息。譬如在仫佬族儿童游戏中，蕴含了仫佬族先人的价值追求、生活态度、道 德情感以及对后代子孙美好希望。于是在儿童游戏中，使得参与游戏的所有仫佬族儿童，都能够在愉快的身体活动中内化仫佬族传统文化，使仫佬族传统文化得以代代传承。这种民族文化传承，对仫佬族儿童来说是极为重要的，也是非常必要的，这主要是因为仫佬族文化是处于不断发展与变化之中，而这种变化与发展往往也会体现在仫佬族儿童游戏中，体育游戏成为文化的载体，若没有这种与同伴共同娱乐的游戏，仅仅只让儿童独自发展，就会对儿童的未来成长产生不利影响。与此同时，除了在依饭节上参与儿童人数多的游戏具有民族文化传承的价值以外，那些规模小的儿童游戏， 譬如在儿童的偶然性与自发性的游戏中，也会因为儿童游戏是一种拥有核心文化、中层文化以及外层文化的文化元素，进而发展成结构完整的体育文化活动，而使仫佬族的多重文化元素在游戏中得到传承。特别是在游戏过程中，团结协作教育、体育道德教育以及安全教育等都是传承仫佬族传统文化的重要方式。

（2）仫佬族儿童游戏蕴含的民族认同强化价值

所谓民族认同，其实指的就是个体对其民族，在语言、情感、思维方式等方面与民族主体趋向于统一的过程。从深层角度来看，民族认同包含个体对民族的认可与热爱，同时随时准备履行对民族所应承担的义务与责任。对于仫佬族儿童游戏来说，特别是多人参与的儿童游戏活动，每个儿童都必须在父辈的教育下，学会这些活动中完成特定身体活动 所需要掌握的技能，从而使这些技能成为重要的文化印记。这种文化印记，既能够是他人从技能上分辨出其民族归属，也能使该技能的拥有者强化自己的民族认同思想。在这些儿童游戏活动中，每个儿童都会在与同龄人配合的过程中，充分体会到与同伴配合的重要性与快乐，从而感受到整个民族的力量，体会到民族群体对个体的意义所在，感知到来自民族群体的温暖，在获得强烈民族认同感的同时，加强了自己与所属民族情感联系的纽带，得到了融入民族群体的满足，深入感受到自己在民族群体中的位置，从思维、行为以及情感等方面真正参与到所属民族的构成过程。这种儿童游戏活动，可以生动、有效、全面地传承仫佬族传统体育文化。在进行这种儿童游戏活动的过程中，所有参加儿童，都能够得到并内化为更加丰富的民族文化内涵，在思维、行为、情感、理性以及行动特点上，更具浓厚的民族特点。在这之中，加大强化了他们的民族认同感，提升了民族认同的高度与质量。需要强调的是，这种大众参与的儿童游戏活动所获得的文化传承受众面广泛，可以在活动过程中提高更多儿童的民族认同思想，所以是一种民族文化传承、民族传统体育文化传承、民族认同强化以及民族教育的最佳活动方式。

参考文献

[1] 王风．河南省高校高水平运动员自我保健认识及行为研究［D］．河南大学硕士学位论文，2018，6.

[2] 杨莉．城区老年人的养老现状与需求调查——以武汉市为例［J］．社会福利（理论版），2015，(03)：96—98.

[3] 王晨光，苏玉菊．健康中国战略的法制建构——卫生法观念与体制更新［J］．中国卫生法制，2018，26（04）：1—11.

[4] 刘国永．实施全民健身战略，推进健康中国建设［J］．体育科学，2016，36（12）：3—10.

[5] 吴文强．面向场景化的语音用户界面设计研究［D］．华东理工大学硕士学位论文，2018，11.

[6] 邱建国，孙晋海．健康中国背景下区域健身休闲文化产业发展状况及战略研究［J］．山东社会科学，2020，(09)：94—99.

[7] 齐媛．“健康中国2030”背景下体育舞蹈对积极老龄化的影响［D］．兰州理工大学硕士学位论文，2019，05.

[8] 陈锐，冯占英，张玉等．“一带一路”下的医学大健康信息服务［J］．中华医学书情报杂志，2018，27（05）：1—6.

[9] 康德强．传统体育养生的文化哲学研究［D］．上海体育学院博士学位论文，2010，06.

[10] 李乐，赵娜，薛英利．健康中国视阈下叙事医学与全科医学的融合［J］．中国医药导报，2020，17（22）：189—192.

[11] 邱丕相．中国体育养生学［M］．北京：人民体育出版社，2007.

[12] 尹海立．传统体育养生方法导论［M］．高等教育出版社，2008.

[13] 王光，张秀萍．健康长寿与传统体育养生［M］．上海大学出版社，2014.

[14] 魏刚. 传统体育养生思想史研究 [D] 苏州大学硕士学位论文，2013.

[15] 吴正耀. 中国传统体育养生的哲学基础及其独特风格 [J]. 体育科学研究，2001，05 (01)：19—21.

[16] 黄亚玲，曹湘君. 宁夏回族聚居区城市回族穆斯林民俗宗教活动中养生健身行为的研究，[J]. 北京体育大学学报，1995，(04)：95—100.

[17] 胡晓飞，张喜琴. 乾隆养生术对老年人形态、生理和生活能力影响的研究 [J]. 北京体育大学学报，2011，34 (12)：63—66.

[18] 王敬浩，周爱光. 现代体育文化视野中的中国传统养生体育 [J]. 体育与科学，2008，29 (02)：61—63.

[19] 容敏华，张志勇，臧宁等. 巴马长寿人群基因与环境交互作用分析 [J]. 中国公共卫生，2011，30 (05)：93—97.

[20] 程润，周游，刘卫卫等. 巴马水与其他地区水的生命动力元素比较及与巴马人长寿关系的考 [J]. 北京化工大学学报 (自然科学版)，2012，26 (06)：55—60.

[21] 吕泽平，郑陈光，杨泽等. 巴马县壮族长寿老人认知功能及日常生活能力调查 [J]. 中国心理卫生杂志，2003，33 (04)：101—105.

[22] 陈奇、杨海晨、沈柳红. 一项民族传统体育的文化人类学研究 [J]. 体育科学，2013，33 (02)：30—37.

[23] 田金华. 体育运动与健康促进 [J]. 中国体育科技，2003，(0) 1：37—39.

[24] 彭国强，舒盛芳. 美国国家健康战略的特征及其对健康中国的启示 [J]. 体育科学，2016，(36) 9：11—19.

[25] 崔永胜，虞定海. 健身气、五禽戏锻炼对中老年女性身心健康的影响 [J]. 北京体育大学学报，2004，26 (11)：1504.

[26] 王新华. 徐州市社区居民开展民族传统体育养生运动的现状与对策 [D]. 北京体育大学硕士论文，2011，06.

[27] 李明贺. 黑龙江省广播电视“村村通”工程实施中的问题与对策 [D]. 黑龙江大学硕士学位论文，2016，05.

[28] 扎克朱马洪. 民族地区高师公共心理学教学中的跨文化问题及对策研究 [D]. 喀什师范学院硕士学位论文，2014，06.

[29] 龚志祥. 新世纪新阶段民族理论的创新与发展 [J]. 中央民族大学学报 (哲学社会科学版)，2012，39 (05)：5—8.

[30] 杨楷. 民族地区义务教育均衡发展研究 [D]. 中央民族大学硕士学位论文，2011，05.

[31] 张心怡. 少数民族乡村旅游品牌视觉识别设计研究 [D]. 浙江工业大学

硕士学位论文，2019，05.

[32] 金学官．中国少数民族大学文化适应的人类学研究 [D]．中央民族大学博士学位论文，2002，12.

[33] 蔡杰．高校校园网络文化视域下大学生思想政治教育研究 [D]．四川师范大学硕士学位论文，2013，03.

[34] 曹在理．青少年体育文化交流现象研究 [D]．北京体育大学硕士学位论文，2011，04.

[35] 罗国珍．城镇化背景下皖北民族传统体育传承研究 [D]．淮北师范大学硕士学位论文，2017，05.

[36] 周桂琴．中华体育文化的特征与发展 [J]．孝感学院学报，2012，(24) 05：10.

[37] 袁媛．中国民族传统体育的文化内涵与历史发展 [J]．当代体育科技，2019，09 (08)：181—182.

[38] 杨兆山．马克思人的解放思想的时代价值——科技革命视野中人的解放问题探索 [D]．清华大学博士学位论文，2004，05.

[39] 丁文英，白玉．从凤凰山出土木画看中国摔跤的发展 [J]．兰台世界，2014，(07)：102—103.

[40] 薛传发．秦始皇收缴武器对民众武术的影响 [J]．宜春学院学报，2008，30 (06)：129—130.

[41] 蔡宁．黑龙江省公共服务业发展研究 [D]．哈尔滨商业大学硕士论文，2009，11.

[42] 吴凤贤．伦理学视阈下的我国家庭儿童教育困境研究 [D]．江西师范大学硕士学位论文，2013，06.

[43] 张晓依．论体育广告文化及中国特色体育广告文化发展方向 [D]．河南大学硕士学位论文，2011.05.

[44] 赵晓奔．制度、技术创新与产业协同演化研究 [D]．江西财经大学博士学位论文，2019，06.

[45] 魏玉琴．甘肃省两项民族传统体育项目在中小学体育教学中的应用研究 [D]．首都体育学院硕士学位论文，2008，05.

[46] 潘聚仟，韦丽春．全民健身视域下民族传统体育的角色定位 [J]．河北体育学院学报，2010，24 (06)：94—96.

[47] 韦丽春．壮族板鞋舞的体育文化功能 [J]．军事体育进修学院学报，2007，26 (03)：24—26.

[48] 韦丽春．壮族板鞋舞的健身娱乐价值及文化特征 [J]．体育学刊，2007，14 (07)：69—71.

[49] 朱正伟. 河北保定民间抖空竹活动的传承与发展研究，云南师范大学硕士学位论文，2018，05.

[50] 王天军. 少数民族传统体育在全民健身计划实施中的地位和作用 [J]. 上海体育学院学报，1998，(22)：115—116.

[51] 罗英梅. 民族传统体育融入全民健身活动策略研究 [J]. 体育文化导刊，2017，(05)： 74—76.

[52] 龙佩林. 论全民健身与民族传统体育的综合创新 [J]. 首都体育学院学报，2020，(02)：83—84.

[53] 韦丽春. 壮族传统体育文化的历史渊源及社会功能 [J]. 体育科学研究，2008，12 (03)：38—41.

[54] 崔乐泉. 论民族传统健身体育与全民健身运动 [J]. 山东体育学院学报，1998 (4)：42—48.

[55] 韦丽春. 民族地区高校引领民族民间休闲体育开展的路径研究 [J]. 南京体育学院学报 (自然科学版)，2012，12 (01)：129—131.

[56] 闫二军. 从全国少数民族运动会探析我国民族传统体育的发展趋势 [D]. 西北民族大学硕士学位论文，2011，08.

[57] 韦丽春. 仫佬族传统体育文化研究 [M]. 北京：人民日报出版社，2018.

[58] 赵玉娟. 民族传统体育与全民健身计划 [J]. 河南机电高等专科学校学报，2008，16 (4)：61—63.

[59] 韦丽春，罗建德. 健康中国背景下桂西北长寿带民俗活动中的体育养生健身行为研究 [J]. 体育研究与教育，2019，34 (02)：71—76.

[60] 张太慧. 基于典型案例康养产业发展路径构建研究 [D]. 成都中医药大学硕士学位论文，2019.04.

[61] 高亮. “体旅融合”视域下传统体育养生文化资源开发研究 [J]. 北京体育大学学报，2019.42 (11)：148—155.

[62] 刘华煊，刘青健. “微”环境下的传统体育文化传播研究——以传统体育养生文化为例 [J]. 哈尔滨体育学院学报，2015，33 (05)：59—63.

[63] 周小青，张冬琴，杜俊凯. 差异与融合：中西方体育养生文化阐析 [J]. 北京体育大学学报，2017，40 (04)：133—138.

[64] 杜国友，高河永. 传统体育养生实践类型论析 [J]. 广州体育学院学报，2016 (2)：64—46.

[65] 韦丽春. 桂西北长寿带少数民族宗教祭祀舞蹈中的体育养生文化审视 [J]. 体育研究与教育，2015，30 (06)：78—81.

[66] 滕树，李向阳. 中国传统体育养生文化与健康研究 [J]. 运动，2016，

(06)：133—134.

[67] 张法清．以静养生古今谈 [J]．浙江体育科技，1991，(01)：48—50.

[68] 罗阳洲．武术进阶目标的阐释：由形体规制到形神并举 [D]．上海体育学院硕士学位论文，2016，05.

[69] 舒婷．王充社会政治思想研究 [D]．西北大学硕士学位论文，2015，06.

[70] 王家忠．先秦时期楚人的武术文化探究 [J]．体育学刊，2009，16 (12)：87—90.

[71] 王艳红，石爱桥．中国传统体育养生文化的历史变迁 [J]．体育文化导，2018，(01)：122—126.

[72] 冯秋瑜．养老养生产业与民族医药融合发展研究 [J]．广西民族大学学报（哲学社会科学版），2017，39 (3)：43—47.

[73] 冯艳琼，程斌，吴梦天．少数民族体育养生文化助力健康中国建设研究 [J]．体育文化导刊 2021，(02)：70—75.

[74] 韦丽春．红水河流域少数民族传统体育文化研究 [J]．湖北体育科技，2007，26 (06)：678—680.

[75] 吕跃军．白族传统养生文化 [J]．中华中医药杂志，2019，34 (7)：3183—3186.

[76] 冯艳琼，程斌，吴梦天．少数民族体育养生文化助力健康中国建设研究 [J]．体育文化导刊，2021，(02)：70—75.

[77] 武彦虎．健身气功易筋经锻炼对中学生体质影响的实验研究 [D]．华东师范大学硕士学位论文，2011，05.

[78] 吕化．古代乡村民间水上体育运动钩沉 [J]．农业考古，2011，(04)：129—131.

[79] 张岚．从沂蒙地区“龙灯扛阁”舞蹈本体探其文化内涵 [D]．陕西师范大学硕士学位论文，2009，04.

[80] 朱奇志，陈坚华．壮族板鞋竞速现代推广模式研究 [J]．西民族大学学报（哲学社会科学版），2018，40 (03)：126—130.

[81] 倪依克．论中华民族传统体育的发展 [D]．华南师范大学博士学位论文，2004，06.

[82] 王玉忠．少数民族传统体育文化的特征及发展趋势 [J]．唐山师范学院学报，2010，32 (2)：97—99.

[83] 农彩文．论广西少数民族传统体育运动问题 [J]．广西民族研究，1990，(01)：87—90.

[84] 秦滨．文化视野下西藏山南地区羌姆研究 [D]．山西师范大学硕士学位

论文，2012，03.

[85] 贾于宁．上海市“大学体育个性化”课程改革开展现状的调查与对策研究［D］．华东师范大学硕士学位论文，2019，03.

[86] 李玉周，王婧怡，江崇民．健康中国视域下全民健身促进全民健康的多元价值研究［J］．西安体育学院学报，2019，36（02）：151—155.

[87] 孙科，杨国庆．生存与指向：中国竞技运动项目文化建设的思考［J］．体育学研究，2019，02（01）：87—94.

[88] 编写组编著．党的十九大报告辅导读本［M］．北京：人民出版社，2017.

[89] 刘桂瑛，欧阳明月， 莫园园等．建设“中国—东盟护理职业教育联盟”的思考［J］．卫生职业教育，2017—03，25.

[90] 冯艳琼，程斌，吴梦天．少数民族体育养生文化助力健康中国建设研究［J］．体育文化导刊，2021，（02）：70—75.

[91] 白晋湘．中国民族传统体育文化建设的使命与担当［J］．体育学研究，2019，2（01）：1—6.

[92] 高亮．“体旅融合”视域下传统体育养生文化资源开发研究［J］．北京体育大学学报，2019，42（11）：148—156.

[93] 王言群．建设有中国特色的休闲体育［J］．山东师范大学学报（自然科学版）2008，23（4）：167—168.

[94] 韦丽春，郎耀秀．民族休闲体育——民族地区高校体育教学与研究的新视点［J］．2010，25（03）：61—63.

[95] 周博．当代竞技体育伦理问题分析及其构建［D］．河北师范大学硕士学位论文，2007，06.

[96] 周慧琴．中华民族传统体育的现代困境及其对策研究［D］．湖南师范大学硕士学位论文，2008，09.

[97] 刘秉果．传统体育文化中思想教育散议［J］．体育与科学，1990，（03）：18—19.

[98] 龚群，黄银华．少数民族传统体育文化在民族区域经济中的作用［J］．湖北民族学院学报（哲学社会科学版），2006，08.

[99] 褚红军．健身气功易筋对散打运动员运动性心理疲劳恢复效果的探究［D］．上海体育学院硕士学位论文，2014，05.

[100] 鲁弘阳．太原市普通高校大学生终身体育意识影响因素调查及对策［D］．太原理工大学硕士学位论文，2017，06.

[101] 于先进．传统体育养生思想探析［D］．曲阜师范大学硕士学位论文，2012，04.

[102] 吴履昊．广西罗城仫佬族民族体育的现状与对策研究［D］．北京体育大学硕士学位论文，2017，05.

[103] 韦丽春，黄丽英．民族地区高校引领民族民间休闲体育开展的路径研究［J］.2012，11（01）：129—131.

[104] 韦丽春．原始宗教对白裤瑶民俗竞技文化发展的影响［J]．广西民族大学学报（哲学社会科学版），2008（5）：93—95.

[105] 韦丽春．红水河流域壮族原始宗教祭祀舞蹈的文化特征及健身娱乐价值［J]．宗教学研究，2009，(06)：136—141.

[106] 李勤友．休闲体育．人类精神家园的永恒追求［J］．南京体育学院学报（社科版），2010，24（5）：47—49.

[107] 纪兰慰，印久荣．中国少数民族舞蹈史．中央民族大学出版社，1998.196

[108] 扬树择．红水河流域壮族民间师公“沟通”鬼神手段探析［J］．广西师范大学学报，2004（40）4.59—64.

[109] 张萍，胡小明，王溯．少数民族传统社会组织与传承传统体育文化的研究——以广西南丹白裤瑶“油锅”组织为例［J］．北京体育大学学报，2012，35（09）：55—58.

[110] 陆光平．民族传统体育复兴：湛江傩舞的现代发展［J］．广州体育学院学报，2014，34（02）：47—50

[111] 邹琦．论传统养生与现代休闲［J］．价值工程，2014，33（10）：328—329.

[112] 王润平，任渊，张建华．甘肃省少数民族民俗活动中的养生健身行为研究［J］．西北民族研究，2008，(01)：190—193.

[113] 杨光辉．中国人口老龄化与产业结构调整的统计研究［D］．厦门大学博士学位论文，2006，03.

[114] 王欢．适宜老年人的公园绿地建设研究［D］．南京林业大学硕士学位论文，2007，06.

[115] 何子威．基于体旅融合的体育旅游产品发展研究：以云南省为例［J］．旅游研究，2017，9（2）：88-94.

[116] 王军，董艳．民族文化传承与教育［M］．北京：中央民族大学出版社，2007.

[117] 袁华亭．文化结构与现代转型：略论我国少数民族传统体育文化的发展［J］．理论月刊，2010.（06)：99—102.

[118] 刘建伟，梁珍妮．政府与企业的利益博弈及策略选择——以深圳市“两河”流域治污过程为例［J］．中南林业科大学学报（社会科学版），2014，8

(02)：51—54.

[119] 朱岚涛，陈炜．广西少数民族传统体育文化资源调查研究 [J]．广西民族研究，2012，(03)：146—153.

[120] 陈炜，文冬妮．桂滇黔少数民族传统体育文化资源开发利用的现状及前景 [J]．贵州民族研究，2012，33 (05)：167—172.

[121] 胡建忠，邱海洪，邓水坚．“体育+旅游”视角下民族传统体育品牌赛事产业化研究 [J]．首都体育学院学报，2018，30 (01)：42—46.

[122] 胡建忠，邱海洪，邓水坚．“体育+旅游”视角下民族传统体育品牌赛事产业化研究 [J]．首都体育学院学报，2018，30 (01)：42—46.

[123] 冯艳琼，程斌，吴梦天．少数民族体育养生文化助力健康中国建设研究 [J]．体育文化导刊，2021，(02)：70—75.

[124] 韦丽春．红水河流域少数民族传统体育旅游资源开发研究 [J]．辽宁体育科技，2008，30 (01)：7—9.

[125] 黄珊珊．体育中考训练对深圳市福田区中学生体质健康影响的研究 [D]．陕西师范大学硕士论文，2017，05.

[126] 赵菁菁．江苏省中小学健康促进策略的研究 [D]．广西师范大学硕士论文，2020，06.

[127] 孙志伟．基于健康促进理论下大学生体育运动行为影响因素的调查研究 [D]．华东师范大学硕士学位论文，2010，05.

[128] 吕东旭．健康城市的体育健康促进体系研究 [D]．上海体育学院博士学位论文，2007，04.

[129] 孙志伟．基于健康促进理论下大学生体育运动行为影响因素的调查研究 [D]．华东师范大学硕士学位论文，2010，05.

[130] 王萍．马克思主义幸福观及其当代价值 [D]．长春理工大学硕士学位论文，2012，03.

[131] 潘跃华，李岩松．高校体育对大学生心理健康的影响与作用 [J]．教育探索，2008，(7)：126—127.

[132] 刘笑明．江苏不同社会经济发展地区健康教育与健康促进现状研究，苏州大学硕士学位论文， 2010，11.

[133] 蒙元劲．我国健康教育与健康促进发展现状及展望 [J]．大家健康(学术版)， 2016，10 (02)：282-283.

[134] 谢孟楠，韦丽春．民族传统体育养生文化与健康促进的路径研究 [J]．体育科学研究，2021，25 (06)：67—71

[135] 白砚吉．重庆市高职院校体育课程设置分析 [D]．重庆大学硕士学位论文，2012，05.

[136] 晏全委. 论民族传统体育与健康促进 [J]. 体育科技文献通报，2012，20（10）：114—116.

[137] 宁文晶. 健康促进理念下的大众体育取向 [J]. 黑龙江科学，2015，31（06）：620—623.

[138] 陈斌，陈骢. 健康促进可持续发展路径和策略探讨 [J]. 中国健康教育，2015，31（06）：620—623.

[139] 王晨光，苏玉菊. 健康中国战略的法制建构——卫生法观念与体制更新 [J]. 中国卫生法制，2018，26（04）：1—11.

[140] 赵伟. 低碳经济视角下西安市土地利用结构的优化研究 [D]. 西安建筑科技大学硕士学位论文，2018，11.

[141] 杨小玉. IVF-ET妇女的心理状况、影响因素及临床意义的研究 [D]. 天津医科大学硕士学位论文，2006，05—20.

[142] 杨小玉. IVF-ET妇女的心理状况、影响因素及临床意义的研究 [D]. 天津医科大学硕士论文，2006，05—20.

[143] 郎玉林. 功利性阅读的机理探究与实践启示 [J]. 绥化学院学报，2019，39（03）：132—135.

[144] 韦丽春. 红水河流域少数民族传统体育与高校体育校本课程开发 [J]. 体育科研，2007，28（05）：36—38.

[145] 张国军；孙艳传统武术对大学生身心健康的价值探索 [J]. 辽宁工业大学学报（社会科学版），2012，14（06）：141—142.

[146] 曹晨曦. 苏州地区小学推广武术运动现状研究 [D]. 苏州大学硕士论文，2013，03.

[147] 张国军；孙艳传统武术对大学生身心健康的价值探索 [J]. 辽宁工业大学学报（社会科学版），2012，14（06）：141—142.

[148] 刘家特. 中国传统武术对大学生心理健康的影响 [J]. 佳木斯教育学院学报，2011，（02）：104—105.

[149] 谭克理，陈永辉，梁小军. 传统保健体育在和谐社区构建中的作用及开展策略研究 [J]. 宁夏师范学院学报，2009，30（06）：105—110.

[150] 宋冉. 昌黎地秧歌舞蹈风格变迁的审美研究 [D]. 燕山大学硕士论文，2020，06.

[151] 韦丽春. 壮族蚂拐舞健身操的创编及实践研究] J]. 体育科技，2017，38（04）：76—80.

[152] 韦月成. 浅析广西龙滩移民消费生活方式的变迁——以连迁移民新村为例 [J]. 怀化学院学报，2007，（11）：179—180

[153] 韦月成. 历史的转折：一个壮族移民新村生计方式变迁研究 [D]. 广

西民族大学硕士学位论文，2008，04.

[154] 吕昕纯. 皖南地域文化影响下的特色民宿设计研究 [D]. 安徽建筑大学硕士学位论文，2019，05.

[155] 韦丽春. 壮族蚂拐舞的文化本源与体育文化价值研究 [D]. 北京体育大学硕士学位论文，2016，12.

[156] 李亦园. 时空变迁中的神话 [M] 台北：立续文化事业出版社，1986.

[157] 廖明君. 中国节日志. 蚂虫另节 [M]. 光明日报出版社，2014.

[158] 蓝鸿恩. 壮族青蛙神话剖析 [J]. 广西民间文学，1985，6：45.

[159] 李昕恬. 壮族蛙文化的依生型生态审美意识研究 [D]. 广西民族大学硕士学位论文，2014，17.

[160] 梁庭望：壮族原生型民间宗教调查研究 [M] 北京：宗教文化出版社，2009.

[161] 邵志忠. 从人间走上神殿——壮族信仰节日起源探幽 [J]. 广西民族研究，2000，(3)：51-55.

[162] 乌丙安. 中国民间信仰 [M]. 上海：上海人民出版社，1995，10.

[163] 黄桂秋. 壮族社会民间信仰研究 [M]. 北京：中国社会科学出版社，2010.

[164] 黄友贤. 海南黎族蛙崇拜溯源 [J]. 广西民族研究，2008，(04)：143-145.

[165] 黄怡鹏. 红水河流域壮族蛙神崇拜的美学阐释 [J]. 广西师范学院学报（哲学社会科学版），2009，30 (3)：2-4.

[166] 玉时阶. 壮族民间宗教文化 [M]. 北京：民族出版社，2004，178.

[167] 朱从兵，钱宗范. 民族传统文化与当代民族发展研究——以广西壮族自治区为例 [M]. 合肥：合肥工业大学出版社，2008，10：119.

[168] 卢克刚. 壮族“蚂拐节”祭仪及其音乐 [J]. 广西艺术学院学报《艺术探索》，2007，21 (5)：14-17.

[169] 黄小明，陈利敏. 壮族民间舞蹈传承中的“原始遗存”及发展趋向 [J]. 艺术探索，2008，22 (06)：51-53.

[170] 赵国华. 生殖崇拜文化论 [M] 北京：北京中国社会科学出版社，1990，8：350-358.

[171] 杨堃. 民族研究文集 [M]. 北京：民族出版社，1991，8：512—514.

[172] 杨志晓，秦贺. 坚守与追求：壮族群舞《蛙神祭》创作理念分析 [J]. 艺术探索，2015，(06)：50—52.

[173] 王昕. 功修、奈仪、节庆中旋跳的舞蹈——新疆维吾尔族萨玛舞研究 [D]. 中央民族大学博士学位论文，2010，3：253.

[174] 刘卫英，姜娜．近十年国内仪式研究现状综述［J］．黄山学院学报，2011，13（01）：73—77.

[175] 彭兆荣．论身体作为仪式文本的叙事——以瑶族“还盘王愿”仪式为例［J］．民族文学研究，2010，(02)：159-160

[176] 黄秋香．壮族社会民间信仰研究［M］．中国社会科学出版社，2010，4：38.

[177] 吕韶钧．舞龙习俗与民族文化认同研究［D］．北京体育大学博士学位论文，2011，6：68—69.

[178] 刘继辉．广西宁明花山崖壁画文化研究［D］．广西师范学院硕士学位论文，2011，6：50—54.

[179] 黄媛媛．浅析壮族铜鼓上青蛙塑像的蕴意［J］．传承，2008，2：102—105.

[180] 郭学松，陈上越，吴祖会．乡土社会仪式中的身体运动研究［J］．南京体育学院学报（社会科学版），2016，30（02)：23—28.

[181] 刘卫英，姜娜．近十年国内仪式研究现状综述［J］．黄山学院学报，2011，13（01）：73-76.

[182] 宋秀平，李杨，李明达．四川民俗体育文化传承研究——以民间传统舞蹈为例［J］．成都体育学院学报，2011，37（07）：21—24.

[183] 陈韦薇，韦丽春．仫佬族儿童游戏中的传统体育文化研究［J］．体育科技，2021，42（01）：69—71.

[184] 唐宏贵；赵高彩；卫才胜等．论体育本质的双重性［J］．体育文化导刊，2008，(04)：28-30.

[185] 孙德朝．身体活动与古彝文字的相关性研究［J］．体育学刊，2016，23（02)：43-47..

[186] 温艳蓉．闽西客家民俗体育的发展考察研究［D］．福建师范大学硕士学位论文，2013，06.

[187] 胡小明，张洁，王广进等．开拓体育文化研究的新领域——以探索身体运动对原始文化形成的作用为例［J］．上海体育学院学报，2012，36（02)：1—5.

[188] 徐宏．非物质文化遗产视角下贵州苗族体育舞蹈“水鼓舞”的渊源、价值与传承发展研究［J］．贵州师范大学学报（社会科学版），2014，(06)：69—74.

[189] 何娟娟，蒋波．壮族蚂拐舞本体特征初探——以舞蹈《山娃仔》为例［J］．音乐时空，2015，(19)：29+37.

[190] 陈上越，吴祖会，郭学松．乡土社会仪式中的身体运动研究［J］．南

京体育学院学报（社会科学版），2016，30（02）：22—28.

[191] 万义，王健，龙佩林等．少数民族原始宗教与身体运动文化形成的文化生态学分析——东巴跳与达巴跳的田野调查报告［J］．体育科学，2014，34（03）：54—61+97.

[192] 李丽．闽南民俗信仰仪式中的原生态民俗体育研究［D］．厦门大学硕士学位论文，2009，05.

[193] 李晓通，寸亚玲，张成胜．我国少数民族传统体育的人类学溯源［J］．体育文化导刊，2015，（10）：53—57.

[194] 王步标，华明．运动生理学［M］．北京：高等教育出版社，2008：349-350.

[195] 陶德悦：人体与身体运动［J］．体育学刊，1999，（01）：5—7.

[196] 赵昌毅，韦晓康，赵志忠．少数民族传统体育艺术变迁研究［M］．北京：中央民族大学出版社，2013，1：33-34.

[197] 韦丽春，彭丹梅，罗英梅．红水河流域壮族蚂拐舞的体育文化社会功能及资源开发［J］．河北体育学院学报，2008，22（1）：90—91.

[198] 朱波涌，孙庆彬．壮族蚂拐舞的体育文化价值及其社会功能［J］．体育研究与教育，2014，29（1）：73—75.

[199] 杨志晓，秦贺．壮族群舞《蛙神祭》创作理念分析［J］．艺术探索，2015，6：50—52.

[200] 王香洁，钟桂萍．体育表演舞创作探究［J］．体育文化导刊，2015，（3）：195—197.

[201] 覃彩銮．壮族节日文化的重构与创新［J］．广西民族研究，2012，（04）：66—72.

[202] 谌世龙．传承保护视角下河池非物质文化遗产旅游产品化研究［J］．河池学院学报，2011.31（02）：31（02）：69—75.

[203] 谢琼；程道品．红水河流域壮族蚂拐节文化的保护与传承［J］．边疆经济与文化，2010，（01）：75—76.

[204] 胡玲梅．瑶族“长鼓舞”的传承与发展［J］．湖南科技学院学报，2005，26（08）：263—264.

[205] 肖庆华，桑圣毅．文化消费视野下贵州民族民间文化传承与发展［J］．贵州社会科学，2012，（04）：133—136.

[206] 钱应华，杨海晨．融水苗族拉鼓节的渊源、现状及发展对策研究［J］．体育研究与教育，2012，27（06）：70—73.

[207] 贺剑武，高艳玲．民族地区非物质文化遗产开发式保护研究［J］．广西地方志，2010，（01）：43—45.

[208] 黄宗峰，韦丽春．城镇化进程中红水河流域民俗体育文化的变迁与发展研究 [J]．赤峰学院学报（自然科学版），2011，27（04）：113—115.

[209] 杨海晨；沈柳红；赵芳；周少军．民族传统体育的变迁与传承研究——以广西南丹那地村板鞋运动为个案 [J]．体育科学， 2010，12.

[210] 钱应华，杨海晨．广西融水芒哥坡会的体育人类学分析 [J]．广西师范大学学报（哲学社会科学版），2014，02.

[211] 张萍，王溯，张亚莉．白裤瑶的“铜鼓崇拜”与民族传统体育的发展——基于体育人类学的视角 [J]．桂林航天工业学院学报，2013，09.

[212] 秦琴，杨晓艇．南丰傩舞的体育渊源及其发展 [J]．南昌大学学报（人文社会科学版），2009，40（04）：142—145.

[213] 秦琴，杨晓艇．南丰傩舞的体育渊源及其发展 [J]．南昌大学学报（人文社会科学版），2009，40（04）：142—145.

[214] 刘昊，王定宣，刘中强．麒麟舞研究 [J]．体育文化导刊，2015，（06)：49—51.

[215] 李伟．广西壮族蚂拐舞的艺术价值及资源开发 [J]．大众文艺，2013，（02)：41—42.

[216] 徐宏．非物质文化遗产视角下贵州苗族体育舞蹈“水鼓舞”的渊源、价值与传承发展研究 [J]．贵州师范大学学报（社会科学版），2014，（06)：69—74.

[217] 韦丹凤．广西活态铜鼓文化研究 [D]．广西民族大学硕士学位论文，2011，04.

[218] 潘伊荷．小城镇居民参加传统节日民俗体育活动的调查与思考 [D]．江西师范大学硕士学位论文，2008，05—01.

[219] 韦雅青．在社会视角下试探依饭节中仫佬族传统体育的作用 [J]．体育世界（下旬刊），2013，（11)：71—73.

[220] 雷晓臻．仫佬族依饭节文化的传承及其演变 [J]．广西民族大学学报，2009，（03)：172—173.

[221] 包玉堂．仫佬族民间故事 [M]．桂林：漓江出版社，1982，9.

[222] 苏沙宁．仫佬族依饭节及其祭祀音乐概论 [J]．天津音乐学院学报，2005，（03)：165—166.

[223] 赖锐民．广西仫佬族依饭节（傩愿戏）[J]．中化艺术论丛，2009，（10)：123—124.

[224] 胡晶莹．仫佬族传统依饭节与仪式舞蹈 [J]．歌海，2009，（03)：154—155.

[225] 雷晓臻．仫佬族依饭节文化的传承及其演变 [J]．广西民族大学学报，

2009，(03)：172—173.

[226] 黄敏珍.从文化人类学的角度看仫佬族“走坡”习俗的变身迁 [J]．广西广播电视大学学报，2008，(02)：113—114.

[227] 霍红.西部少数民族传统体育的现状与走向 [M]．成都：四川大学出版社，2007：12-13.

[228] 牛爱军，虞定海.非物质文化遗产保护视野下的民族传统体育发展 [J]．武汉体育学院学报，2008，42 (01)：90—93.

[229] 黄兴球.仫佬族银姓宗族及其婚姻圈 [J]．思想战线，2003，(03)：112—113

[230] 郝国栋，石文.非物质文件遗产视域下贵州少数民族传统体育文化的保护与传承 [J]. 贵州民族研究，2011，(02)：58—61.

[231] 黄小明，苏水莲，廖梦华.仫佬族依饭节舞蹈与道教文化的关系——广西罗城仫佬族民间舞蹈现状考察 [J]．广西师范大学学报（哲学社会科学版)，2010，46 (02)：65—68.

[232] 陈闯.洪泽湖渔鼓祭祀舞蹈田野调查——江苏省泗洪县半城镇穆墩岛“敬大王”仪式 [J]．黄河之声， 2017，(13)：110—111.

[233] 毛贵凤.文震亨与李渔造园思想比较研究 [D]．苏州大学硕士论文，2020，06.

[234] 李燕宁.仫佬族的宗教民俗 [J]．经济与社会发展，2003，(12)：141—143.

[235] 朱忠树.生态旅游的哲学思考 [D]．南华大学硕士学位论文，2013，05.

[236] 陈闯.洪泽湖渔鼓舞的历史流变及传承保护研究 [D]．南京师范大学硕士学位论文，2017，

[237] 黎学锐，黎炼.广西国家级非物质文化遗产系列丛书——仫佬族依饭节 [M]．北京：北京科学技术出版社，2013，32-33.

[238] 陈黎明.依饭节：仫佬民族的生命轨迹 [J]．当代广西，2010，(02)：54—55.

[239] 谢美琳.大梧屯依饭节考察报告 [J]．人间，2016，227 (32)：66—67.

[240] 佟宇嘉，王奎正.仫佬族“依饭节”文化内涵探析 [J]．武汉纺织大学学报，2012，(01)：80—82.

[241] 李鹏.作物与象征：从依饭节看仫佬族的人群关系与社会结构 [J]．北方民族大学学报，2015，(03)：20—24.

[242] 郑培凯.口传心授与文化传承 [M]．南宁：广西师范大学出版社，

2016：101—102.

[243] 卢纯．仫佬族的祖先观念与祭祀仪式——以依饭节仪式为例［J］．歌海，2012，(06)：85—88.

[244] 朱青松．广西水族桐子镖运动的传承与发展［D］．北京体育大学硕士学位论文，2018，01.

[245] 陈群元．城市群协调发展研究［D］．东北师范大学博士学位论文，2009，05.

[246] 陆克，黄锋．抓住机遇打造河池新型有色金属产业基地［J］．广西经济，2009，(09)：24—25.

[247] 杨喜英．X射线衍射-Rietveld全谱图拟合法测定粉尘中游离SiO2含量的研究［D］．广西大学硕士论文，2008，05.

[248] 韦福巍，覃举东，江日青等．民族地区新建本科院校专业建设发展策略研究——以河池学院为例［J］．湖北科技学院学报，2013，03 (3)：115-117.

[249] 邓兰英．突出民族文化特色，推动三江旅游科学发展［J］．法制与经济（中旬刊），2011，07. 07 (281)：199—200.

[250] 康日晖，凌韬．三江侗茶加工技术探究［J］．时代农机，2018，09 (09)：20.

[251] 杨秀权．乐业：世界天坑之都［J］．中国老区建设，2014，(07)：23—24.

[252] 林娜．"一带一路"背景下刘三姐口语文化中山歌的英译研究［J］．国际公关，2019，09 (09)：241—242，244.

[253] 张帆．《大宋东京梦华》实景演出的文化传播研究［D］．河南大学硕士学位论文，2011，05.

[254] 赵伟．《印象刘三姐》的审美历史逻辑与文化语境分析［D］．广西民族大学硕士学位论文，2008，05.

[255] 蔡峰嵘．广西少数民族服饰数字化定制服务方式研究［D］．北京服装学院硕士学位论文，2013，12.

[256] 黄钰，倖代瑜．瑶族传统节日文化［J］．广西民族研究，1994，04 (04)：23.35.

[257] 郑直．民族语言传承对民族文化的重要性——以广西靖西县壮语南部方言德靖土语为例［J］．吕梁教育学院学报，2014，09 (03)：114—116.

[258] 梁传诚．贵州毛南族传统体育文化的发掘与传承——以黔南布依族苗族自治州卡蒲毛南族乡为个案［J］．贵州民族研究，2010，04 (02)：47—50.

[259] 谭为宜．论毛南族肥套傩祭的个性特征——兼与仫佬族依饭节比较［J］．广西科技师范学院学报，2018，04 (02)：17—20.

[260] 韦文宣．壮族历史简介［J］．历史教学，1982，11（11）：41—44.

[261] 岳雪莲．仫佬族流动人口与流出地社会变迁研究［D］．中南民族大学博士学位论文，2011，05.

[262] 石朝江．论苗族家庭的类型与发展［J］．贵州民族学院学报（社会科学版）， 1993，12（03）：39—43

[263] 唐笛．湖南泸溪达力寨苗语研究［D］．湖南师范大学硕士学位论文，2019，06.

[264] 韦丽春、郎耀秀、凌光明．桂西北少数民族传统体育史［M］．南宁：广西民族出版社，2013.

[265] 赵晓梅．黔东南六洞地区侗寨乡土聚落建筑空间文化表达研究［D］．清华大学博士学位论文，2012，05.

[266] 韦丽春．中国传统体育养生文化与全民健康的融合［A］第十一届全国体育科学大会论文摘要汇编［C］．中国体育科学学会，2019：2.

[267] 冯艳琼 程斌 吴梦天。少数民族体育养生文化助力健康中国建设研究［J］．体育文化导刊 2021，（02）：70—75.

[268] 付雯，王然科．传统体育养生在现代体育中的角色冲突与定位研究［J］．湖北体育科技， 2016，10（10）：859—861.

[269] 黄小明．从壮族舞蹈的民族性和地域性看其特征［J］．中央民族大学学报：哲学社会科学版，1994，21（2）：63—66.

[270] 张承伟．广西扁担舞探析［J］．歌海，2012，（05）：27—30.

[271] 韦晓康．壮民族传统体育文化研究［M］．北京：中央民族大学出版社，2004.

[272] 邓如金．壮族“扁担舞”乐舞析［J］．民族艺术，1989，（01）：170—175.

[273] 韦丽春．红水河流域壮族铜鼓舞的社会文化特征与功能价值研究［J］宜春学院学报，2007，（06）：16—18.

[274] 温远涛．河池民间传世铜鼓使用的人类学意义［J］．河池学院学报，2005（3）：117—119.

[275] 彭劲松．我国民族体育乐舞的多元文化特征及社会价值探析［J］．北京体育大学学报， 2006，08（08）：1033—1037.

[276] 韦丽春．仫佬族舞草龙的历史渊源及养生文化价值研究［J］．体育科技，2019，40（03）：80—84.

[277] 中华舞蹈志编辑委员会编．中华舞蹈志安徽卷［M］．上海：学林出版社，2014：86—89.

[278] 王宏刚．新时期的民间信仰［M］．哈尔滨：黑龙江教育出版社，2013：

36—41.

[279] 邱梅珍，王俊奇. 论鄱阳湖口“舞草龙”的体育形态 [J]. 运动，2012 (15)：146—148.

[280] 李安然. 改革开放以来壮族民歌的传承与创新研究 [D]. 广西师范大学硕士论文，2011，03.

[281] 苏建波，韦丽春，韦雅青. 壮拳养生价值研究 [J]. 河池学院学报，2018，38 (01)：52—56.

[282] 杨琴. 广西壮拳研究 [J]. 搏击 (武术科学)，2011，09 (09)：52—53，68.

[283] 王有基；黄宗峰. 壮族舞猫狮的特点及其价值研究 [J]. 体育科技，2019，40 (06)：99—100.

[284] 李志勇. 黔东南苗族斗牛文化研究 [D]. 贵州民族学院硕士论文，2011，05.

[285] 孙明洁. 浅谈寓教于乐的艺术功能 [J]. 山西师大学报 (社会科学版)，2011，38 (03)：149—150.

[286] 吴桂兰，郝俊方，吕景章等. 黎族跳竹竿运动的社会功能及社会价值 [J]. 搏击·武术科学，2007 (1)：83—84.

[287] 胡小明. 民族体育 [M]. 南宁：广西师范大学出版社，2005：125—133.

[288] 徐国忠，焦建军. 安塞腰鼓的社会特征与功能价值研究 [J]. 西安体育学院学报，2006 (4)：61—62.

[289] 王桂忠，张晓丹，吴武彪. 广东瑶族长鼓舞的健身娱乐价值及文化特征研究 [J]. 广州体育学院学报，2003 (3)：126—128.

[290] 孙翠琪. 民族舞蹈在全民健身中的作用及价值 [J]. 青海师范大学学报 (自然科学版)，2005 (2)：98—100.

[291] 韦雅青，黄宗峰. 壮族猫狮文化习俗及社会功能 [J]. 当代体育科技，2019，(21)：0151—0152.